JN215033

監修　朝尾直弘
編集　住友史料館

住友史料叢書

年々諸用留　十三番

思文閣出版

題字　小葉田淳筆

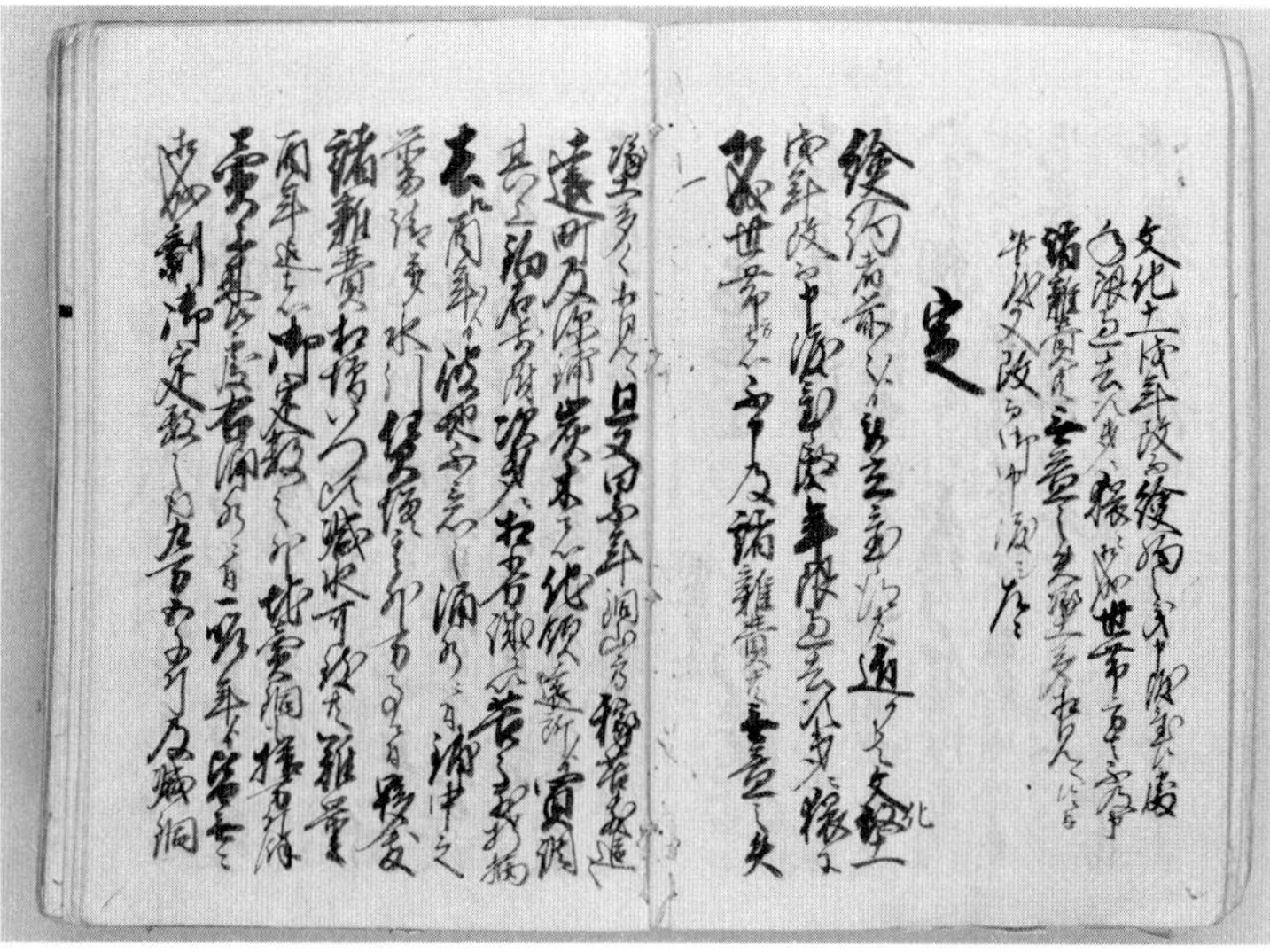

（本書61～2頁参照）

年々諸用留　十三番(1)

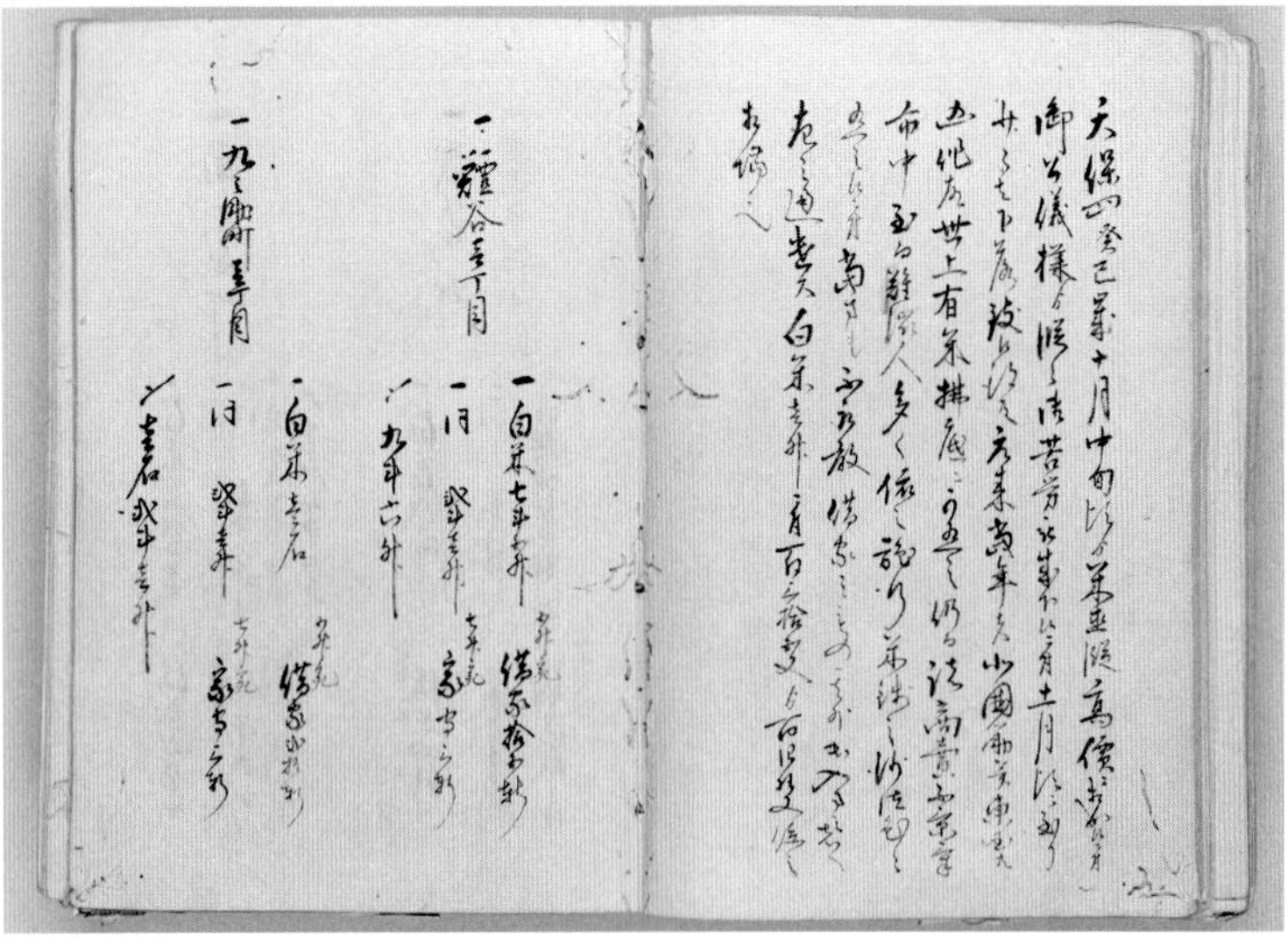

（本書249～50頁参照）

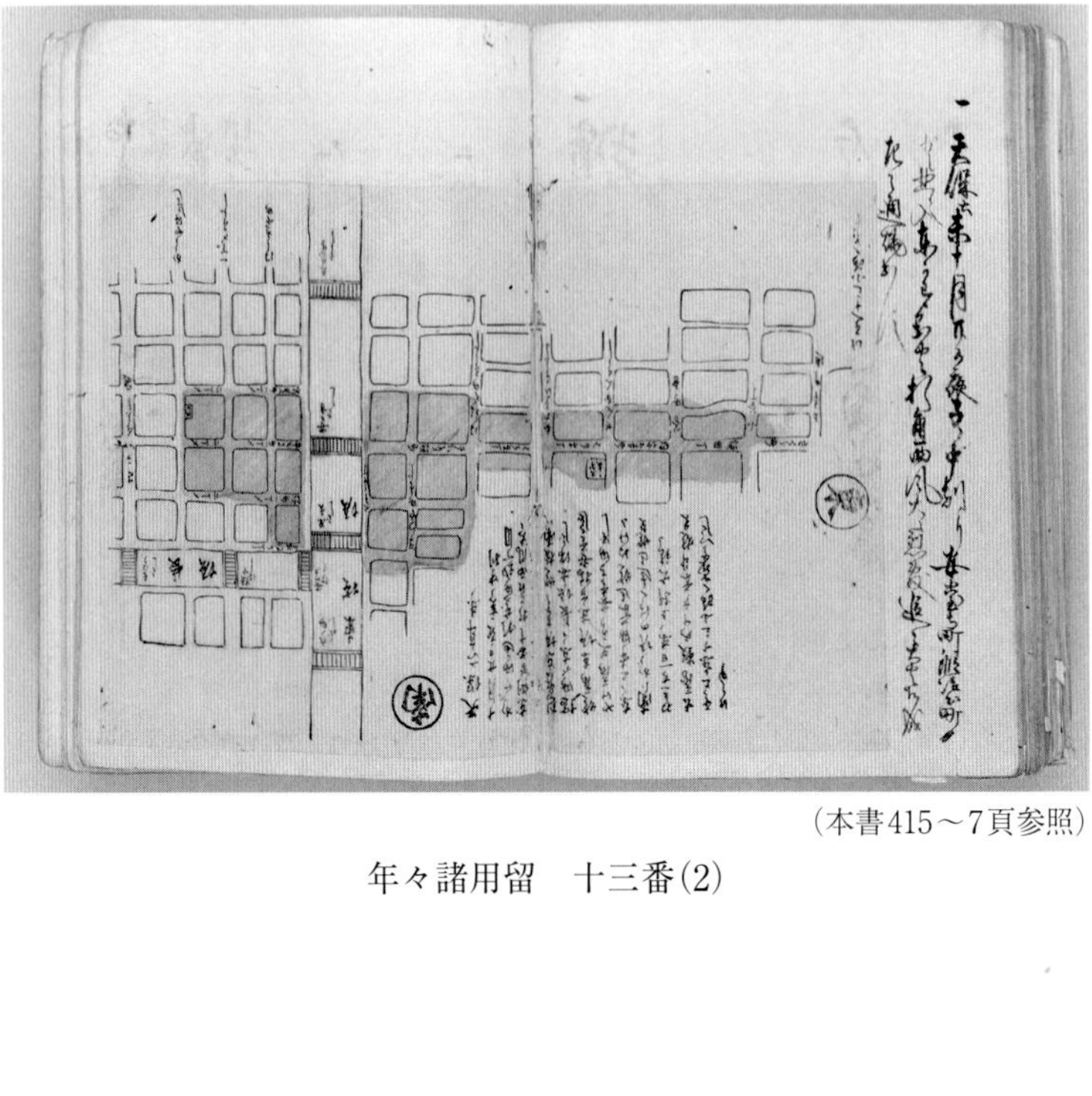

（本書415～7頁参照）

年々諸用留　十三番(2)

凡　例

一、『住友史料叢書』は住友家文書のなかから重要なものを選んで編纂・刊行するものである。
一、本書は第三四回配本にあたり、「年々諸用留　十三番」を収載した。
一、漢字はおおむね常用漢字のあるものはこれを用いた。ただし江戸時代に慣用されている若干の異体字は残した。
一、仮名は現行の仮名を用いた。ただし者（は）、而（て）、江・得（え）は残した。
一、読みやすいように、読点（、）と並列点（・）を加えた。
一、平出・闕字はともに一字あきにした。
一、判読不能の文字は□をもって示した。
一、原文が抹消されている場合はその左傍に〻を、文字の上に紙が貼られている場合はその左側に傍線を付した。
ただし書き改められた文字を本文として採用した場合もある。
一、編者の注記は本文右傍（　）内に記し、または頭に○を付して本文と区別した。
一、本文の上欄に記事の見出しを置き、また適宜、標出・注記を施した。
一、本書の史料のなかには、現在において人権侵害のおそれのある身分的呼称が含まれているが、正確な歴史的事実の解明にもとづき、差別問題を克服する立場から、原文のまま掲載した。
一、本書は監修者朝尾直弘の指導のもとに、牧知宏が編集を担当した。

目次

細目次

年々諸用留　十三番

一　文政九年五月十五日　別家仲家名譲渡願……三
二　文政九年六月十三日　別家自章養子願……四
三　文政九年六月　対馬藩より仕送金を命ぜられる……五
四　文政九年七月　南堀江五丁目掛屋敷家守交代……六
五　文政九年八月　土浦藩より扶持加増……九
六　文政十年二月　鰻谷一丁目掛屋敷家守交代……一〇
七　文政九年十二月六日～十年正月十四日　延岡切手口入につき取調を受ける……一〇
八　文政十年二月　通船の代判人交代……一一
九　文政十年二月二十一日　山本新田支配人交代……一一
一〇　文政十年二月二十三日　大坂鰻谷火災……一三
一一　文政十年三月　津山藩主へ名代御目見を願う……一五
一二　文政十年三月二十八日　高津宮遷宮につき金灯籠寄進……一五
一三　文政十年四月十四日　京都長浜町掛屋敷名前切替……一五
一四　文政十年三月～四月　京都木屋町上大坂町へ銀子貸渡……一七
一五　文政十年五月七日　松山藩より十人扶持下賜……二〇

一六　文政十年五月　鰻谷一丁目家屋敷買得……二一
一七　文政十年五月　橘通二丁目掛屋敷家守交代……二三
一八　文政十年六月四日　大坂九之助町火災……二五
一九　文政十年閏六月二十八日・七月八日　泉屋理助へ銀子貸付……二九
二〇　文政十年七月九日　一橋家に不調法な手札を詫びる……三〇
二一　文政十年八月二十五日・二十六日　津山藩より二人扶持加増……三一
二二　文政十年十月十一日　大坂湊橋火災……三三
二三　文政十年十月　高間町掛屋敷家守交代……三三
二四　文政十年十二月　京都上大坂町家屋敷名前替……三四
二五　文政十年十一月　末家太兵衛金物商売許可願……三六
二六　文政十年十二月　銹屋町掛屋敷を末家勘七名前とする……三六
二七　文政十年十二月　安堂寺町三丁目掛屋敷家守交代……三九
二八　文政十年十二月二十七日　古金差下し方につき叱りを受ける……四一
二九　文政十一年正月　長崎へ手代差下す……四三
三〇　文政十一年正月二十三日　鰻谷一丁目掛屋敷家守交代……四五
三一　文政十一年正月　長崎へ手代差下しの往来書……四六
三二　文政十一年二月二十日　西尾藩調達銀引受につき扶持加増……四八
三三　文政十一年四月五日　居宅土蔵屋根普請につき板囲設置願……五〇
三四　文政十一年四月　土佐の炭山請負願……五〇
三五　文政十一年五月八日　捨子養子先へ合力遣す……五一
三六　文政十一年五月　山形屋甚助へ引当の沽券状を差戻す……五三

一〇〇 天保二年十一月八日〜十一日　文化十年の御用金手当金高の届出……一六四
一〇一 天保二年十一月二十四日　居宅高塀普請につき板囲設置願……一六五
一〇二 天保二年十二月四日　信保町掛屋敷売渡……一六六
一〇三 天保二年十二月二十四日　居宅高塀普請出来につき板囲取払い……一六八
一〇四 天保二年十二月二十八日〜三年正月二十六日　文化十年の御用金割渡し銀高の届出……一六九
一〇五 天保三年二月六日　鰻谷一丁目掛屋敷名前替……一七〇
一〇六 天保二年十二月四日〜天保三年二月十一日　信保町掛屋敷譲渡……一七三
一〇七 天保三年三月三日〜十日　御救大浚冥加金を上納……一七五
一〇八 天保三年四月　天保三年春御張紙……一七七
一〇九 天保三年四月　京都嵯峨土地改……一七七
一一〇 天保三年四月　泉福寺鐘楼修復につき寄附……一七九
一一一 大坂城代松平信順より提灯下付……一八〇
一一二 天保三年七月　豊後町店の一部名前替……一八一
一一三 天保三年八月　鰻谷一丁目家屋敷買得……一八三
一一四 天保三年九月十二日　南堀江五丁目掛屋敷家守交代……一八五
一一五 天保三年九月二十日〜十月六日　捨子を実親へ引渡す……一八七
一一六 天保三年九月二十八日・十月　分銅改……一九〇
一一七 天保三年十月六日〜十四日　文化十年の御用金手当金高の届出……一九一
一一八 天保三年十月二十三日　京都嵯峨庵室普請……一九三
一一九 天保三年十一月八日　大坂下大和橋南詰火災……一九三
一二〇 天保三年十一月　安堂寺町五丁目貸家借屋人へ家付物貸付……一九四

一二一 天保二年十二月 手代卯兵衛を末家とする……一九七
一二二 天保三年十一月 末家仁右衛門の家号を取上げる……一九八
一二三 天保三年八月 鰻谷一丁目家屋敷買得諸入用……一九九
一二四 天保三年十一月二十七日 鰻谷一丁目家屋敷名前替……二〇〇
一二五 天保三年閏十一月 清涼寺へ嵯峨庵室付藪を寄付……二〇三
一二六 天保三年十二月 後藤縫之助への用達金を年賦返済とする……二〇四
一二七 天保三年十二月十九日～二十一日 文化十年の御用金割渡し……二〇四
一二八 天保三年十二月 田安家貸付金を命ぜられる……二〇七
一二九 天保三年十二月 岡村越後介への助成を増額……二〇七
一三〇 天保四年三月 江戸古銅吹所へ手代差下す……二〇八
一三一 天保四年四月 北堀江一丁目掛屋敷家守交代……二一〇
一三二 天保四年三月 嶋田帯刀年賦金滞りにつき対談……二一三
一三三 天保四年四月 鰻谷一丁目掛屋敷家守交代……二一七
一三四 天保四年四月十日～二十日 大坂城代松平信順より扶持下賜……二一八
一三五 天保四年五月二十四日 富嶋二丁目東掛屋敷家守交代……二二一
一三六 天保四年六月二十四日 用達金引当茶道具類一覧依頼を断る……二二五
一三七 天保四年八月九日 大坂長堀平右衛門町火災……二二五
一三八 天保四年八月十九日 一橋家御用金届出延引につき詫び……二二七
一三九 天保四年七月二十日～八月二十三日 捨子を養子に遣す……二二七
一四〇 天保四年七月 長楽寺聖天堂普請……二三一
一四一 天保四年十月六日 米高値につき中橋店借屋人等へ施行……二三四

一四二　天保四年十月十二日〜十七日　文化十年の御用金手当金高の届出……二三八
一四三　天保四年十一月十二日　米高値につき浅草店より難渋人等へ施行……二三九
一四四　天保四年十一月晦日　江戸御蔵相場……二四〇
一四五　天保四年十一月二十五日　中橋店の施行につき褒詞……二四〇
一四六　天保四年十二月　山形屋甚助母を嵯峨庵室へ移す……二四一
一四七　天保四年十二月二十九日　浅草店の施行につき褒詞……二四二
一四八　天保五年正月十九日　御救大浚冥加金上納につき褒美下賜……二四三
一四九　天保五年二月　江戸へ手代差下しにつき紀州藩屋敷へ先触願……二四三
一五〇　天保四年十一月　茶道具買得……二四四
一五一　天保五年三月晦日・四月二日　江戸往返人馬継立の印鑑につき申渡し……二四八
一五二　天保五年四月　妻の寺送り状を実相寺へ送る……二四九
一五三　天保四年十月〜十一月　米高値につき長堀茂左衛門町等の借家人へ施行……二四九
一五四　天保四年十一月二十二日　大坂市中の難渋人への施銭上納……二六三
一五五　天保五年三月　浅草店支配人交代……三〇四
一五六　天保五年六月　末家八郎右衛門名跡相続願……三〇五
一五七　天保五年四月〜七月　天保五年夏御張紙・御蔵相場……三〇七
一五八　天保五年七月十一日　大坂堂島大火……三一〇
一五九　天保五年五月〜七月　大坂市中の難渋人への施銭追加上納……三一四
一六〇　天保五年八月十五日　新居浜へ飛脚差下す……三二〇
一六一　天保五年七月十五日　大坂堂島大火難渋人へ施行……三二一
一六二　天保五年八月　大坂市中の難渋人への町別施銭高……三二一

年々諸用留　十三番

（表紙）

丙文政九年

年々諸用留

拾三番

戌正月吉日

（縦31cm，横21.5cm）

従文政九戌年五月

一別家仲家名譲渡願

御別家
仲

乍恐以書付奉願上候

一私儀家名之儀、故七右衛門死去後相続人無御座候付、無拠是迄女名前以相続被為　仰付候段難有仕合奉存候、然ル処最早女前名（ママ）も当五月限　御公儀様奉願上候付、依之養子仕置候宗兵衛儀人柄も実躰之者御座候間、先達御目通被為仰付候間、由兵衛改名為仕、家名相譲り申度奉存候、御聞済被為　仰付候者、家名永続可仕候、冥加至極難有仕合奉存候、此段以書付奉願上候、何分御執成奉願上候、以上

文政九年
戌五月十五日

御別家
仲

代判
御別家行司　金兵衛
真兵衛
勘七

御本家様
御支配人様

右願之通相違無御座候ニ付、奥印仕候間、御聞済ニ被成下候者難有可奉存候

連蔵

願二　別家自章養子

乍恐以書付奉願上候

私儀

一　名諸(跡カ)之儀、杢右衛門存生中嶋之内鱣谷佐野屋橋松屋由兵衛と申者次男保次郎、四ケ年以前貰請、是迄気質等相こゝろみ居候処、貞実之様子ニ付当春以来養子御願可奉申上候積相含罷在候処、当人病中ニ付是迄延引仕候、勿論縁家筋者ニ御座候間、右保次郎儀養子御聞済之上杢右衛門と改名仕、御目見被為　仰付被成下候者冥加至極難有仕合奉存候、何卒御聞済被成下候様奉願上候、以上

右之通御座候間、何分宜御執成奉願上候、以上

戌六月十三日写

御別家
自　章
同行司
真兵衛
勘　七

御本家様
御支配人
定助様

右之通相違無御座候様相聞候ニ付、奥印仕候、御聞済被成下候様（ママ）者難有可奉存候、以上

御別家年番
連蔵印

三　対馬藩より仕送金を命ぜられる

公儀下金で返済

滞金は大坂廻米の売払代銀で差引

一札

一宗対馬守殿勝手方就要用、月々金弐百両宛仕送方之儀及示談候処、預御承知、当戌六月ゟ来亥二月迄、都合九ヶ月之間、仕送被下候段令承知候、右返済之儀者従　公儀毎年二月朔日御下金壱万弐千両之内ヲ以其許出金高元利可致返済候、自然及差支節者、於大坂廻米売払代銀之内ゟ勝手ニ差引可被致候、尤月々出金節者江戸詰役人共證文ヲ以取引可被致候、為後證一札依如件

年支月

御家老
御名判
古川様
氏江様
御両名

住友吉次郎殿

預申金子之事

一金弐百両也

右者対馬守殿勝手万(方)就要用借用申処実正也、然ル上者月壱歩之利足之相加江、来亥之二月急度返済可致候、為後證依而如件

年支月

江戸詰
御役人様方

住友吉次郎殿

一札

一此度対馬守殿勝手方就要用、当戌六月ゟ来亥二月迄、都合九ケ月之間、月々金弐百両ツヽ、約堅定以致借用候趣、江戸詰合役人共ゟ令承知候、然上者於江戸表返金方相滞候節者、廻米売払代銀之内以勝手ニ引取勘定可被致候、尤江戸表諸差引相済迄者、米代銀其許江預置可被申、為後證依如件

年支月

大坂詰
御役人様

住友吉次郎殿

四　南堀江五丁目掛屋敷家守交代

文政九丙戌年七月南堀江五町目掛屋敷家守大黒屋仁兵衛幷京屋利兵衛両人ニ為勤候処、此度右利兵衛町内向幷家賃銀等差支之儀有之候ニ付退役申付候、則跡役借家之内升屋卯兵衛と申仁江申付候、町内出銀相減シ左ニ、其外差入一札、取置一札左ニ

一銀四拾三匁　丁中江顔見世料

一同四拾三匁　年寄江

一銀弐拾壱匁五分　丁代江

一銀拾匁　　下役江

〆

一銀五匁　　惣年寄江

一同八匁　　惣会所江

一同八匁六分　　人形猿引

一同六匁　　座頭

一同百三拾目　　丁人中盃事入用

但、手形ニ而

乍憚口上

一南堀江五丁目住友吉次郎掛屋敷弐ケ所、表口三拾七間、裏行弐拾間、此地代壱ケ年金四両壱歩、
銀三匁五分也、但三役弐歩

一新築地家屋敷、表口三拾七間、裏行拾弐間五尺、但壱役六歩

右両家(屋脱)敷家守大黒屋仁兵衛・京屋利兵衛両人ニ而相勤罷在候所、京屋利兵衛家守相退、跡家守右吉次郎借屋内升屋卯兵衛ニ為相勤申候間、水帳御仕替被成下度、此段奉願上候

但、大黒屋仁兵衛儀者是迄之通り其儘代印家守相勤申候

文政九丙戌年七月　　住友吉次郎
代印家守　大黒屋仁兵衛
同　升屋卯兵衛

年寄
淡路屋太四郎

惣御年寄中

一札

一南堀江五丁目住友吉次郎所持家屋敷、表口三拾七間、裏行弐拾間、但三役弐歩也、此御地代壱ヶ年金四両壱歩、銀三匁五分

一新築地家屋敷、表口三拾七間、裏行拾弐間五尺、但壱役六歩也

右弐ヶ所家守是迄大黒屋仁兵衛・京屋利兵衛、右弐人相勤罷在候所、此度両人之内京屋利兵衛儀、家守相退ケ、跡家守借屋之内升屋卯兵衛ニ申付候間、御番所惣会所御丁内水帳御仕替被成下候段申入候所、則帳面御改被下候、然ル上者徒（従）御公儀様被為仰渡候御法度之儀者不及申ニ、御触等急度為相守、借屋之者共江其度々早速申聞、不念之儀無之様急度可申付候、猶又御相談合等多分ニ付、壱人立彼是我儘之儀為申間敷候、万一心得違之儀も有之、家守難相勤儀も有之候ハヽ、早速相退ケ、御丁内御差図之者へ可申付候、為後證仍而如件

文政九丙戌年七月　　住友吉次郎

右之通慥ニ承知仕候、諸事入念相勤可申候、何角之儀相家守之者と申談、借屋取締之儀者勿論、時々御触等早速申聞、火之元入念之儀平日ニ申聞、風吹之節者度々見廻り入念可申候、猶又無人別之者聞（決）而差置申間敷候、諸出入引合候ハヽ、本人へ申聞相調、精々致世話内済取計可申候、為後證連印一札仍而如件

升屋卯兵衛

右之通承知仕候

大黒屋仁兵衛

年寄
淡路屋太四郎殿

丁　人　中

五　土浦藩より扶持加増

一　土浦様下地御扶持高拾人之内御渡米拾五俵ツヽ年々被下置候上へ、文政九戌年八月三日御呼出有之、友聞出勤候所、此度左之通御加増被仰付候事

増加
拾人扶持
当時渡拾俵

住友吉次郎

御自分儀数十年被致館入、別而近年内用向令出精、被致満足候、依之書面之通扶持方増被相送之候

八月

右之通被仰渡候ニ付、当所詰御役人方之内左之通為御礼として相贈ル

一　御肴料金百疋ツヽ

友木林平殿

木嶋杢助殿

〆

一　御肴料金弐百疋ツヽ、
江戸詰御用人当時御登坂ニ付如此

本　間　安　兵　衛　殿

御留守居
武藤弥惣右衛門殿

〆

六　鰻谷一丁目掛屋敷家守交代

一札

一於御丁内我等掛（屋脱）敷、表口八間、裏行廿間、壱役、幷表口八間半、裏行廿間、弐役、所持之処、是迄代印家守泉屋百助ニ為相勤居候処、此度右百助相退、跡代印家守、則我等掛屋敷内ニ罷在候泉屋藤右衛門と申者ニ為相勤申度段御頼入候処、御承知被下候、然ル上御番所幷惣会所表水帳通り、右藤右衛門ニ御切替可被下候、依之御丁内御作法之儀ハ不及申、壱人立差図ヶ間敷義為申間敷候、若御差支等御座候ハヽ、何時成共為相退可申候、為後日頼一札仍而如件

文政十亥年二月　住友吉次郎

右之通慥承知仕候、尚又御丁内御作法之義不及申、借屋末々迄不念無之様相勤可申候、為後日仍而如件

家主　泉屋藤右衛門

鱣谷壱丁目年寄
金屋五郎右衛門殿
幷五人組中

七　延岡切手口入につき取調を受ける和泉屋半兵衛より出訴

一戌十二月六日御呼出之上、三右衛門町和泉屋半兵衛ゟ延岡切手之儀ニ付願出候委細被　仰聞、則右屋鋪役人中江引合御答申上度、同九日迄日延、十日出、北浜高池屋ゟ之書付直し成る、同十一日出、同十二日口入善八郎成り申上ル、追而御沙汰被　仰付候事

口入善八郎の居所を申上げる

一同十五日御呼出之上、願人半兵衛同道ニ而屋敷江掛合候様被　仰付、同十八日迄善八郎儀、当時玉造伏見坂町ニ居候ニ付、其段書付ヲ以申上ル、追而之御沙汰被仰付候事

願下げとなる

一亥正月十四日御召出之上被仰渡候ハ、延岡一件ニ付御糺シ被成候処、善八(郎脱)儀当時居所相扣候ニ付、願人半兵衛儀、右願御行届(断)、御願下ケ被仰付、則玉造町内ゟ善八宅替證書御取被成、一件相済候事

御掛り東地方
由比助太夫様
尤正月十四日済口之
御掛り
瀬田藤四郎様

八 通船の代判人交代

乍恐口上

長堀茂左衛門町
住友吉次郎
代判泉屋藤右衛門

一私義銅山御用ニ付板屋根取組御目印通船壱艘所持仕罷在、是迄代判清七相勤罷在候所、病死仕候ニ付、跡代判右藤右衛門相勤候間、御帳面御張替被　成下度、此段御断奉申上候、以上

文政十亥年二月

代判
泉屋藤右衛門
年寄
泉屋理右衛門

御奉行様

九 山本新田支配人交代

新田支配人眼病ニ付退役頼書左ニ

河州若江郡山本新田
支配人
慶蔵

一私義近年眼病ニ付支配役難相勤御座候間、退役仕度奉頼上候、尤跡支配人之儀ハ重右衛門方申(与カ)者へ被　仰付被下置候様仕度、此段奉願上候、何卒御聞済被為成下候ハヽ、(有脱カ)難奉存候、以上

文政十亥年
二月廿一日　右
慶蔵

堂島
御役所

一〇 大坂鰻谷火災

亥二月廿三日夜九ツ時、中ばし筋鱣谷ゟ出火、少シ北東風ニて大宝寺町筋迄焼失有之、翌朝火鎮候、尤方角ニ付御屋敷方水鉄砲人足等被下候、依之謝礼左之通贈ル

一松山様水鉄砲壱丁、侍弐人、人足拾六人被下

一海魚三種　代九匁八分

一銭五貫文

但、右五〆文之内先方ゟ入割ニ付、侍弐人へ
金百疋、人足へハ銭三〆文遣

一西尾様水鉄砲壱丁、侍三人、人足廿人ニ付

一海魚三種　代九匁八分

一銭五貫文贈床る

〆

一明石様侍壱人、人足拾五人ニ付

一海魚三種　代九匁八分
*1一銭三貫文*2
〆
一津山様侍壱人、人足五人ニ付
一海魚三種　代九匁八分
*1一銭壱貫文*2
〆
一浜松様侍壱人、人足五人ニ付
一海魚三種　代九匁八分
*1一銭壱〆文*2
〆
一仙台様侍壱人、人足五人ニ付
一海魚三種　代九匁八分
*1一銭壱〆文*2
〆
一芸州様侍壱人、人足廿人ニ付
一海魚三種　代拾壱匁
*1一銭三貫文*2

〆
一川越様侍壱人、人足三人ニ付
一海魚三種　代九匁
＊1一銭壱〆文＊2
〆
一南部様侍壱人、人足弐人
一海魚三種　代九匁
計
〆
一延岡様侍幷人足廿人
其外塩川様、山名様、大羽様御見舞被下ニ付、格別ニ
一海魚五種　代廿六匁
＊1一銭五〆文＊2
〆
一対州様侍弐人、人足拾四五人参り候得共、結(詰)合無之ニ付謝礼なし
一土浦様侍壱人、家来壱人ニ付同断
右之通火鎮り可申迄、御結(詰)合有之ニ付、右為挨拶手紙相添贈ル
○＊1の箇所に「改正」方印、＊2の箇所に「合」丸印が捺されている。

一一　津山藩主へ名代御目見を願う
行間に欠字・平出などの注記あり

乍恐以書附奉願上候

此度　太守様為御参府、伏見表被為遊　御通行候節、何卒私名代幸三郎儀（上ル）御目見も○ケツ被仰付被為
下置候得者、別而難有仕合奉存候、右之段乍恐御序之刻可然御執成を以（上ル）御聞済被成下候様奉願
上候、以上

亥年三月　住友吉次郎（実印）

伊丹健左衛門様

一二　高津宮遷宮につき金灯籠寄進

亥三月廿八日
一金燈籠　壱対　高津宮
右先年寄附致候処、今度遷宮ニ付再造致　神納候

一三　京都長浜町掛屋敷名前切替

京都衣棚長浜町抱屋敷、是迄泉屋平助名前有之候処、文政十亥年四月十四日当時支配人泉屋貞助
名前ニ切替候始末書類、此写之通弐通ニ而相済、町内江納置有之、此外書類なし

譲状之事

一当町我等所持家屋敷壱ケ所、死後者主人住友吉次郎江相譲可申旨、文化十一年戌六月廿四日譲
状差出シ、　御割印頂戴仕置候処、此度兄貞助江譲渡申候処実正也、尤親類縁者其外他所ゟ違
乱妨申者毛頭無之候、為後日譲状依而如件

文政十亥四月十四日　譲主　泉屋平助

衣棚通長浜町
年寄九兵衛殿

五人組町中

譲状之事

一当町我等所持之家屋敷壱ヶ所、我等死後者主人住友吉次郎江相譲申候処実正也、尤親類縁者其外他所ゟ違乱妨申者毛頭無御座候、為後日譲状依而如件

譲主
泉屋貞助

文政十亥年四月十四日
衣棚通長浜町
年寄九兵衛殿
五人組町中

右入用左ニ
縁者手代譲り共出銀

一銀 五枚 壱軒役ニ付 会所銀
一銀 五枚 同断 盃料
一銀 壱両 名前料
一金百疋ツヽ 壱軒役ニ付 年寄へ祝儀
一銀 三匁ツヽ 同断 組三人へ祝儀
一銭五百文 用人江
一同三百文 同妻江
一銀 弐匁 筆料
一同 弐匁ツヽ 上下町代

〆

右之内盃料ヲ以町中抱屋敷至迄麁菜ニ而盃可致候事

外ニ
一金百疋　　　　名代顔見セ料
又半季ニ名代料
一銀五両ツヽ

〆

右之通西御役所江御割印ヲ請、無滞相済

出勤
町年寄
五人組
泉屋貞助
泉屋平助
橘屋八郎
町用人
但、会所之事

右連中江於別席為挨拶酒飯出ス

一四　京都木屋町上大坂町へ銀子貸渡

当三月京都木屋町町内ゟ銀弐拾貫目致借用、返済者五ケ年居置、六ケ年目より無利足十ケ年賦払之儀頼出候、運書壱ゟ十三迄差入一札共別封ニいたし、白川方へ遣シ置、尤極意銀拾貫目無利足十ケ年賦ニ聞済候始末左之通、尤運書者略致ス

大払方

借用申銀子之事　但、此證文者大払へ納有之

一銀拾貫目也　無利足

右者当町内天明八年大火之節類焼仕候、已来無拠他借相嵩、以今元銀払不相調、年々利払ニ迷惑仕罷在候、依之毎度之御無躰ニ候得共、御助成之儀御頼入候処、書面之銀高無利足十ケ年割払之極ニ而御貸渡被下候ニ付、町内一統大ニ安悦仕候、然ル上者当十二月ゟ毎盆暮ニ元銀之内銀五百目宛差入、丸十ケ年ニ無相違可致返済候、誠ニ無利足年賦払之儀者格別之御恩借ニ付、御約束通り聊違乱無御座候、万一連印之内相欠候共、残り之者ゟ無滞可致返済候、為後日之證文依而如件

文政十年亥四月

木屋町三条上ル
枡屋藤十郎
津国屋宗助
河内屋久四郎
町内惣代
白木屋徳兵衛
同
伊勢屋甚兵衛

大坂
住友吉次郎殿

無利足十年賦

右之通相違無御座候ニ付、奥印依而如件

年寄　藤十郎
五人組　宗　助
同　久四郎

一札之事

一当町内天明八年大火之節類焼仕、其已来他借相嵩、今以元銀利払ニ迷惑仕居罷在候、依之御無躰之義御頼申入候処、別紙證文ヲ以銀拾貫目無利足十ケ年賦ニ而御貸渡被成下、町内一統大ニ辱次第ニ御座候、誠貴家之儀者往古ゟ度々大数之銀子御貸渡被下、旧来之恩義少しも忘却不仕、外町人等者違、格別之御恩家之儀ニ候得者、已来貴殿御上京之節者御挨拶可申入候、是全貴家之恩義忘却為不致御座候、其外万端准右少しも麁略ニ相心得申間敷候

一此度銀拾五貫目御借用之儀御頼申入候処、当時右拾貫目御貸渡被下、残り五貫目之分者拾貫目之年賦五ケ年分無滞返納相済次第御貸渡、十ケ年ニ割払ニ被成下候趣、御申聞被下、重々忝奉存候、然上者弥以年賦銀子遅滞之義決而無御座候事

安永八年に別家久兵衛が町内に迷惑を掛ける

一此度別紙證文ヲ以銀子借用之相談中、安永八年貴家之御別家泉屋久兵衛殿町中へ迷惑相掛ケ候義致噂之処、御不安気ニも有之候哉、取引御延引ニ相成候得共、右久兵衛殿一条者一旦事相済、御挨拶銀致受納有之候上者、已後毛頭違乱申間敷候、為後日依而如件

文政十年
亥四月

木屋町三条上ル
枡屋藤十郎
津国屋宗助
河内屋久四郎
町中惣代
白木屋徳兵衛
同
伊勢屋甚兵衛

大坂
住友吉次郎殿

右之通相違無御座候ニ付、奥印仍而如件

年寄　藤十郎
五人組　宗　助
同　久四郎

出入の松屋亀次郎に転宅を命じる

以手紙啓上仕候、追々薄暑相催候処、益御壮栄ニ可被遊御座、重畳目出度御儀ニ奉存候、然者松屋亀次郎義、町中存意不叶義有之候ニ付、追々転宅申付候心得ニ御座候処、此者義者貴家へ旧来致出入居候訳も有之ニ付、何事も和順ニ取計、不及其儀候間、左様御承知可被成候

抱屋敷家守一軒役分を町分にて預かる

一貴家御本家抱屋敷屋代弐軒役之内、壱軒役者先達而枡屋三右衛門へ申付、残り壱軒役者町分ニ預り置有之候処、町分無人ニ付追々替り役壱人為御差登候様申談候得共、是以右御恩借ニ対し町分ニ而間渡可申候間、左様御承知可被下候、先者右之段為可得貴意如是御座候、已上

四月十八日　升屋藤十郎
河内屋久四郎

泉屋貞助殿

一五　松山藩より十人扶持下賜
江戸にて掛屋を命ぜられる

於江戸掛屋之儀御店江被申出候趣、此度重役共ゟ申越候間、猶宜御頼申入候、依之書付之通被下之候

拾人扶持

右之通被下置者也

文政十亥年五月七日　　　飯塚助右衛門判
住友吉次郎殿

一六 鰻谷一丁目
家屋敷買得

一札之事

一鱣谷壱丁目堺屋栄三郎家屋敷壱ヶ所、表口六間半、裏行弐拾間、壱役之所、此度我等銀子八貫目ニ買請、他町持ニ而仕候所実正也

一従　御公儀前々被為　仰出候義ハ不及申、御触度毎幷御町儀先格之通急度相守可申候、猶又御公役万端其度毎無異儀差出可申候、此外如何様之義出来候共、早速罷出埒明可申候、幷家守之儀ハ則其御丁内我等借屋ニ罷在候泉屋藤右衛門ニ為相勤、勿論先格万端御丁内作法急度為相守可申候、依而如件

文政十亥年五月　　　住友吉次郎印

右之通私慥承知仕、家守之儀ハ無滞相勤、則御丁内先格万端御作法之通急度相守申候、依而如件

泉屋
藤右衛門

年寄
金屋五郎右衛門殿
幷月　行　司　中

右帳切出銀左之通

*1一　銀四百目 *2　（銀高八貫目五歩一銀）
*1一　金三両 *2　（丁中江振舞金）
*1一　同弐両 *2　（年寄江祝義）
*1一　同壱両 *2　丁代同断
*1一　同弐百疋 *2　下役江同断
*1一　同百疋 *2　髪結江同断
*1外ニ弐〆文 *2　垣外へ
〆
右者買請帳切祝義
*1一　銀壱両 *2　年寄江祝儀
*1一　同三匁 *2　丁代江同断
*1一　同弐匁 *2　下役へ同断
*1一　同壱匁五分 *2　髪結同断
〆
右者家守祝儀

○*1の箇所に「改正」方印、*2の箇所に「合」丸印が捺されている。

右買取一札之写

永代家屋鋪売渡一札

一鱣谷壱丁目堺屋栄三郎家屋敷壱ケ所、表口六間半、裏行弐拾間、但壱役、東隣者天王寺屋源蔵殿、西隣者其元殿、右家屋鋪此度其元殿へ銀子八〆目ニ永代売渡、右銀子慥ニ請取申処実正也、然ル上者右家屋敷売渡申ニ付、脇ゟ違乱妨申者一切無御座候、万一彼是故障申者出来候ハヽ、此印形之もの何方迄も罷出、急度埒明可申候、為後日右家屋敷売渡證文依而如件

文政十丁亥五月

売主 堺屋栄三郎 印
組合 天王寺屋源蔵 印
同 大和屋惣兵衛 印
同 泉屋清兵衛 印
年寄 金屋五郎右衛門 印

住友吉次郎殿

（貼紙）「一札古倹（沽券）箱有之」

沽券箱

一七 橘通二丁目 掛屋敷家守交代

手形

一橘通弐丁目住友吉次郎掛屋鋪一ケ所御地代付、但四役、水帳之表也、右家守泉屋治兵衛相勤罷在候処病死仕、跡家守近江屋次左（右）衛門相勤申候、依之水帳御切替被下度願上候処、則帳面御切替被下候、然ル上ハ御地代金毎年十月無滞差上可申候、為後證仍而如件

文政十亥年
五月

橘通弐丁目

年々諸用留　十三番

他丁持
長堀茂右(左)衛門町住宅
住友吉次郎
家守
近江屋
治右衛門
年寄
堺屋
伊兵衛

三郷
惣御年寄中

乍憚口上

一橘通弐丁目住友吉次郎掛屋敷壱ヶ所
表口四拾壱間壱尺、裏行廿七間、但シ四役、此御地代壱ヶ年金弐両、銀九匁
右家守町内和泉屋源助借家泉屋治兵衛相勤罷在候処、病死仕候ニ付、代り家守町内右吉次郎借家近江屋治左衛門江相勤申候間、水帳表家守之処張紙被成下度奉願上候、以上

文政十亥年
五月
長堀茂右衛門町住宅
住友吉次郎
家守
近江屋次左(右)衛門
年寄
堺屋伊兵衛

惣御年寄中

一札

一私所持之掛屋鋪家守泉屋次兵衛相勤罷在候処、病死仕候ニ付、此渡(度)私借家近江屋治左衛門相勤

申候間、　御番所惣会所御町内水帳張替被成下度、然ル上ハ諸出勤、諸事御相談等之節者右治
(左)右衛門ゟ罷出、多分ニ違背為致申間敷候、是迄御格式之儀者不及申、諸事御町内御差図相洩申
間敷候、為後日一札差入申処、仍而如件

文政十亥年
五月　　　　　　　　　　　　　住　友　吉　次　郎
　　　　　　　　　　　　　　家守　近江屋次右衛門

年寄
堺屋伊兵衛殿

一八　大坂九之助町火災

亥六月四日暁八ツ時頃ゟ九之助町鍛冶屋町西側出火、尤格別風気無之、西南共表側半丁余焼失有之、翌朝早々火鎮ル、勿論方角之儀ニ付諸御屋敷ゟ御手当水鉄炮人足等被下、尚町方同様、依之右謝礼為挨拶、左之通贈ル

松山様　龍吐水御役人弐人
　　　　人足卅三人
　海魚三種　代九匁
　＊1金百疋＊2　贈ル
　＊1銭三貫文＊2

延岡様　龍吐水御役人弐人
　　　　同心衆弐人
　　　　人足廿三人

津山様　御役人弐人
　　　　人足拾五人
　海魚三種　代九匁
　＊1銭三貫文＊2贈る

土岐様　御役人壱人
　　　　人足拾五人
　海魚三種贈ル代九匁
　銭三貫文　是者辞退有之戻ル

海魚三種　代九匁
＊1銭五貫文＊2贈ル
薩州様龍吐水御役人四人
人足廿五人
二番手拾人
海魚五種　代十五匁
＊1銭五貫文＊2贈ル
浜田様　御役人壱人
人足六人
海魚三種　代九匁
＊1銭弐貫文＊2贈ル
阿州様　御役人弐人
人足拾六人
海魚三種　代九匁
＊1銭三貫文＊2贈ル
対州様　御役人弐人
人足七人
海魚三種　代九匁
＊1銭弐貫文＊2贈ル

西尾様龍吐水御役人三人
用聞壱人
人足拾七人
海魚五種計贈ル
代十五匁
浜松様　御役人壱人
人足五人
海魚三種　代九匁
＊1銭弐貫文＊2贈ル
芸州様　御役人壱人
仲間拾六人
小仲間卅五人
海魚三種　代九匁
＊1銭五貫文＊2贈ル
仙台様　人数不知
御詰
海魚三種　代九匁
＊1銭弐貫文＊2贈ル

吹所へ詰める

川越様　人数不知
御詰
海魚三種　代九匁
＊1銭弐貫文＊2贈ル
盛岡様　人数不知
海魚三種代九匁
姫路様　同
同　代九匁
紀州様　御侍弐人
人足不知
海魚五種　代十五匁
＊1銭弐貫文＊2贈ル
今橋様 龍吐水
海魚三種　代九匁
四斗込壱丁　贈ル
鴻池善五郎殿 龍吐水　店六人
人足廿六人
海魚三種　代十五匁
菰樽壱挺　贈ル

土州様　吹所へ御詰　人足三十人
海魚三種　代九匁
銭壱〆文
明石様　同
同　代九匁
土浦様　同
同　代九匁
龍吐水 鴻池善右衛門殿
海魚五種　代十五匁
四斗込壱丁　贈ル
老松町様
海魚三種贈ル
代九匁
鴻池庄兵衛殿　店七人
人足十五人
海魚三種　代九匁
酒壱斗　贈ル

炭屋安兵衛殿
海魚三種　代九匁
酒弐斗　　贈ル

〆

近火到来物左ニ

一海魚三種　津山様
一酒　壱斗　浜田様
一菰樽弐挺　対州様
一酒　五升
一にしめ壱荷　今橋様
一酒　五升
一にしめ壱荷　鴻池善右衛門殿
外ニ鎮火歓鰹節三連到来
一鎮火歓松魚弐連　鴻池庄兵衛殿
一酒五升　三井呉服店
一蠟燭百丁　平野屋甚右衛門殿
一酒五升　いわしや安兵衛殿
一酒五升　富屋彦兵衛殿
一酒弐升　網しま大三

銭屋弥助殿龍吐水
海魚三種　贈ル
代九匁

一酒弐斗　延岡様
一酒壱斗　浜松様
一酒五升　川越様
一にしめ一荷　老松町様
一にしめ一荷　鴻池善五郎殿
一同松魚三十　炭屋安兵衛殿
一鎮火歓海魚三種　銭屋清右衛門殿
一酒三升　鴻池市兵衛殿
一鎮火歓松魚一連　天王寺屋五兵衛殿
一酒三升　大坂屋又兵衛殿
一酒三升　川崎屋吉太郎殿

一酒五升　実相寺殿
一酒五升　鎰屋治郎兵衛殿
一酒五升　三井両替店
一肴三種　久代屋
一酒五升　米屋平右衛門殿
一酒三升　米屋吉右衛門殿
一酒五升　銹屋六兵衛殿
一酒五升
一干肴五丁　助松屋忠兵衛殿

○＊1の箇所に「改正」方印、＊2の箇所に「合」丸印が捺されている。

一九　泉屋理助へ銀子貸付
豊後町店にて請取

借用申銀子之事

一銀七拾貫目也　利足月五朱之割合を以日廻シ

右者当家店方商売用銀操手支ニ付、書面之通借用申処実正也、尤右銀子請取方者豊後町泉屋甚次郎殿御店ニ而通申請、追々振出シ手形を以請取可申候、返済之儀者先頃御預ケ申置候手前所持之道具目録之通御勝手ニ御売払、其代銀を以来子正月晦日限、元利御引取被下、万一不足ニ相成候ハヽ、早速無滞相弁可申候、為後日證文依而如件

文政十亥年閏六月廿八日　借主　泉屋理助
證人　住友尚元

住友吉次郎殿

借用申銀子之事

一銀三拾貫目也　利足月五朱之割合を以日廻シ

右者当家店方商売用銀操手支ニ付、先月廿八日銀高七拾貫目借用申候処、右之分ニ而致不足候ニ

付、再応御頼申入、書面之銀高借用申候処実正也、尤右銀子請取方者豊後町泉屋甚次郎殿御店ニ而通申受、追々振出シ手形を以受取可申候、返済之儀者来子二月晦日限元利無滞急度返弁可致候、為後日證文依而如件

文政十亥年七月八日

借主　泉屋理助
證人　住友尚元

住友吉次郎殿

二〇　一橋家に不調法な手札を詫びる

乍恐以書附奉申上候

先般江戸御表　御殿御恐悦之御儀被為在候ニ付、私出店上槇町詰之者恐悦ニ罷上り候節、差上候手札甚不調法之文言御座候而、　御咎被為　仰付、其節御侘ニ罷上り候者、是又甚疎忽之儀御座候由、依之江戸御表　御役所ゟ当　御役所江　御釣合被為在候ニ付、昨日私御召被為出被為　仰渡候御趣、甚以恐入奉存候、即日彼地出店詰之者共江申遣シ置候、已来者右様之不調法不仕様精々申遣シ置候得者、乍恐此段宜御執成之上何卒此度之儀者　御憐愍を以　御宥免被為　成下候ハヽ、重畳難有仕合奉存候、乍恐右之段以書附御侘奉申上候、以上

文政十亥年七月九日　　住友吉次郎（実印）

川口
御役所

二一　津山藩より二人扶持加増

文政十亥年八月廿五日
津山様ゟ左ニ
御達申候儀有之候之間、明廿六日四ツ時頃御出可被成候、以上
八月廿五日　　伊丹健左衛門
住友吉次郎殿
八月廿六日左ニ
近来勝手向厚預御世話、当(尚)亦当春無余儀御談筋、束(速)ニ預御請被致祝着、依右聊別紙目録之通被相贈候
住友吉次郎
加増弐人扶持、都合十人扶持被下之候
亥八月廿六日
又
一白縮　壱反
一御盃　壱箱
但シ、御紋附二枚
外ニ
銀弐枚宛　勇右衛門
幸三郎
但シ、別ニ御手紙添

右之通御留主居伊丹様、中井様、西原様御立会之上ニ而被仰付候事

二二　大坂湊橋火災

亥十月十一日今暁七ツ半頃湊橋南詰西出火、夜明頃火鎮、右ニ付御屋鋪方へ鎮火歓として進物左之通

酒五升　津山御屋敷
　伊丹健左衛門殿
〆

薩州御屋敷
御金方
酒五升ツ、　田中庄左衛門殿
　田中善左衛門殿
〆

同弐升ツ、　中井百平殿
　岡　房四郎殿
　西原東蔵殿
〆

酒五升　浜田御屋鋪
　林　品右衛門殿

二三　高間町掛屋敷家守交代家守請状

家守請状之事

一高間町御抱屋鋪家守雑喉屋弥太郎相勤候様被仰付承知仕、依之我等諸事請負ニ相立申処実正也、則同人寺請状町内へ相納置申候事

一従御公儀被為　仰出候御法度之儀者不及申、御触書之趣其度毎ニ借屋中江不洩様申渡、大切ニ為相守可申事

一家貸付之節者先々身元相糺慥成者ニ貸附可申候、勿論家賃銀之儀者毎月晦日限取集、其時々相

渡可申候

一町内家売買之節歩一銀、其時々無相違差入可申候、勿論不正ケ間敷儀、決而為致申間敷事

一其元殿御勝手ニ付家代御仕替被成候節者、無違背退役為致可申候、幷ニ其外如何様之六ケ敷儀出来仕候共、我等何方迄も罷出致訳立、其元殿へ少しも御難儀相掛申間鋪候、為後日請状仍而如件

文政十丁亥年十月

家守
雑喉屋弥太郎
請人
雑喉屋秀次郎

住友吉次郎殿

一札

一其御丁内ニ我等名前之懸屋敷壱ヶ所所持仕、則近江屋幸兵衛と申者家守支配人相勤罷在候所、右幸兵衛家守退候、依之跡家守御丁内雑喉屋秀次郎ニ同家雑喉屋弥太郎と申者ニ為相勤申候、弥太郎儀御丁内御作法万事為相背申間敷候、諸事御一統御相談之儀ニ付決而一存為申間敷候、自然御丁内差支之儀出来候ハヽ、早速退せ、御丁内之御差図次第可仕候、為後日家守替一札仍而如件

文政十亥年十月

住友吉次郎印
雑喉屋弥太郎印

年寄
雑喉屋秀次郎殿
幷月行司中

覚

一銀壱両　御年寄へ
一同三匁　丁代江
一同壱匁五分　弐　同 妻子へ
一銀弐匁　下役江
一同弐匁　水帳方 惣代へ
一同壱匁五分　同若キ者へ
〆
外ニ
一拾匁　猿引人形座頭 仲間

右者家守ニ付出銀ニ御座候

亥十月　高間町印

住友様

二四　京都上大坂町家屋敷名前替

苗字名乗に変更

一札

一其御町ニ前々ゟ我等所持之家屋敷御座候処、先般御用達幷苗字蒙　御免候ニ付、是迄泉屋ニ而所持罷在候得共、以来住友と苗字ニ而致所持度、御町分江申出候処、元来御町分之儀者苗字名乗居候者買得被致候共、家号附得心ならて者買得不相成段仕来ニ而、外々江差支ニも相成候得

共、我等方者格別之訳合も有之候ニ付、御町分御承知被下忝存候、然ル上者御町儀者勿論都而出銀其外諸事是迄通り相勤、少シも勝手儘之儀申間敷、何事ニ不寄仕来通り相勤候儀違背無御座候、為後日一札仍而如件

文政十亥年
十二月

大坂長堀茂左衛門町
住友吉次郎（実印）

京木屋町通り三条上ル町
年寄藤十郎殿
五人組御町中

一筆啓上仕候、其已来御疎遠ニ罷成候、厳寒之節御座候処弥御堅勝被成御起居珍重御儀奉存候、然者先年主家御用達幷苗字蒙　御免候ニ付、其節其御町ニ所持之家屋敷、苗字ニ切替申度段、野子ゟ毎々及御相談候得共、御町分差支之儀御座候由ニ而不相調、其儘ニ打過有之候処、此節白川詰重右衛門より御懸合申候而、御熟談相調候趣承之、於野子も忝大慶仕候、重右衛門へ御入念之御噂も御座候由、主家之儀ニ候間、少シも異心有之儀ニ者無御座候間、左様御承知可被下候、先者右御挨拶為可申述如此御座候、恐惶謹言

以前は苗字切替を断られる『年々諸用留十二番』二二一頁参照

泉屋
連蔵

十二月十八日

上大坂町
御年寄
藤十郎様

御組
宗助様

二五　末家太兵衛金物商売許可願

乍恐以書附奉願上候

一数年来私御恩沢奉蒙候段冥加至極万々難有仕合奉存候、尤業躰之儀是迄別而存付無御座候、且者最早及老年候ニ付、得取懸不申義ニ御座候得共、何卒悴茂兵衛ニ金物商売為仕申度奉存候、御差構之儀無御座候得者、此段宜敷御聞済被為　仰付候ハヽ、重々難有仕合奉存候、右之趣何分可然被仰上、願之通御下知被仰出被為下候様奉頼上候、以上

亥年十一月　御末家 太兵衛印

御本家御支配人

貞　助殿

芳兵衛殿

二六　錺屋町掛屋敷を末家勘七名前とする

向い家に同商売の者が引越してきて町人となったため借家人では不都合

乍恐以書附御願申上候

一私義御陰ヲ以家業無恙相続仕、当商売向日増ニ繁昌仕候、誠ニ冥加至極難有仕合奉存候、然ル処丁内私向イ家売家有之、私同商売之者買請引越候趣ニ而御座候、右ニ付私家業大ニ差支当惑仕候、右買候者丁人と相成、私儀ハ御借家人ニ御座候得者、聊差支之儀丁内始メ故障難申立、難渋至極仕候、依而恐多御願ニ者候得共、何卒格別之御憐愍ヲ以、私住宅仕罷在候御抱屋鋪、当時丁内売買相応之直段ヲ以御譲も被為成被下候ハヽ、重々御高恩難有仕合奉存候、若御譲之儀思召相叶不申候得者、勝手ケ間敷御願候得共、丁内向之処私名前ニ御附置被為遊候様御願申

上候、此儀御聞済被仰付候ハヽ、親類不残加印為仕、後年迄も忘却不仕候、勿論帳切入用等可仕候、并ニ是迄通年々御家賃銀上納可仕候、右両様御聞済被為成被下候様御取成之程奉希上候、仍而願書如件

亥十二月九日

御末家 泉屋勘七印

右本文願上之通家業差支候儀相違無御座候間、商売筋之儀ニ付格別之御憐愍之上、両様之内御聞済被為成遣候ハヽ、難有可奉存候、依之奥印仕候、以上

御末家 真右衛門印

御本家様御支配人

貞助様

芳兵衛様

豊後町店へ家質に取る

差上申一札之事

一錺屋町御抱屋鋪是迄私借請住居仕、家業相続之程難有仕合ニ奉存候、然ル所此度丁内江私同商売人家相求メ引越候趣ニ御座候、右様ニ相成申候時者私家業大ニ衰微ニ相成、歎ヶ敷仕合ニ付無拠右御抱家屋鋪、丁内之処私名前御赦免奉願上候処、格別之御憐愍ヲ以御聞済被仰出、此度帳切之上豊後町御店へ家質ニ御取被下、重畳難有仕合奉存候、然ル上者家質利銀證文通御店へ年々無間違相納可申、勿論後年ニ至り何ヶ様之高直段ヲ以他向〲相届候共、決而外人へ相譲り申間敷、自然此後御意ニ叶不申儀有之候ハヽ、何時ニ而も右家屋鋪御取上被仰出候共、無異儀名前相退キ返納可仕候、尤其節帳切入用出銀私〲差出、聊諸失却相掛申間敷候、為後日證文連

印仍而如件

文政十亥年

十二月

名前人御末家
泉屋勘七印

親類惣代
證人
銭屋可兵衛印

右之通御憐愍之御取計本人大ニ難有奉存候、然ル上者自今以後本文之通急度為相守聊不埒之儀為仕申間鋪候、万一自儘之取扱仕候ハヽ、私共罷出、早速埒明少も御差支之儀為仕申間敷候、依之證人奥印仕差上申候、以上

御末家

證人
泉屋仁兵衛印

同
泉屋儀助印

住友吉次郎様

御支配人中

家質証文

家質證文之事

一鎊屋町西側泉屋勘七家屋敷、表口六間八寸、裏行弐拾間弐役、本戸前附土蔵三ヶ所、土引戸附土蔵弐ヶ所、惣建家有姿之儘、南隣平野屋八郎兵衛、北隣敦賀屋九兵衛也、右家屋鋪当亥十二月ゟ来子十一月迄銀三拾弐貫匁家質ニ差入、則銀子慥ニ受取申処実正也、利銀壱ヶ月百弐拾八匁ツヽ、毎月晦日無遅滞相渡、御公役丁役此方ゟ相勤可申候、万一相滞義候ハヽ右家屋敷致帳切、無異儀相渡可申候、為後日家質連判證文仍而如件

家質置主
泉屋勘七印

文政十亥年
十二月

五人組　名田屋清兵衛印
同　敦賀屋九兵衛印
同　亀屋重兵衛印
年寄　平野屋八郎兵衛印

泉屋甚次郎殿

二七　安堂寺町三丁目掛屋敷家守交代

安堂寺町三丁目抱屋敷是迄家守泉屋清兵衛相勤来候処、此度死去ニ付跡家守淀屋安右衛門へ申付、町内江差入置候一札左ニ

一札

一御町内我等懸屋敷、表口七間、裏行弐拾間、但弐役、右懸屋敷代印家守是迄泉屋清兵衛為相勤罷在候処、右清兵衛儀病死仕、跡代印家守御町内塩屋八右衛門殿借屋淀屋安右衛門為相勤申候処、然ル上者水帳御張替三ヶ条御法度證文膓書宜御書入可被下候

一従　御公儀様被為　仰出候御法度之条々何事不寄急度為相守、御丁儀申合、万端為相背申間敷候、若不行届之義御丁内御差図ニ任、家守仕替可申候、為其一札仍而如件

文政十亥年
十二月廿三日

長堀茂左衛門町ニ住宅
住友吉次郎

前書之通我等家守相勤申候所実正也、然ル上者従　御公儀様被為　仰出御触之趣、何事不寄支配借屋中へ其度々為申聞、為相守可申候、御丁儀申合万端御相談之儀相洩申間敷候、猶又月行

司ニ当り候節御公用無遅滞罷出相勤可申候、万一不行届之儀有之候ハヽ、代り家守御極被成、何時ニ而も我等退可申候、為其印形如件

塩屋八右衛門借屋
淀屋安右衛門

安堂寺町三丁目年寄
近江屋三郎兵衛殿
并五　人　組　中

家守請状

同所家守請状之事

一安堂寺町三丁目御抱屋敷家守淀屋安右衛門相勤候様被仰付承知仕、依之我等諸事請負ニ相立申所実正也、則同人寺請状町内へ相納置申候事

一従御公儀被為仰出候御法度之儀者不及申、御触書之趣其度毎ニ借屋中へ不洩様申渡大切ニ為相守可申事

一家貸付之節者先々身元相糺、慥成者ニ貸付可申候、勿論家賃銀之儀者毎月晦日限取集、其時々相渡可申候

一町内家売買之節歩一銀、其時々無相違差入可申候、勿論不正ケ間敷義決而為致申間敷事

一其元殿御勝手ニ付家代御仕替被成候節者無違背退役為致可申候、并其外如何様之六ケ敷儀出来仕候共、我等何方迄も罷出致訳立、其元殿へ少シも御難義相懸ケ申間敷候、為後日請状依如件

文政十亥年十二月

家守
淀屋安右衛門

南塗師屋町
請人平野屋久右衛門

住友吉次郎殿

家守代り出銀覚

一銀　四両（弐役ニ付）　町中へ顔見世銀
一同　弐両　御年寄
一銀　六匁　町代へ
一同　四匁宛　下役弐人
髪結弐人

〆

外ニ銀弐拾匁　切替
当日御酒飯料

右之通御座候、以上

亥十二月吉日

安堂寺町三丁目
会所

住友様

外ニ銀六匁　猿人形仲間へ
同四匁　座頭仲間へ

〆

右淀屋安右衛門会所ニ而町人中へ顔見セ之節此方ゟも重蔵立合、町人中へ挨拶いたし候也、尤以来家守代り之節も同様立合可申事

二八　古金差下し方につき叱りを受ける

古金一条之儀旧臘廿七日御呼出、村垣淡路守様御役所へ左之通請書

差上申一札之事

私共儀大坂安土町壱丁目銭屋忠兵衛外弐人ゟ飛脚便ヲ以古金・古弐朱判引請候一件、再応御吟味之上被仰渡候、左之通

一吉次郎義江戸表ニ而相勤、吹直金・弐朱判引替御用之義、追々古金・古弐朱判引替致、出方薄く相成候而も可相成丈金銀座江差出方不減様致度存候共、金銀引替之義ニ付而者、去ル巳年御触之趣も有之候所、為替ニ取組無之、正金差下し之義有之節者飛脚ちん可差出間、新古有合之儘差下呉候様大坂安土町壱丁目銭屋忠兵衛外弐人江申聞候故、右之者共ゟも心得違ひいたし、同所引替所へ可差出古金・古弐朱判之内江戸表江差下候次第ニ至り、右之始末不埒ニ付急度御叱被置候

正金下しならば飛脚賃を出してくれるため大坂の引替所へ送らず江戸へ送ってしまう

但、以来引替所被定置候国々ゟ古金・古弐朱判等堅く江戸表江引受申間敷、今般引受候古小判弐百両、古弐朱判八百五拾両、金銀座江差出し、新小判・新弐朱判と引替可申段被仰渡候

一新右衛門儀吹直金・弐朱判引替御用相勤候ニ付而者、加州表ニ有之候古弐朱判引替之義、彼地懇意之者共ゟ申遣、引替差出度段、去ル戌年銀座へ申立、取計候義ニ而、今般同国ゟ大坂廻しニ致シ、同所安土町弐丁目炭屋安兵衛ゟ私方へ向ケ差下し候古弐朱判弐千両之義者江戸着、翌日早速銀座江差出候事ニ候上者、右ニ子細者無之候得共、金銀引替之義ニ付而者、去ル巳年御触之趣も有之候間、已来之義者加州ゟ大坂表江相廻候分者弐朱判者江戸表江差下候ニ不及、直々大坂引替所へ差出候積相心得、彼地引合之者共江も兼而対談およひ置、其通可取計段被仰

渡候

但、右之趣安兵衛方へも大坂町奉行所ニおいて被仰渡候間、其旨可存候

右被仰渡之趣一同承知奉畏候、若相背候ハ、御科可被仰付候、依御請證文差上申所仍如件

文政十亥年十二月廿七日

上槇町家持吉次郎
大坂住宅ニ付店預り人
晋右衛門煩ニ付代
喜兵衛

五人組
喜四郎

金吹町家持新右衛門煩ニ付
店支配人代
惣兵衛

五人組
藤兵衛

右被仰渡之趣私共義一同罷出、承知奉畏候、依之奥書印形差上申候、仍如件

上槇町
名主又右衛門煩ニ付
代
久八

金吹町
名主伝左衛門煩ニ付
代
利助

御奉行所

二九 長崎へ手代差下す

覚

住友吉次郎
手代
三郎兵衛
下人
茂　助

右者銅方就御用事長崎浦五嶋町溝江勘助方へ差下し候間、御差紙御出被成可被下候、以上

文政十一子正月十七日

住友吉次郎
病気ニ付代
卯三郎印

糸割符
惣御年寄中

但、北組惣会所差出申候事

一札

一私手代三郎兵衛此度銅方就御用、長崎表へ差下し度奉存候、御当地幷長崎　御奉行所ゟ被仰出候御制禁之趣承知仕、相背申間敷候、勿論不正之唐物類商売携(り)し申間敷候、彼御地江着次第大坂会所御在勤之御年寄へ早速御断申上、諸事御差図請可申候、宿者浦五嶋町溝江勘助方へ差置申候、滞留中不寄何事不埒之儀御座候ハヽ、被仰上、如何様共越度可被仰付候、則長崎下り御差紙往来御渡シ被下、慥ニ奉請取候、帰宅之節猶又御断申上、御切手返上可仕候、為後日證文仍而如件

文政十一子年
正月廿日

住友吉次郎
病気ニ付代
卯三郎印

川端三郎兵衛印

糸割符
惣御年寄中
但シ、北組惣会所差出可申候事

三〇 鰻谷一丁目掛屋敷家守交代

鱣谷壱丁目家守泉屋清兵衛為相勤罷在候所、同人病死いたし候ニ付、悴喜七事清兵衛と改名為致、跡家守申付候節町内へ差入候一札左ニ

一札

一御町内ニ我等掛屋敷、表口四間半、裏行廿間、幷表口三間、裏行弐拾間所持仕罷在候処、是迄代印家守泉屋清兵衛ニ為相勤置候処、右清兵衛儀病死仕候ニ付、跡代印家守右清兵衛悴喜七名改清兵衛と成り、代印家守為相勤申度段御頼申入候所、御承知被下、然ル上者　御番所表幷ニ御町内右清兵衛ニ御切替可被下候、此儀頼入候、依之御町内御作法之儀ハ不及申、壱人立差図ケ間敷儀為申間敷候、若御差支之儀御座候ハヽ、何時ニ而も為相退可申候、為後日御頼一札依而如件

文政十一子年
正月廿三日　住友吉次郎

右之通承知仕候、猶又御丁内御作法之儀者不及申、御借家等ニ至迄不念無之様相勤可申候、為後日依而如件

泉屋喜七
名改清兵衛

鱣谷壱丁目御年寄
金屋五郎右衛門殿
幷ニ五人組中

右家守替ニ付町内出銀左ニ
一銀壱両　年寄祝儀
一同三匁　町代へ
一同弐匁　下役江
一同壱匁五分　髪結へ
〆

三一　長崎へ手代差下しの往来書

長崎へ罷下り候ニ付往来書写置申候、則左ニ
大坂長堀茂左衛門町住友吉次郎手代三郎兵衛、此度銅方就御用長崎表へ罷下り候、海陸無異儀御通可被成候、以上
文政十一子年正月
大坂糸割符年寄
安井九兵衛印
所々人改衆中
大坂長堀茂左衛門町住友吉次郎手代三郎兵衛、此度銅方就御用長崎表江罷下り候、尤宿者浦五嶋町溝江勘助方ニ罷在候由、右御用之外唐物商売携不申旨證文取置差下シ申処、依如件
文政十一子年正月
年番
安井九兵衛印
長崎在番
渡辺又左衛門殿
乍憚口上書　外ニ御印紙壱枚

西之内ニ而
一其御地江私為名代差下置候大沢喜八郎《少し右ニよせ》義、近来病身ニ付　御用向不弁ニ御座候故、右信八郎《同断》為
同
代川端三郎兵衛差下候間、以後御用向右之者へ被仰付被下度奉願候、以上

年号者月日者長崎ニ而相認（と）
文政十一子年正月

銅山御用達
大坂
住友吉次郎印

銅方掛御役人衆中

此度長崎表へ差下し候ニ付、差紙・往来書相頼候処、無滞相済候ニ付、為挨拶左ニ

一銀　壱両　＊1 ＊2 安井氏江

一同　壱封ツヽ　掛り役両人江

但し弐匁也＊1 ＊2

〆

北組惣会所へ当人三郎兵衛持参致、差出候事

長崎江三郎兵衛持下り候印物左ニ

生肴一折添
一扇子　一箱五本入

一胸紐　三掛

〆

守田磯五郎殿江

一扇子　三本入　一箱

一胸紐　　弐掛
〆
右同人御子息江
一紙袋入扇子三本ツヽ
一胸紐　　弐掛ツヽ
〆
組頭両人江
一銀　壱両　＊1＊2　同断使江
一同　三匁　＊1＊2　下同断使江
一同　弐匁五分ツヽ＊1＊2　下役三人江
〆
右之通同人持下り候事

○＊1の箇所に「改正」方印、＊2の箇所に「合」丸印が捺されている。

三二　西尾藩調達銀引受につき扶持加増

子二月廿日

昨亥年春西尾様御屋敷ゟ調達講集銀預り方之儀、無拠御頼ニ付御請申上、加入之銘々江相渡候預り通、貞助・勇右衛門名判を以相勤居候所、同年秋又新講一株御企ニ付、預り方之儀御頼ニ候得とも、再三強く御断候、然ル処米平殿・油彦殿、両家ニ而七歩通相預り、残り三歩通之集銀丈ケ

預り方之儀押而御頼ニ付、無拠御請申上、前講之通ニ而相勤候処、今日右為御挨拶左之通

一五人扶持増

都合拾五人扶持

一壱ツ葵御継上下

一探幽三幅対御掛物

〆

友聞江

外ニ

一壱ツ葵御小袖　一着

一銀弐拾枚

一三人扶持

〆

貞助江

一壱ツ葵御小袖　一着

一銀弐拾五枚

一弐人扶持増

都合五人扶持

〆

勇右衛門江

右御家老松平新蔵様御用人粟生新之助様、并御賄方太田金四郎様御立会ニ而、新蔵様ゟ御達有之、

其跡於鮒宇御料理被下候事

三三　居宅土蔵屋根普請につき板囲設置願

乍恐口上

一私居宅之内西手ニ御座候土蔵壱ケ所、家根破損仕候ニ付、箒屋町通り四間之間板囲仕度奉存候、尤往来之妨ニ不相成様可仕候間、此段御聞届被為成下候ハヽ、難有奉存候、以上

長堀茂左衛門町
住友吉次郎
病気ニ付代
要助

文政十一子年四月五日　要助印

右之通奉願上候間、乍恐奥印仕候

年寄
泉屋
理右衛門

御奉行様　御月番西

右御掛り吉田勝左(右)衛門様御聞置ニ相成、追而取払之節此役所江届候様被仰候事

三四　土佐の炭山請負願　予州にて願い難いので大坂蔵屋敷へ依頼

土州桑川山銅山吹炭仕成願、是迄差縺之儀有之、予州ニ而願方難出来候ニ付、長岡屋吉五郎殿を以当所御屋敷江も頼込有之候処、土州御勘定(アキママ)　此節御登り合セ、御国元江も御懸合被下候由、当蔵屋敷江向ケ書附差出候様被仰候段、泉屋幸次を以長岡屋ゟ申来り候ニ付書附差出ス、左ニ、尤四月十七日全九郎差遣ス

乍憚以書附奉願上候

一予州別子立川両御銅山入用起炭、右銅山附御林ニ而不足仕候節者、御国御留山之内奉願請、是迄無手支仕成来難有仕合奉存候、猶又此度本山郷汗見川村之内桑之川御留山一ヶ所、右御用銅吹炭ニ奉願請度、御詮儀之上冥加銀を以御差明ケ被　下置度奉願上候、右御聞済被　仰付候ハヽ、難有仕合奉存候、此段乍恐以書附奉願上候、以上

文政十一子年四月　　住友吉次郎

土州様
　御蔵屋敷
　御役所

三五　捨子養子先へ合力遣す

一文政七申六月捨子致在之ニ付、大堀村嘉兵衛江養育ニ遣シ候処、翌酉年難渋ニ付無心参り、銀弐拾目合力致遣シ候処、又々此度女房病死致難渋之趣申出候ニ付、銭弐貫文合力致遣ス、此後決而無心ヶ間敷儀申出間敷様、左之通證文取置候事、会処之帳面ニも控在之
*1 *2

一札

一私儀五ヶ年已前申六月二日捨有之候女子貰受、養育仕居候処、先達而難渋ニ付御合力御願申上候処、御聞入被成下難有奉存候、然ル処此度私女房病死仕、重々難渋仕、依之御無心之儀亦々御願申上候処、御聞入不被下候儀を格別之思召を以銭弐貫文御合力被成下難有仕合奉存候、然ル上者此已後何様之儀有之候共、決而無心合力ヶ間鋪義申上間敷候、為其一札印形仍如件

大堀村
貰親　嘉兵衛印

文政十一子年五月八日

口入　明石屋
　　　喜兵衛　印

住友吉次郎殿

○＊1の箇所に「改正」方印、＊2の箇所に「合」丸印が捺されている。

三六 山形屋甚助へ引当の沽券状を差戻す

山形屋甚助入割ニ依、先年取置候沽券状此度差戻シ候一札左ニ

差入申一札之事

一天明八年京都大火之節、拙者居宅致類焼、甚困窮当惑ニ付、銀子借用御頼申入候、尤先年万次郎殿入家一条者其節御相対相済、已後何等之申分無御座候得共、不意之急難ニ付、右之手続ニ不抱御頼申入候処、格別之御助情を以銀五貫目御借被下候ニ付、居宅取構商売致相続、家内之者大ニ致安心候、其後寛政八年拙者地屋敷沽券證文引充ニ差入候而、銀三貫目借用申、又寛政十一年居宅新建入用ニ付六貫五百目御頼申、三口合拾四貫五百目ニ相成候処、寛政九年ゟ文政四年迄元利之内江三貫八百七拾四匁差入候而、其余之分者今以相滞御座候、然ル処近年商売方不仕合、相続過分之借財相嵩、家業相続難出来相成候ニ付、又々銀子借用之儀御頼申入候得共、

銀子借用を承引せず合力遣す

余り毎々之儀ニ付御承引不被下、別段銀＊1＊2四百三拾目御合力被成下、大ニ忝受納仕候、乍然何分家業打絶候段甚以歎ケ敷、親類者不及申町分之御世話ニ相成候而借財方夫々入訳付候得共、相応之銀子調達不仕而者及破談候ニ付、又々品を替、乍御無躰先年引充ニ差入置候地屋敷沽券證文御戻シ被下候ハヽ、

戻してもらった沽券状にて他借の積もり

夫を以他方ニ而銀子致調達度候ニ付、町分御衆中、親類共ゟも達（連）々御頼申入候処、対右衆中程能御聞届在之、沽券證文御戻シ被下、重々忝次第ニ御座候、則請取書者

別紙ニ認メ差進申候、然ル上者此已後如何様之儀御座候共、御無心ケ間敷義一切申入間敷候、
勿論恩借銀口々追々可致返済候、為其町分奥印并親類加判證文差入候処仍而如件

山形屋甚助印
親類
山形屋清三郎印
山形屋源三郎印

文政十一年子五月

住友吉次郎殿

前書之通当町分山形屋甚助父子家業難取続候ニ付、御無躰成儀町分ゟも供々御頼申入候而、御
承引被下候処相違無之候、以後何等ニ事寄無心ケ間敷儀決而為申間敷候、為後證奥印仍而如件

四条膏薬辻子北町
年寄
玉屋理兵衛印
五人組
松屋甚兵衛同
町中惣代
金川貞徳同

○＊1の箇所に「合」丸印、＊2の箇所に「改正」方印が捺されている。

覚

四条膏薬辻子北町西側

壱ケ所　三斬(軒)役
表口五間壱尺七寸　北隣玉屋理兵衛
裏行拾四間五尺　南隣菱屋忠右衛門
但、出張欠地有之、御割印絵図之通

右地屋鋪沽券證文壱通、依入訳御戻し被下、慥ニ請取申処相違無之候、為後日仍而如件

山形屋甚助印
親類
山形屋清三郎同
山形屋源三郎同

文政十一子年五月

住友吉次郎殿

前書之通甚助請取被申候義相違無之候、依之町役奥印仍而如件

四条膏薬辻子北町
年寄
玉屋理兵衛同
五人組
松屋甚兵衛同
町中惣代
金川貞徳同

一札

一山形屋甚助家名為相続、是迄度々借用銀返済相滞之上、尚又此度逼至旨(と)難渋相続難出来ニ付、色々無躰申出候処、是迄引充ニ差入置候沽券證文御戻し被下候段、御町分中ゟ以入割御願被下候ニ付、御承知有之、御戻しニ相成、於私も重々忝存候、然ル上者向後無躰ケ間敷義ハ決而申入間敷候、為後日一札仍而如件

文政十一子年五月

山形屋甚助
母かな指判

住友吉次郎殿

三七　田安家御用提灯・絵符返上願

『年々諸用留十二番』一六五〜七、一八三〜七頁参照

勇右衛門に渡した分を戻し、増下付分を返上

田安様御紋附御燈灯壱張、絵符壱枚、右名代勇右衛門へ差遣し置候処、同人義近頃御用向難相勤候ニ付返上仕候、依而文言左ニ

乍恐以書附奉願上候

一御紋附高張御挑灯壱張

　但、文政五年午三月御増下之分

右者私名代別家勇右衛門　御屋形御用向之節為相勤申候ニ付、文政四年巳十二月奉願上、先年私方江御下ケ被為仰付候御挑灯弐張、御絵符弐枚之内、御挑灯壱張、御絵符壱枚差遣シ置、猶又私方へ壱張御増下之儀奉願上候処、御聞済之上、翌午年三月　御紋附御燈灯壱張御増下被　仰付難有仕合奉存候、然ル処勇右衛門近頃　御用向相勤不申候ニ付、同人江差遣し置御弐品共私方江取戻シ申候、依之右御増下ケ之分奉返上度奉存候、乍恐此段奉願上候、以上

文政十一子年
　六月五日　　住友吉次郎印

長柄
　御役所

乍恐以書附御届奉申上候

長堀茂左衛門町
住友吉次郎
病気ニ付代
要助印なし

一田安御役所　御紋附高張御挑灯壱張、文政五年四月依願御増下御座候処、此度右御増下之分壱張、御同所江御返納申上候ニ付、乍恐此段以書付御届奉申上候、以上

文政十一子年六月五日　要助印
（貼紙）「七月廿三日」
年寄
理右衛門印
右之通相違無御座候ニ付、乍恐奥印仕候

御奉行様

三八　居宅土蔵普請出来につき板囲取払い

乍恐口上

去ル四月五日御願奉申上候、私居宅之内箒屋町筋ニ而土蔵壱ケ所繕普請出来仕候間、右板囲取払
申候ニ付、乍恐此段以書附御届奉申上候
住友吉次郎
病気ニ付代
要助
文政十一子年六月廿六日　要助
年寄泉屋
理右衛門
右之通奉願上候ニ付、乍恐奥印仕候

御奉行様

三九　居宅前納屋蔵普請につき足場莚囲設置願

乍恐口上
銅山御用達
住友吉次郎
病気ニ付代
弥兵衛

一私居宅前長堀安綿橋南詰東側ニ有之候桁行拾間・梁行四間半之納屋蔵、御用銅吹立炭入置候処、
此節屋根幷石垣破損仕候ニ付、繕普請仕度、右普請之間足場莚囲等仕度奉存候、尤往来之通船之妨ニ
不相成様可仕候間、御聞届被為　成下候ハヽ、難有仕合奉存候、乍恐此段御届奉申上候、以上

文政十一子年七月六日　　弥兵衛

御奉行様

右之通弐通相認、御月番東川方・地方へ相届候処、夫々未聞済、尤川方ニ而被仰聞候者、石垣普請之義ニ付水たゝきゟ何尺出し、足場いたし候と申事、但書ニ而も以来書入相届候様被仰候事也

四〇　田安家御用提灯・絵符返上

去ル六月五日　田安御殿御挑灯幷御絵符、勇右衛門分返上之儀奉願上候処、此度左ニ

先達而願出候同家勇右衛門江相渡置候　御紋附御挑灯幷絵符返上いたし度段申立候間、右御品持参、廿一日可罷出候、以上

子七月廿日　　長柄御役所印

住友吉次郎

右之通御差紙到来ニ付、直様返書遣シ置候事

但、返書者最初江右之通を相認、端書ニ

右之通被　仰渡奉畏候、以上

右之通被仰渡候ニ付、右御書付と二品明日持参致候様豊後町江申遣シ候事

四一　居宅前普請中浜土蔵足場に縊死人

子八月廿五日朝安綿橋南東側土蔵足場、縄并下帯ニ而首縊相果候節願書左ニ

乍恐口上

一私居宅長堀安綿橋南詰東浜側ニ有之候御用銅吹立炭入納屋土蔵壱ケ所破損仕候ニ付、繕修覆仕度、足場莚囲之儀先月二日奉願上、御聞届被成下候、然ル処今朝右土蔵北手足場木ゟ縄并白布下帯ニ而結下ケ、年頃四拾才と相見へ候男首縊相果罷在候を往来之者見附、相知らせ候ニ付、乍恐此段奉願上候、何卒　御検使被為　成被下候ハヽ、難有奉存候、以上

住友吉次郎
病気ニ付代
要助

但シ、着用物左之通

一木綿白立横嶋　古単物壱ツ
一あさぎ汗とり　壱ツ
一せんさいはかた帯　壱筋
一木綿小紋はら当　壱ツ
一あふぎ　壱本
一珠数　壱連
一茶はなをぞふり　片足
一合羽懐中烟草入　一ツ
但シ、内ニ
一小紋縮緬財布　壱　一剃刀　壱丁

一煙管　　壱本　一入ば　一ツ
一小弐朱　　壱ツ　一耳かき　一
〆　八品
右之通ニ御座候、以上
文政十一子年八月廿五日
月行司　代　要助
泉屋伊右衛門
年寄病気ニ付　月行司
泉屋武兵衛
御奉行様　にし
差上申一札
一長堀次郎兵衛町灘屋安次郎借家播磨屋藤七伯父徳蔵と申者、当子四拾八才ニ相成候者、今朝同所茂左衛門町住友吉次郎浜土蔵足場ニ縄幷白木綿下帯を懸、首縊相果罷在ニ付、其段右所之者ゟ御訴奉申上候、御検使被為　成被下候上、私とも当御番所へ御召被為　成下、尚又心当り之義御尋ニ付、左ニ奉申上候
右徳蔵義、兼而疳症ニ付折々気むら差発候義有之、壱両年已前迄本京橋町住居罷在候処、其後右住居相離、何方へ罷越候哉、行衛相知不申御座候、然ル処今朝前書之通首縊居申候ニ付、早速所之者ゟ御訴奉申上候処、全自滅無相違奉存候上者、親類共一統外へ対シ申分無御座候間、死骸被為下置候ハヽ、片付申度奉願上候、勿論此外親類一切無御座候趣奉申上候処、被為

聞召上、徳蔵死骸片付被為　仰渡難有奉存候、仍而御請證文如件

次郎兵衛町
播磨屋藤七
母　なつ
代新兵衛
家主
灘屋安次郎
代利兵衛
月行司
大和屋吉兵衛
卜半町
綿屋彦兵衛
家主
象牙屋次郎右衛門
茂左衛門町
住友吉次郎
代要助
月行司
泉屋伊右衛門
年寄病気ニ付
月行司
泉屋武兵衛

文政十一子年
八月廿五日

（付箋）

御奉行様

（付箋）
「右之通無事相済候ニ付
御検使江左之通送ル
＊1一金百疋ツヽ、　＊2横山弥次左（左）衛門殿
＊2木村昆右衛門殿
〆

＊1一 銀弐匁ツヽ、＊2御家来江
＊1一 銭九百文　＊2御両人御仕度代
幷御家来共
町内渡し
〆
」
○＊1の箇所に「改正」分銅型印、＊2の箇所に「合」丸印が捺されている。

四二 居宅前納屋蔵普請出来につき足場莚囲取払い

乍恐口上

去ル七月六日御願奉申上候、私居宅前長堀安綿橋南詰東側ニ有之候御用銅吹立炭入置候納屋蔵壱ケ所、屋根幷石垣繕普請出来仕候間、足場莚囲等取払申候ニ付、乍恐以書附御届奉申上候、以上

銅山御用達
住友吉次郎
病気ニ付代
弥兵衛

文政十一子年九月五日　弥兵衛

御奉行様　但、弐通認メ、川方・地方へ差出ス

四三 倹約の申渡し

文化十一戌年改而絵(倹)約之義申渡置候処、年限過去、次第ニ猥ニ相成、世帯方者不及申、諸雑費共無益之失墜多相見へ候ニ付、此度又改而御申渡シ、左ニ

定

絵約者前々ゟ被立置候得共、近ク者文化十一戌年改而申渡置候処、年限過去、次第ニ猥に相成、世帯方者不申及、諸雑費共無益之失墜多く相見へ、且又累年銅山方稼苦敷、追々遠町及深鋪、炭

別子銅山遠町深敷

文政八年涌水

木者他領遠所ゟ買調、其上鉑石歩附次第ニ相劣、誠ニ以苦々敷折柄、去ル酉年ゟ彼地不意之涌水ニ付、鋪中之普請幷水引賃増、其外万事ニ付夥敷諸雑費相増、いつ頃減水可致共難量、酉年迄者御定数之外地売銅も拾万斤余売上来候処、右涌水ニ付一昨年ゟ皆無ニ相成、剰御定数之内九万五千斤及減銅、誠ニ以歎ケ敷次第ニ有之候、尤昨年ゟ五ケ年之間御手当金被下置候得共、是迚も願立通半減ニも不及、右莫太之対損毛ニ而者中々行届儀ニも無之、右等之訳者一統承知之処ニ候間、

銭屋休店

余者令書略候、且又近年諸家様追々御仕法被仰出、旁以心配致候折柄、当六月両替銭屋方内間不如意ニ付致休店候、是又年来之取引ニ候間、本家豊後町両家ゟ入込候銀高四百貫目余有之、其後厳敷掛合候得共一向訳立不申、今以応対中ニ有之候、依右銀操至而六ケ敷、必至と手詰りニ相成候折柄、江戸中橋店も近年夥敷損銀有之、兼而心痛致候処、当年者別而不融通ニ相成、此節急々

中橋店も一万両を差下さないと休店に及ぶ

壱万両差下シ不申而者、同所も及休店可申趣、当月五日出道中四日限仕立状ヲ以申越候、然レ共前書之通本家も当用ニ差支候程之逼迫故、中々才覚難出来候得共、捨置候而者及大事候趣申立候ニ付、無是非乍不外聞他借を以員数相調差下シ候得共、右銭弥之損銀幷江戸下シ金、双方ニ而不軽大数借入之向者、追々期月相廻り可申事ニ付、返済之手当ニ甚心痛難述言語ニ候、右之通ニ而者迚も往々相続無覚束、誠ニ日夜寝食不易心配至極ニ候、就右此度又相改、当子八月ゟ来ル巳年迄五ケ年之間、筆紙墨ニ至迄格段倹約申渡候、然ル上者自分諸向賄方、元ゟ格別令省略候間、家内一統者不及申、諸店幷末家とも第一世帯方、衣服、造作、諸音物、客来之賄等、万事ニ付無益

老若新古にかかわらず有益な事があれば申出るべし

之失墜無之様厳重倹約相守可被申候、且又右様之時節柄ニ候間、老若新古ニ不拘、銘々尽勘弁、有益之義存付候ハヽ、些少之事たり共早速可被申出候、仮令難取用儀有之候共、其忠志者可令感

悦候間、無遠慮可被申出候、且又相定り候受用銀幷小遣等者、是迄之通可相渡候間、其旨相心得、
右申渡之趣堅相守、乍此上精々被励忠勤度存候、以上

文政十一子年七月　　吉次郎

末家への定書

定

一末家中本人幷女房年始中元礼服、縮緬・羽二重・絽者小紋たり共無用、加賀・秩父紬・晒越後等、小紋無地之類可相用、紫色可致遠慮候、臨時ニ女房罷出候節も右同断、差物者櫛竿(笄)之外、かんさし者鼈甲まかひ、銀まかひ、各壱本宛、供者壱人に相限候事

一自分幷奥へ臨時内々差出物、例有之候共向後決而無用之事

一本家法事幷定施餓鬼之節、香料壱人前弐匁宛実相寺へ差出可被申候事

一嫁娶、養子幷相続、聞済之上当人為礼出勤之節差出物不及事

一吉凶年回等都而差出物及断候事

一安産、元服者届計、半元服、鉄漿附等者届ニも不及候事

一近火非常之節、早々本家へ馳附可申事、幷末家中近火等之節相互ニ致世話可申事

一是迄聞済之外、借用等之儀向後難取用候事

一末家中其家々自分相応ニ相心得、衣服、飲食、造作ヲ始、諸附合万事ニ付綸約相守、長久之基可被致勘弁候事

右者文化十一戌年申渡置候処、猶又此度相改申渡候、且非道理ニ相当り可申筋も可有之存候得共、別紙書面之通ニ候得共、往々相続之程無覚束候ニ付、格別之省略申渡候間、一統可被得其意候、

以上

文政十一子八月　吉次郎

右弐通共本紙者大払江相納置候事

大払方

御請

申談候御用向有之候間、手代壱人明日、明後日之内可差出候、以上

右之通被　仰渡、奉畏候、以上

子九月七日　住友吉次郎

田安
御役所

四四　田安家貸付金預け入れ願

西之内ニ認ル
乍恐以書附奉願上候

一私儀江戸上槇町出店ニ而従先年当　御屋形様　御掛屋　御用相勤来、　御預ケ金被為　仰付、当時迄無滞相勤罷在、冥加至極難有仕合奉存候、然ル処右　御預ケ之儀是迄金高凡六七千両迄者　御預ケ被　成下度段奉願置候所、猶又此度改而御取調之上、前書之金六七千両江戸店江御預ケ御座候而も相違之義も無之哉之段　御尋之趣奉畏候、右者先々之通り六七千両迄　御預ケ金被　成下候而も、　御取立之節返上納方差支之儀決而無御座候、若万一江戸店ニ而相滞候共、当店ニ而急度返弁納可仕候、何卒右之段　御聞済被　成下、　御貸下ケ金相願候節者是迄之通御貸渡御座候様仕度奉願上候、以上

文政十一子年九月　　　　　　　　　　住友吉次郎

田安様
御勘定所

四五　北堀江一丁目掛屋敷家守印形彫替願

手形

一北堀江壱丁目住友吉次郎家屋敷、表口弐拾間、裏行四拾間、但三役六歩、御地代壱ヶ年金四両弐歩、銀九匁、水帳面也

一同築地屋敷、表口弐拾間、裏行拾弐間五尺、但八歩役、水帳面也

右二屋敷代印家守、丁内右吉次郎借屋堺屋喜兵衛印形彫替相改申候ニ付、水帳御切替被下度奉願上候所、則帳面御切替被下候、然ル上者御地代金毎年十月無滞差上可申候、為後證仍如件

文政十一子年九月

北堀江壱丁目
他町持茂左衛門町
住友吉次郎印

家守
堺屋季兵衛印

年寄
奥原屋平右衛門印

惣御年寄中

乍憚口上

一北堀江壱丁目住友吉次郎家屋敷、表口弐拾間、裏行四十間、但三役六歩、此御地代壱ヶ年金四両弐歩、銀九匁

一同築地屋敷、表口弐拾間、裏行拾弐間五尺、但八歩役

右ニ屋敷家守、丁内右吉次郎借屋堺屋季兵衛印形相改申候ニ付、水帳御切替被下度奉願上候、以上

文政十一年子九月

北堀江壱丁目
他町持茂左衛門町
家守　住友吉次郎印
家守　堺屋季兵衛印
家守　池田屋平兵衛印
年寄　奥原屋平右衛門印

惣御年寄中

四六　対馬藩用達銀元利据置要請を断る

乍憚口上

一連年御勝手方御操合不宜、其上口々御物入も被為在候ニ付、私方出金新古とも当年ゟ五ケ年元利置居之義被仰出、甚当惑心痛仕候、定而無御拠義と奉恐察候ニ付、御請も可申上筈ニ御座候得共、右御用達御座候銀子と申者、元来私於予州銅山異国渡御用銅御定数奉請負、年来相勤来候処、追年及老山鉑石性合相劣、御定数難調、勿論勘定も引合不申、其上色々不時之事共御座候而、猶々難渋之余り乍恐　御公儀江御歎奉申上候処、厚以御憐愍結構拝借被為仰上ル付、冥加至極難有仕合ニ御座候、其已後右御余光ヲ以相勤来候所、先達而当御屋敷様御勝手御用出銀之義御頼談ニ付、大切之銀子ニ御座候得共、外様不成御儀、殊更過之候丈夫之義有御座間敷奉存、去ル未年ゟ堅御規定ニ而追々出銀仕、其利足者予州銅山仕込銀ニ差加江精々相励、当時迄御定

別子銅山鉑性劣

行間に欠字・平出などの注記あり

利足は別子銅山仕込銀に差加え

文政八年涌水

数奉売上居候処、此度前条之御仕法御請奉申上候而者忽予州銅山必至と難立行御座候間、此儀者何分御赦免之程奉願上候、殊以去ル酉年ゟ彼地不意之涌水ニ付莫太雑費相増、其上大ニ減銅仕、既ニ休山ニ可及之処、又候従　御公儀結構　御手当金被為下《上ル》置、重々難有仕合奉存候、乍併中々大造之増入用ニ御座候間、迚も行届候義ニ者無御座候得共、御憐愍之規模相顕不申而者奉恐入候ニ付、追々他借ヲ以雑費不足銀ニ差当、尽千辛万苦御定数相仕立居候折柄ニ御座候間、此上是非と被為仰聞候時者忽当時ゟ仕込銀ニ差支、御定数闕欠者不及申、第一拝借返上納難出来、重々奉恐入候ニ付、無拠右御證書ヲ以　御公儀江御歎奉申上候外無御座候、左様相成候而者御上江奉懸　御苦労候段甚以奉恐入候、猶又御屋敷様之　御名も出候義、是亦奉恐入候間、何卒今一応御勘弁之程奉希上候、尤右銀子之内御廻米幷牛皮等代銀御引充ニ而出銀仕候向者、最初十ケ年賦御割済之御頼、無違背御請申上候者、実ニ他家無類之出銀ニ御座候、猶其上ニも御参勤御用何角と臨時出銀迄仕候者、乍恐尽実意相勤居候事ニ御座候、此儀者勿論《ケツナシ》　御屋鋪様ニも能御存之御儀、然ル処未三四ケ年不立内前条被仰出、甚当惑難渋至極ニ奉存候

右之段何卒被為聞召訳、御約定御證文通り無相違御返済被為成下候様偏ニ奉願上候、以上

子十月　住友吉次郎印

対州
御役所

廻米・牛皮引当にて出銀分は十年賦を引請

四七　山本新田検見

新田検見之節全九郎出勤、其砌左之通

覚

一四拾七石九斗六升弐合弐勺　北西側
一六拾七石壱斗六升三合三勺　北東側
一六拾弐石三斗四升三合三勺　南西側
一拾八石九斗弐升七合弐勺　柿畑跡
〆百九拾六石三斗九升六合
外ニ柿木畑下引米之分　未不足
子十月十一日

四八 延岡藩蔵屋敷拝借銀の引当につき問合せ
紀州藩用達銀を米切手引当にて拝借

覚

一紀州様御用達銀、延岡御蔵屋敷江御拝借被成候処差滞、印形者不残東地方御役所へ被召出、御糺ニ御座候、依之当月二日名代高池屋三郎兵衛御召ニ付罷出候所、右引充切手正不正之義相糺候様被仰付候ニ付、早速御屋敷へ掛合候処、正米有無之義一切相分り不申候、右ニ付今日其段御答申上候処、右屋敷蔵元倶々致掛合遣し、来ル九日申出候様被仰渡候

右之段御承知可被成候、以上

文政十二丑年
四月四日
内藤備後守殿名代
北浜弐丁目
高池屋三郎兵衛

御蔵元
住友吉次郎殿

表書之通承知仕候、以上

四九 居宅先浜座敷に縊死人
住友吉次郎○手形判
丑五月四日朝浜座敷之下格子江細引ニ而年頃四十七八才之男首しめ相果居候ニ付、則御届幷諸入用左之通
乍恐口上

一私居宅先浜地西建家下物置上之窓格子ゟ細引を釣下ケ、年頃四十七八才計り之男首縊相果候を今朝川筋往来之舟ゟ見付、呼り候ニ付垣外番人聞付、丁内へ相知らせ候ニ付、早速見受候処、何方之もの共相知不申候、何卒　御検使被為　成下候ハヽ、難有可奉存候、以上

長堀茂左衛門町
住友吉次郎
病気ニ付代
忠兵衛

但、着用物左之通
木綿紺立横嶋　半てん
同花色立横しま　単物
茶木綿帯

右之通ニ御座候ニ付、乍恐此段御断奉申上候、以上

文政十二丑年
五月四日

代
忠兵衛
月行司
泉屋武兵衛
年寄
泉屋理右衛門

御（アキママ）東

御検使　東　木村昆左衛門様
　　　　西　松浦茂十郎様
　　　　　　　供弐人

*1一 金百疋宛　御検使様へ御礼
一 銀四匁　同供弐人江
一 同六匁　御膳四人様へ
　此銭六百卅七文
一 銭四百文　人足弐人□ス

一 壱〆百文　隣町丁代衆へ差出候膳部入用
一 三百文　高麗橋掛札取入世話料
一 七百文　縄むしろ桶代とも
一 弐〆五百文　千日仮り葬料

高麗橋掛札取入

一 三〆五百文　三日之間番人幷片付料
一 四百四拾文　白米四升
一 弐百拾弐文　生ふし代
一 百弐文　青物代
一 百六拾四文　酒壱升

右之通会所ゟ入用申来り候事

〆（*1銀四匁*2
　　*1金弐部*2）
　銭十貫七拾七文*1*2

○*1の箇所に印文不明の方印、*2の箇所に「合」丸印が捺されている。

五〇　大坂北久宝寺町火災

一 丑五月廿三日夜四ツ時ゟ壱丁目筋北久宝寺町南江入西側ゟ出火、折節風少々有之、余程焼失い

たし候、漸々翌暁六ツ時程克鎮火ニ相成ル、依而御屋敷方より御人足等被下、延岡御屋敷ゟ銘
酒松之葉弐斗到来之事、近火見舞左之通送ル
一酒三升　近江屋
一握りめし　半左衛門殿
一にしめ
〆
一酒三升　平野屋様御寺也
光徳寺
〆
一酒弐升　古春左衛門殿
〆
翌廿四日早天御屋敷方へ為御礼、海魚一折ツヽ、幷御人足方へ送ル、左ニ記
(朱書)「此御屋敷御人足方へ鳥目抔相送り候義
仲仕之者共彼是申出し候間、外御屋敷並ゟ
少し相増送り候様、其時々見繕取計可申事也」
松山御屋鋪
一海魚一折三種　御留守居様江
代拾壱匁
*1一南鐐壱片　*2御侍中江
龍(吐)咄水壱挺
御侍弐人
*1一鳥目三貫文　*2御人足中江
御人足十八人
〆
延岡御屋鋪
一海魚一折三種　同断
代拾壱匁
御侍壱人
*1一鳥目弐貫文　*2御侍幷御人足中江
御人足十三人
〆

一 海魚一折三種　同断
　代拾壱匁

＊1
一 鳥目壱貫文 ＊2御侍幷
　　　　　　　　御人足中へ
　　　　　　　　　　　　　　対州御屋敷
　　　　　　　　　　　　　　　御侍壱人
　　　　　　　　　　　　　　　御人足五人

但、肴是迄九匁積之所相送り有之候得共
此節少々高直ニ付如斯

○＊1の箇所に印文不明の方印、＊2の箇所に「合」丸印が捺されている。

五一 北堀江一丁目掛屋敷家守交代

北堀江壱丁目家守堺屋季兵衛・池田屋平兵衛両人へ申付有之候処、右平兵衛不勤ニ付、此度退役申付、跡家守同町年寄奥原屋平右衛門同家同伝七へ申付候、諸書付出銀等左ニ記ス

乍憚口上

一北堀江壱丁目住友吉次郎家屋敷、表口弐拾間、裏行四拾間、但三役六歩、此御地代壱ヶ年金四両弐歩、銀九匁、水帳面也、右家守同町同人借屋堺屋喜兵衛幷同かしや池田屋平兵衛、右両人相勤申候処、右平兵衛退、跡家守同町奥原屋平右衛門同家奥原屋伝七相勤、季兵衛是迄之通右両人相勤申候間、水帳面御切替被下度願上候、以上

丑八月

　　　　　　　　　　北堀江壱丁目
　　　　　　　　　　他町持茂左衛門町住宅
　　　　　　　　　　　　住友吉次郎（実印）
　　　　　　　　　家守
　　　　　　　　　　　　堺屋季兵衛印
　　　　　　　　　同
　　　　　　　　　　　　奥原屋伝七印

年寄
奥原屋平右衛門印

惣御年寄中

手形

一北堀江壱丁目住友吉次郎家屋敷壱ヶ所、御地代付、但三役六歩、水帳面也、右家守堺屋季兵衛・池田平兵衛、右両人相勤罷在候所、此度右平兵衛退、跡家守奥原屋伝七相勤申候、依之水帳御切替被下度願上候処、則帳面御切替被下候、然ル上者御地代金毎年十月無滞差上可申候、為後證仍如件

文政十二年
丑八月

北堀江壱丁目
他町持茂左衛門町住宅
住友吉次郎(実印)
家守
堺屋季兵衛印
同
奥原屋伝七印
年寄
奥原屋平右衛門印

三郷
惣御年寄中

一札

一御町内有之候我等掛屋鋪家守堺屋季兵衛・池田屋平兵衛、右両人相勤候処、右平兵衛退、跡家守御丁内奥原屋平右衛門殿同家伝七相勤、季兵衛是迄之通、右両人相勤申候間、水帳表張紙御切替可被下候、然ル上者御丁内仕来之義共無違背公用町用為相勤可申候、若差支之義有之候ハヽ、何時ニ而も退、代り家守早速相立可申候、為後日家守代り證文依如件

住友吉次郎（実印）
家守
奥原屋伝七印
文政十二年
丑八月
御年寄
奥原屋平右衛門殿
月行司中

一右家守替り出銀左之通
一銀四拾壱匁六分　振舞銀
一同弐拾弐匁三分六り　御年寄江
一同拾壱匁壱分八り　丁代江
一同七匁八分ツヽ　下役両人江
一同弐匁ツヽ　髪結弐人へ
〆
外ニ惣御年寄江　銀五匁
惣会所廻り四人江同弐匁ツヽ
〆八匁
右是迄金百疋、銀弐匁十封之処、近年相替、右之通ニ相成、尤会所へ相渡ス

五二　南米屋町掛屋敷家守交代

一南米屋町家守是迄市場屋伴作幷在勤義蔵江申付有之候所、右義蔵病気ニ付、此度退役申付、跡

家守在勤弥十郎江申付候、諸書付、出銀等左ニ記ス

一札

一南米屋町ニ而我等掛屋敷弐棟三役所持致候所、此度ゟ代印家守右我等借屋泉屋弥十郎江為相勤申候処実正也、然ル上者貸附方之義御町内仕来り相心得、家賃等丁並之外高直ニ為致間敷候

一御公儀様御法度之義不及申、火之元別而入念、借屋中博奕諸勝負決而不仕様取締、御公用町用等無滞為相勤可申候、且又借屋内ニ而碁将棋、浄留理之会、不寄何事人集致候義一切不為致、万事心付ケ可申候、万一右家守一己之我意申出候歟、御一統ニ相背候ハヽ、早速為退、御丁内御指図之家守ニ仕替可申候、為後日一札仍如件

文政十二丑年八月

家主
住友吉次郎印
但実印
泉屋弥十郎印

南米屋町
年寄 大黒屋利兵衛殿

御町人中

一札

一御丁内ニ而我等掛屋敷三棟五役之家屋敷所持致候処、内三役分代印家守、右借屋泉屋義蔵相勤罷在候、此度病気ニ付退役致、跡代印家守之義我等借屋ニ而泉屋弥十郎義慥成者ニ付為相勤度御願申候処、御承知被下忝奉存候、然ル上者自然向後家守替候節此度之義例ニ不致、御丁内御一統御相談之思召ニ任セ可申候、其節違乱有之間敷候、為後日一札仍如件

文政十二丑年八月　住友吉次郎（実印）

南米屋町
年寄
大黒屋利兵衛殿

御丁人中

一右家守代りニ付町内出銀左ニ
一銀弐両　丁内顔見世銀
一同壱両　同年寄へ
一同壱両　同丁代へ
一同三匁　同下役へ
一同弐匁　水帳方惣代祝義
一同壱匁五分　同若キ者へ
一同五匁　張紙之節支度諸入用
〆
外ニ弐匁弐ツ壱匁五分□
是者丁内ニ名前無之候ニ付、変宅祝義として遣ス、尤丁内名前有之候ハヽ、遣スニ不及

五三　田安家御用提灯・絵符につき問合せ

九月廿七日従　長柄御役所

一御紋附御絵符　何本

一同　　御挑灯　　　　何張
一御用御絵符　　　　何本
一同　御挑灯　　　　何張
〆
右之外御下ケ渡候品々
右之御品々何年何月ゟ御下ケ相渡候儀書付認、御差出シ可被成候、此段御通達可申上候様被　仰
付候、御承知可被遊候、早々以上
九月廿五日
和泉屋
杢兵衛
七軒宛
右之通申来候ニ付、則左ニ御請奉申上候
覚
一御紋附御絵符　　弐枚
一御紋附高張御挑灯　弐張
〆
右者御掛屋　御用相勤候ニ付、文化六巳年六月御渡被　仰付、慥ニ奉預居申候、此段　御尋ニ
付奉申上候、以上
文政十二丑年九月
住友吉次郎
長柄
御役所

三月廿一日午刻前、神田佐久間丁ヨリ出火、北風強ク、廿二日
卯辰之頃南風ニ相替リ候趣□□漸□□□申候

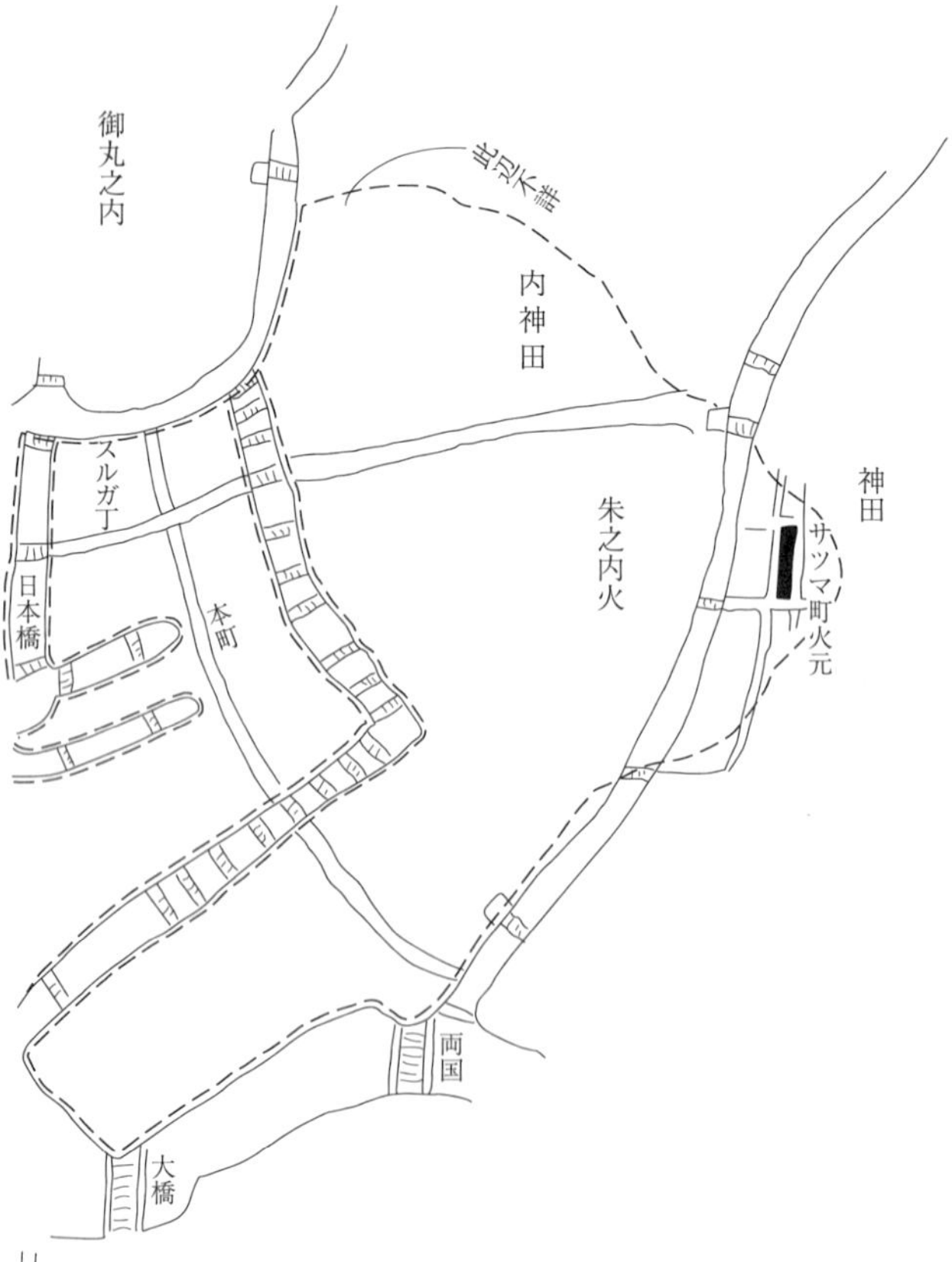

○この焼場麁絵図は見開き一丁に二分して貼り付けられており、左側永代橋の下部が一部切り抜かれている。
類焼範囲を示す朱線は点線で示した。火元の区画も朱で塗り潰されている。

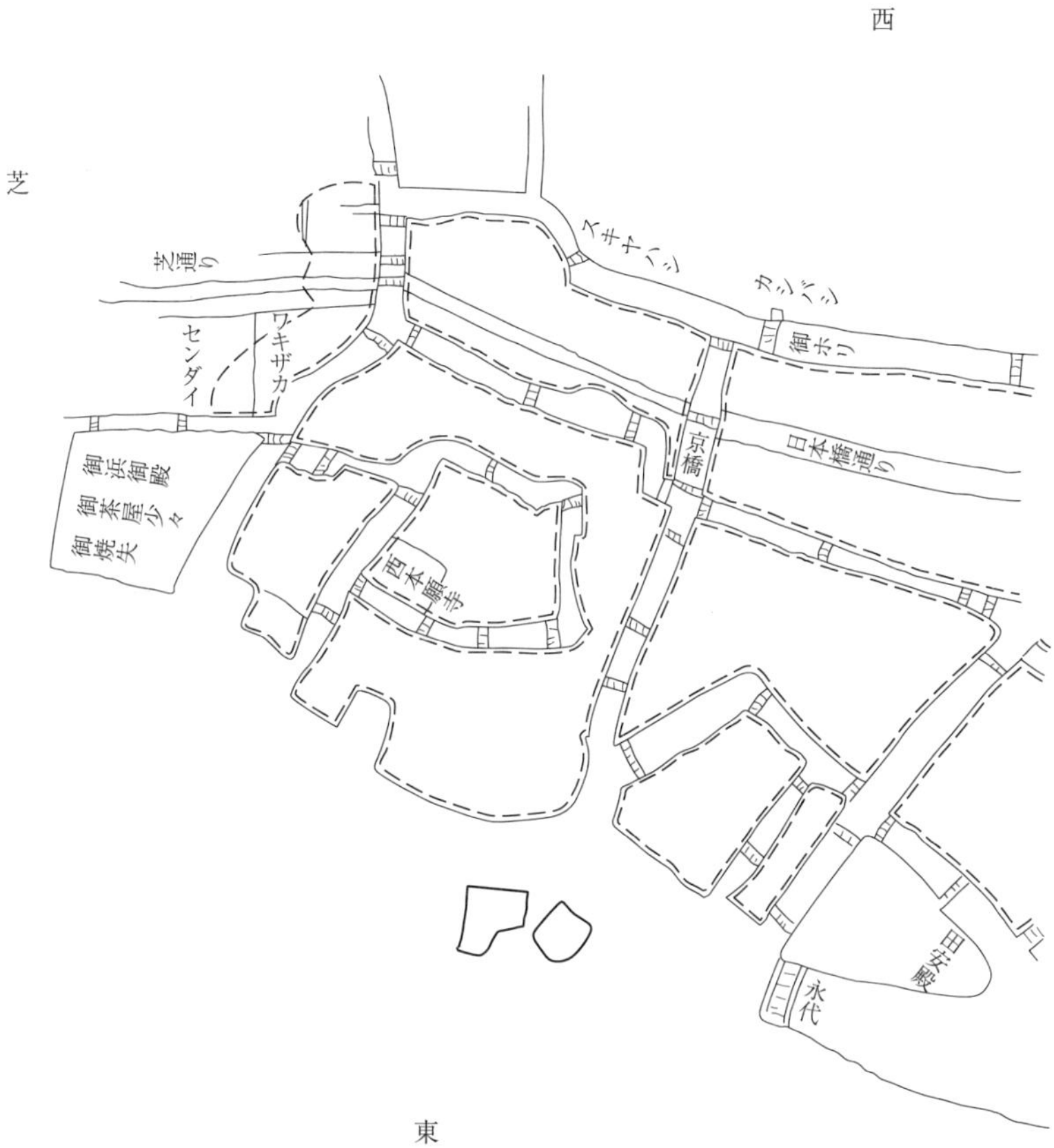

五四　江戸大火
中橋店焼失
土蔵・稲荷宮残る

江戸中橋焼失始末左ニ

一文政十二年丑三月廿一日昼時、江戸神田佐久間丁ゟ出火、追々北風烈敷、同日申之刻中橋店勝手向不残焼失、相残り候分店蔵并土蔵弐ケ所、稲荷宮無別条、絵図面左ニ

○以下、手描きの焼場麁絵図と木版刷の焼失次第が見開き二丁半に分割して貼り付けられている。焼場麁絵図は七八～九頁に別掲。

（貼紙）
「頃者文政十二年丑ノ三月廿一日昼時、江戸神田佐久間丁
辺ゟ出火して、それゟ柳原小柳丁、平永丁、九軒丁、松本丁
代地、元せいくハんじまへ、おたまがいけ、龍閑丁、ゆしま丁、
小いづミ丁、松枝丁、御屋敷ハ、佐野様、富田様、市橋様、細川様、
その外御やしきかす〳〵、富松丁、久右衛門丁、江川丁、元岩井丁、
佐柄木丁代地御蔵地、きし丁、富山丁、白かべ丁、上下黒もん丁、
よしま丁、すだ丁東かハ、通新石丁片かハ、なへ丁片かハ、かじ丁、
こんや丁、べんけいはし、一口ハ、かまくらかし、永富丁、本しろ金丁、
かわや丁、ぬし丁、川合新西丁、大伝馬上丁、さい木かし、橋本丁、
ばくろう丁、通しほ丁、よこ山丁のこらず、両国ひろかうじ
まで、一口ハ、本丁御うらかし、大伝馬丁、小伝馬丁、通はたご丁、
あぶら丁、たちはな丁、富ざハ丁、久松丁、村松丁、田ところ丁、
ほり留ほりへ丁、元のりもの丁、はセ川丁、なにハ丁、高さご丁、

すミよし丁、しんいづミ丁、人形丁、さかい丁芝居友、ふきや丁
芝居とも、人形芝居二ケ所、大坂丁、へついかし、松しま丁、
よし丁、てりふり丁、小舟丁のこらず、一口ハ、両かへ丁、するが丁、
室丁、せともの丁、いセ丁、本舟丁、長はま丁、安じん丁、小田原丁、
北さや丁、品川丁御うらかし、くぎ店、日本はしやけ落る、
江戸橋同断、西かし、四日市本材木丁、万丁、あをもの丁、
ごふく丁、音羽丁、佐内丁、ひもの丁、松かハ丁、くれ正丁、鈴木丁、
いなば丁、ときハ丁、ぐそく丁、柳丁、一口ハ、上下まきてう、
おが丁、中ばし通四丁、南伝馬丁のこらず、たゝミ丁、五郎兵衛丁、
西こんや丁、八丁ぼりのこらず、御屋敷ハ、九鬼様、越中守様、
牧野様、小浜様、しん川しんほり表うら、かやば丁、箱ざき、
れいがんしま、かめ嶋、つくだしま、御屋しきハ、越前様御中屋敷、
又一口ハ、京橋こんや丁、銀座丁四丁、尾ハり丁、竹川丁、いづ
も丁、金六丁、白魚やしき、三十間ほりのこらず、しん肴丁、
弓丁、弥左衛門丁、やりや丁、すきや丁、南なべ丁、佐柄木丁、
かゝ丁、八官丁、丸屋丁、瀧山丁、宗十郎丁、山王丁、守山丁、内山丁、
土はしやけとまる、芝口一丁め片かハ、南八丁ほり残らす、
御屋しきハ、本多様、だて様、新庄様、富よし丁、大とミ丁、

松村丁、木びき丁芝居とも、板倉様御やしき、かのふ様、
曲淵様、大久ぼ様、諏訪様、すわう様、柳生様、せんこく様、
本多様、田ぬま様、亀井様、宮ばら様、溝口様、おくたいら様、
しほどめはしやける、脇坂様御長屋少し、てつぽうつハ
いなり初メ丁々のこらす、御やしきハ、阿波様、中川様、細川様、
長門様、築じハ、かもん様、右近様、小笠原様、いしかわ様、
堀田様、さかきバら様、西尾様、とを〳〵ミ様、宮内少輔様、
とさ様、備ぜん様、まつ下様、青山様、木下様、大嶋様、畠山様、
津田様、くつ木様、伊とう様、戸川様、いなバ様、庄田様、村垣様、
西本願寺、増山様、なんぶ様、いなば様、越中様、一ばし様、
堀田様、あき様御蔵やしき、尾はり様御くら屋しきニ而
とまる、この外御屋しき数多、一口ハ、浜丁、伯耆様御やしき、
水野様、小笠ハら様、佐竹様、牧の様、水の様、ぎんざ、
安藤様、永井様、とうかんぼりハ、酒井様初メのこらず、
廿二日五ツ時やけ納事、四海なミしづかに万歳とうたふのミ」

○この焼場次第は木版印刷された瓦版で、見開き一丁半に三分されて貼り付けられている。

右之通近代未曾有之大火、怪我人も死亡弐千人ニ余り、大船小船数不知焼失、牢屋敷も焼失ニ付、

科人追放し

科人不残追放しニ相成候よし、御大名様之内、福井様御奥向、船ニ而御立退之節怪我人も多、女

中方も三拾人余水死有之、桑名様御立退之節等者、御家中抜身ニ而誠ニ戦場之有様と申事ニ有之　戦場の有様
候而、中々難尽筆紙候、俄ニ諸色高直、車力雇賃金弐歩位、草鞋一足五文抔と申程之儀、乍併諸
色高直ニ商ひ候者厳敷御咎被仰出、　公儀より施行小家等御建、御殿向奥女中并町家よりも夥敷　施行小屋
施行致候よし、中橋店江者諸家様ゟ御見廻等数々御贈有之、右者手札を以同所より御礼申上ル、
委敷者江戸表ニ扣有之、其後店蔵之後江小家かけいたし、普請之儀絵図ニ而申来、相談之上夫々　店蔵の後ろに小屋掛け
差図申遣候事

五五　対馬藩より扶持加増

対州出銀去ル子年九月ニ御主法被仰渡、其後段々及掛合始末訳立帳ニ細記、然ル処当丑九月
御家老村岡近江様御出坂之上右為御会釈左ニ

住友吉次郎

右者御借銀置据之儀及頼談、大銀御用達居、迷惑無限事候処、速ニ御請申出候段、達　御聞、御　借銀据置を引請
頼母敷被　思召、是迄御不操中厚御世話も申上居候のミならす旧切之訳も有之、旁を以是迄十人
扶持ツヽ被下置候を、此節当時米四拾六俵相増、都合百俵宛年々被成下候、此旨可被相達候、以
上

九月廿六日　村岡近江

阿比留喜左衛門殿　小奉書半切ニ認有之

御扶持方算用左ニ

一米五拾四俵　但、十人御扶持方、此石拾八石三斗入俵ニして如此、尤是まて被下置候分也

又
一同四拾六俵　但、此度加増之分
〆米百俵
又
一米三拾八俵　但、別段七人御扶持方
合百三拾八俵
右年々御渡し被下候高如斯御座候
丑年九月

五六　手代登坂につき田安家添触下付願

乍恐以書附奉願上候

住友吉次郎
下代
啓助

品川宿にて添触を預け宿継で送る

添触は先触同様の取扱にて御役所へ廻る

道中にて受取れず御役所へ廻り不調法

一此度私儀江戸上槇町出店ゟ当地へ相登候ニ付、御屋形様江奉願上候而、御添触頂戴之上先月十七日彼地発足仕、於品川宿人馬申付候処、御添触ニ先触之書付仕呉候様申候ニ付、左様之儀者不相成旨返答仕候処、左候ハヽ、右御添触之御預り申当宿ゟ次々へ相廻し可申、左様不仕候而者、道中筋之都合不宜趣申ニ付、毎事可有義と相心得、無何心任候と申候処、御添触者御先触之振合ニ而、当　御役所江相廻り候ニ付、甚以不埒之旨被仰出、誠不調法仕候段奉恐入候、御大切ニ取扱之儀ハ兼而相心得居候故、道中筋差急草津宿、大津宿ニ而右御書付請取可申処、途中ゟ病気ニ取合、一両日相後れ候内、最早守口宿ゟ直様御役所江相廻り候儀、重々不調法奉恐入候、已来者入念仕、麁忽之儀無之様大切ニ可仕候間、此度之儀者御免被為成下候上、右御添触御下ケ被仰付被下置候様奉願上候、自然此儀主人吉次郎ゟ奉願上候儀ニも相成候時者、私へ如何躰申付候哉難計、左候ハ者適相登り難渋至極歎敷奉存候、何卒御憐愍を以御免被仰付候様、乍恐以書附奉願上候、以上

文政十二丑年十月　　　啓助

中村又一郎様

五七　通船極印改

丑九月廿三日御奉行様御代りニ付、船極印御改ニ付、富島中屋可兵衛ゟ左之通為知来ル

> 通船　茂左衛門町　住友吉次郎
> 　　　代判　泉屋藤右衛門
> 右通船来ル廿六日暁六ツ時
> 堂嶋新船町御印場江相廻し可被申候

是を船江立置相廻し申候事

右之通申来候ニ付、先例極印請候節者、屋根取払等致候哉、扣無之ニ付、中屋方江得と聞合候処、左ニ

一戸障子　　一表箱みよしの板　　一畳

一両脇縁板

屋根柱のみにて極印を請ける

右不残取除キ、屋根柱計ニ而御極印請可申事、船平壱人乗、廿六日暁六ツ時ゟ堂嶋御印場江相廻

し、無滞御極印請候事

五八 大坂周防町火災

丑十月十三日夜八ツ時頃、周防町浪花橋筋出火ニ付、為見舞到来左ニ

一酒　壱樽　　　一握めしにしめ　壱荷

〆　　　〆

延岡御屋敷ゟ　　　老松町ゟ

右之通到来之

一海魚三種　　延岡御留主居へ

一銭弐〆文　　人足へ

〆

右之通出火ニ付為挨拶送之

五九 土佐炭山の山手銀納付

覚

一銀九拾三貫目者

右者御国桑之川御山手銀御差図之日限相納申度奉存候、以上

文政十二丑年

十月十五日

住友吉次郎

但、手形印

土州

御役所

荒尾壮作
松村良八

切手

一銀九拾三貫目也

但、於御国許ニ御山方役人江相渡筈

右者本山郷汗見川村桑ノ川御留山壱ヶ所、予州御銅山師真鍋藤兵衛江被明遣、右御山手銀と有、大坂住友吉次郎ゟ相納受取申所也、則今丑年ゟ大坂御銀方本ニ立御算用差上可申候、以上

文政十二丑年十月十七日　安岡可三郎

宮川祢太郎

御国
御銀方役人所　但シ、右手形者当家ゟ近半振手形ニ而相納申候事

(朱書)「此分天保五午四月又々相替り候事」

乍恐以書附奉申上候

六〇　銅方御用にて江戸往返の人馬継立につき問合せ

(朱書)「〇」寅正月之書直シ如此

銅座に届出て御用絵符を頂戴

一銅方御用ニ付、江戸表江往返仕候節、人馬継立方之儀被為成　御尋奉畏候、右者本店古銅吹所江下代之者差下シ候節者、銅座江御届申上候而銅方御用之御絵符頂戴仕、人馬継立之儀者、下代名前帳面を以御定之賃銭相渡往返仕候、且又私義も吹屋大坂屋又兵衛、熊野屋彦次郎、富屋彦兵衛、

当時は江戸詰なく他の四人が助勤

川崎屋吉右衛門年々代り合江戸詰可仕処、外御用多ニ付、当時者江戸詰不仕、右四人之もの助勤
仕呉候儀ニ御座候、右之段　御尋ニ付奉申上候、以上

寅三月十四日　　　住友吉次郎 実印

御奉行様

印鑑十五枚差出し

寅三月十三日御召出之上、右書付
下地差出置候処、右之通書直シ候様
御張紙被成候ニ付、如此認替差出し候事
且又此度此通り之印鑑拾五枚差出し候様
被仰候ニ付差出し候事
尤勇右衛門持参之事

五寸六部

印鑑

銅山御用達
住友吉次郎◯ 実印

金六寸弐部

此通り西之内ニ而拾五枚

右之書付下地左之通之書付にて銅座江相届置候ニ付、此度者相届不申事

上半紙ニ認ル
乍憚以書附奉申上候

一当廿日従　西御役所御召出之上、江戸表江御用ニ而往返致候節、如何之振合を以人馬継立致候
哉被為成　御尋候ニ付、左之通御答奉申上候

一昨日私儀　御召出之上、江戸表江御用ニ而往返致候儀被為成　御尋候御趣奉畏候、右者
本店古銅吹所江下代之者差下候節者銅座御役所江御届申上候而銅方御用ニ而罷下申候、
人馬継立之儀者下代名前帳面を以御定之賃銭相渡往返仕候、右之段御尋ニ付奉申上候、

以上

寅正月廿一日

右之通奉申上候ニ付、此段以書附御届奉申上候、以上

正月廿四日　　住友吉次郎
代藤右衛門

銅座
御役所

六一　居宅土蔵普請につき板囲設置願

乍恐口上　　住友吉次郎
病気ニ付代
喜八郎

一私居宅之内、裏手鱣谷通之所、桁行三間、梁行三間、土蔵壱ヶ所造作仕候ニ付、五間之間板囲仕度奉存候、尤往来之妨ニ不相成様可仕候間、此段御聞届被為成下候ハヽ、難有奉存候、以上

文政十三寅年正月廿四日　　喜八郎

右之通奉願上候間、乍恐奥印仕候

年寄
泉屋
理右衛門

御奉行様

六二　江戸へ手代差下しにつき紀州藩屋敷へ先触願

此度貞助・幸三郎出府ニ付、左之通以書付天神橋御屋鋪浅田丈右衛門殿・三宅喜三右衛門、
勇右衛門ゟ為相願候事、則書付左ニ

乍恐以書附奉願上候

一江戸上槇町ニ私出店御座候処、此節無拠儀ニ付当地ゟ下代之者弐人、下男壱人都合三人彼地江罷下り申度奉存候、就右甚以奉恐入候御儀ニ御座候得共、道中筋人足四人之　御先触幷賃銭帳被為　仰付被下置候ハヽ、重畳難有仕合奉存候、素一刀ニ而諸事相慎可申様堅可申付候、此段乍恐偏奉願上候、以上

文政十三寅年三月　　住友吉次郎

紀州様
御役所

六三　居宅土蔵普請につき板囲継足願

乍恐口上

一去ル正月廿四日御届奉申上候、私居宅之内、裏手饂谷通五間之間板囲仕候処江猶又東江弐間継足シ板囲仕度奉存候、尤往来之妨ニ不相成様可仕候間、此段　御聞届被為　成下候ハヽ、難有奉存候、以上

長堀茂左衛門町
住友吉次郎
病気ニ付代
僖八郎

文政十三寅年三月十七日　　僖八郎

右之通奉願上候ニ付、乍恐奥印仕候

年寄
泉屋
理右衛門

六四 江戸往返の人馬継立の印鑑につき申請

御奉行様

閏三月六日従　西御役所御差紙左ニ

使口上之覚

住友吉次郎

右者明七日四ツ時西地方御役所江可被罷出候事

閏三月六日

右御差紙到来ニ付、勇右衛門出勤いたし候処、去ル三月十四日差出印鑑之儀、今七日従　永田察右衛門様御申渡左ニ

道中筋に遣わされた印鑑と引合わせ

先日差出候書付者、右ニ而宜、其節差出候印鑑、道中御奉行所江差出、夫々道中筋江御遣シ置在之間、以来往返之節者銘々印鑑壱枚持参いたし、問屋出役之もの右印鑑引合、人馬継立可申候、尤右拾五枚之印鑑者道中筋いつれへ被遣候哉、其義ハ此方ニ而相訳り不申候事

六五 安堂寺町五丁目掛屋敷名前替

別家又右衛門借財を立替

別家泉屋又右衛門他借相嵩、諸方ゟ取立ニ相成候処、同人居宅安堂寺町五丁め抱屋敷、先年同人名前ニ付置候ニ付、此度他借返済訳立難出来時者、右抱屋敷借財方へ引取候様成行ニ付、段々歎出、無拠本家ゟ銀八拾貫目建替、尤此内三拾貫目者家督銀、拾貫目者浄国寺町家屋敷、先年同人へ譲り遣候分譲り戻、四拾貫目者改而取替遣、都合如高相渡、此分を以町内年寄ゟ

又右衛門名前から本家名前に譲り戻し

下済之応対相成、右抱屋敷又右衛門居宅共以前之通本家名前ニ切替候事、当閏三月廿二日町

内水帳張紙相済、則家守小倉屋長八と申者町内ゟ被見立候而相定候事
　幷同町別家泉屋卯三郎家質取替銀三拾貫目證文名前も又右衛門宛ニ致有之候ニ付、同日
　書替、本家名宛ニ證文改候事

一札

『年々諸用留十二番』四九〜五二頁参照

一安堂寺町五丁目御抱屋敷、去ル文化十四丑年九月より町内表泉屋又右衛門名前ニ而是迄諸事相勤罷在候所、此度私方他借銀相嵩、返弁方差詰、既ニ　御公辺ニも可相成之処、　御本家様へ此度銀八拾貫目之辻拝借奉願上候、尤右之内ニ而四拾貫目分者私方ゟ三口ニ而御預ケ有之候分ヲ御下ケ被下、残四拾貫目分者格別之御憐愍を以弐十ケ年賦ニ被為成下候、御陰ニより借財方へ差入、程克聞入ニ相成申候、依之乍細々相続可仕と奉存、　御厚恩之程難尽言語、重畳難有仕合奉存候、右御抱屋敷之儀、町内表者是迄私名前ニ被為成置候処、此度　御本家様へ御譲戻ニ仕、私名前引退申候、然ル上者右御抱屋敷之儀ニ付、向後一言之申分無御座候、為後日證人加判之證文奉差上候処、依而如件

文政十三寅年閏三月

御末家
又右衛門印
幾右衛門印
同證人
義　助印

御本家様
御支配人
貞　助殿
同御副役
芳兵衛殿

一札

合銀四拾貫目也

此訳

一弐拾三貫五百目　幾右衛門へ被為下置候御家督銀御預ケ之分

一六貫五百目　私方取次を以与州弥之助ゟ御預ケ之分

但、御預り書壱通此度御返上仕候

一拾貫目　浄国寺町泉屋義助名前御抱屋敷御譲り被下候分、十ケ年ニ相納候分

〆如高

右者此度私方口々借財之返弁ニ差詰申候ニ付、右銀高御下ケ被為下置候様奉願上候処、程能御聞済被仰付、此度御下ケ被為成下難有憰奉請取候処実正也、然ル上者以来右三口四拾貫目高之内、一口ニ而も御預ケ銀有之候抔と不埒成義者決而奉申上間敷候、為後日證人加判之證文奉差上候処依而如件

文政十三寅年閏三月

御末家
又右衛門印
幾右衛門印
同證人
義　助印

御本家様
御支配人
貞　助殿
同御副役
芳兵衛殿

一札

一銀四拾貫目也　元銀弐十ヶ年賦
御利足月三朱半
御定

右者此度私方他借銀口々取立ニ相成、既ニ可及出訴ニも之処、御本家様厚御憐愍を以御救被為下置、御下ケ銀被仰付、恐入慥奉拝借候処実正也、然ル上者年賦銀御利足共毎年盆暮両度ニ無遅滞相納可申候、将亦右様御慈恵被為仰付候段者、子々孫々迄申伝、永く御恩之程忘却不仕、難有仕合奉存候、為後日證人加判之證文奉差上候所依而如件

文政十三寅年閏三月

御末家
又右衛門印
幾右衛門印
同證人
義　助印

御本家様
御支配人
貞　助殿
同御副役
芳兵衛殿

右三通者本家へ取置、猶亦町内へ本家幷泉又ゟ差入候一札之写左ニ

一札

一御丁内ニ在之我等所持仕罷在居宅家屋敷、表口四間、裏行拾六間、本戸前付土蔵壱ヶ所、但壱役弐歩五厘役、幷続家屋敷、表口六間、裏行拾六間、本戸前付土蔵壱ヶ所、但壱役弐歩五厘役、右家屋敷弐ヶ所共、元来主人住友吉次郎ゟ去ル文化十四丑年九月我等譲受所持仕罷在候、然ル処近年身上不如意相成、他借銀相嵩、必至相迫、他借銀為済方、此度右家屋敷二ヶ所とも我等

名前退、惣地面建家不残諸事有姿之儘元之主人住友吉次郎方へ譲り戻申処実正也、然ル上者御番所様幷惣会所御町内水帳絵図張紙三ケ条御法度巻脇書被成可被下候、然ル上者右家屋敷譲り戻之儀ニ付、親類者不及申、脇ゟ違乱妨申者一切無之、万一何角申者出来候共、判形之者罷出、急度埒明、御丁内へ少しも御難儀掛申間敷候、為後日家屋敷譲り戻一札仍如件

文政十三寅年閏三月

泉屋又右衛門印

右又右衛門ニ同家
父　幾右衛門印

親類惣代
泉屋四郎兵衛印

主人
住友吉次郎印

安堂寺町五丁目
年寄
今津屋庄兵衛殿

五人組中

一札

一御丁内我等別家泉屋又右衛門所持仕罷在候居宅家屋敷、表口四間、裏行拾六間、本戸前付土蔵壱ケ所、但壱役弐歩五厘役、幷続家屋敷、表口六間、裏行拾六間、本戸前付土蔵壱ケ所、但壱役弐歩五厘役、右家屋敷弐ケ所者元来我等ゟ去ル文化十四丑年九月右又右衛門へ譲り渡所持致罷在候、然ル処同人儀身上不如意相成、他借銀等相嵩、他借銀為済方此度右家屋敷弐ケ所共又右衛門ゟ譲り戻、我等譲受申候、然ル上者　御番所様幷惣会所御丁内水帳絵図張紙三ケ条巻脇書被成可被下候、然ル上者吉次郎従　御公儀様被為　仰出候御法度之趣急度相守可申候

一御丁内古来ゟ定被置候御一統之儀何事ニ不寄違背不仕、御差構之商売体決而仕間敷候、借家貸候共御差支之商売体へ貸申間敷候

一御公役町役無滞差出可申候、万一滞義候ハヽ、本人ニ不抱(拘)印形之者相弁可申候

右之通相違無之、尤右家屋敷名前之義ニ付、親類者不及申脇方ゟ違乱妨申者一切無之、若何角申者出来候共、印形之者罷出、急度埒明、御丁内へ少しも御難義掛申間敷候、且右家屋敷直段高直ニ買人在之候とも御差構之方へ者決而売渡申間敷候、為後日印形如件

証人
泉屋儀助印
住友吉次郎印

文政十三寅年閏三月

安堂寺町五丁め
年寄
今津屋庄兵衛殿

五人組中

一札

一御丁内我等掛屋敷、表口四間、裏行拾六間、但壱役弐歩五厘役、幷続家屋敷、表口六間、裏行拾六間、但壱役弐歩五厘役、右家屋敷弐ケ所代印家守、御丁内大文字屋弥兵衛殿支配貸屋小倉屋長八殿ニ相勤させ申候間、御番所幷惣会所御丁内水帳張紙被成可被下候、家守長八殿御公用町用之儀相背不申、勿論定被置候町法格式等急度為相守可申候、右借家貸付候節者念入相改、御差図ヲ請、町内差支之商売体者不及申、差構之仁ニ者貸申間敷候、其外不依何事御相談有之候とも、長八殿不勤我儘之儀在之候ハヽ、被仰聞次第家守相退可申候、為後日一札仍如件

文政十三寅年閏三月　　　　　　　　　　　　　　住友吉次郎印

右之通逸々承知仕、違背無御座候、諸事御差図ヲ請可申候、若私御不勝手之儀在之候歟、又ハ御所存ニ難叶筋有之候而、家守退之儀被仰聞候節ハ無違背早速相退可申候、以上

　　　　　　　　　　　　　　　　　　　　　　　　小倉屋長八印

安堂寺町五丁目年寄
今津屋庄兵衛殿

五　人　組　中

右ニ付町内出銀左ニ

覚

一銀七拾八匁七分五厘　　顔見世銀

一同百五拾七匁五分　　振舞銀

〆

一同百拾弐匁八分七厘　　年寄へ

一同八拾四匁　　肴料

一同五拾六匁四分四厘　　家内中へ

〆

一同五拾弐匁五分　　町代永吉

一同弐拾六匁弐分五厘　　女房みね

一同弐拾六匁弐分五厘　　母やす

一同三拾壱匁五分　　家内弐人

〆

一同弐拾六匁弐分五厘　　下役市兵衛

一同拾匁五分　　女房ゆき

一同弐拾三匁五分五厘　　家内三人

一同弐拾六匁弐分五厘　　下役与助

一同拾匁五分　　女房ふき

一同三拾壱匁三分　　家内四人

一同拾五匁七分五厘宛　　髪結弐人

一同六匁　　猿引人形

〆

家守出銀

一銀五両　　町中へ出銀

一同拾匁八分五厘　　年寄へ

一同五匁　　町代

一同三匁七分五厘　　家内

一同弐匁五分宛　　下役弐人

〆

出銀は又右衛門より差出し、表向きは本家出銀とする

右出銀本家ゟ差出可申処、先年又右衛門へ譲り受之節、本家ゟ出銀有之ニ付、此度者又右衛門ゟ差出ス、尤町内向者本家出銀之姿也

家質証文の宛名も変更

同日泉屋卯三郎方家質證文仕替置、左之通

家質證文之事

一安堂寺町五丁目心斎橋筋西側泉屋卯三郎家屋鋪、表口六間、裏行拾六間、但壱役半、本戸前付土蔵壱ヶ所有之、北隣者秋田屋太右衛門、南者町境水道也、右家屋敷惣地面建家不残諸事有姿之儘当寅閏三月ゟ来卯三月迄銀三拾貫目之家質ニ其元へ差入、則右銀子慥請取申処実正也、然ル上者利銀壱ヶ月ニ銀百弐拾目宛、毎月晦日無遅滞相渡、御公役町役此方ゟ相勤可申候、万一相滞候ハヽ、右家屋敷致帳切、無異儀相渡可申候、為後證家質連判證文依而如件

文政十三寅年閏三月

家質置主 泉屋卯三郎 印
五人組 播摩屋理助 印
同大文字屋吉郎兵衛家守 大文字屋弥兵衛 印
同大文字屋吉郎兵衛代判 弥兵衛家守 大和屋次兵衛 印
同木綿屋五郎兵衛家守 播摩屋作右衛門 印
年寄 今津屋庄兵衛 印

住友吉次郎殿

六六 西高津町掛屋敷売渡年々不勘定につき

一西高津町抱屋鋪年々不勘定ニ付、此度泉屋藤右衛門・油町丁代大坂屋武兵衛取次ニ而西高津町薬屋政五郎方へ譲り渡し候一札左ニ

一札

一我等所持之掛屋鋪壱ヶ所御町内ニ有之候処、右家屋敷此度御町内花屋清兵衛支配借屋薬屋政五郎殿へ売渡候間、売券證文御印形可被成下候様御頼申候、右家屋鋪売払候義者親類一統得心之義ニ御座候、万一脇ゟ彼是申者御座候ハヽ、左ニ印形者罷出御町内へ御難義相懸ケ申間敷候、為後日一札仍而如件

文政十三寅年
四月十日

売渡主
住友吉次郎印
親類惣代
泉屋藤右衛門印

年寄
木綿屋源左衛門殿
幷五人組衆中

売渡申家屋鋪之事

一西高津町所持之抱屋敷、表口拾七間半、裏行拾三間、但半役、右家屋敷壱ヶ所、此度其許殿へ銀高拾壱貫五百目ニ永代売渡、銀子慥受取申候処実正也、然ル上者其許殿名前ニ御切替可被成候、若右家屋敷ニ付如何様之義出来候共、此判形之者何方迄も罷出、早速埒明ケ、其許殿ニ少しも御難義相懸ケ申間敷候、為後日売渡證文依而如件

文政十三寅年
四月十日

茂左衛門町
住友吉次郎印

右之通無相違承知仕候、以上

井筒屋平兵衛印
木綿屋佐助印
花屋清兵衛印
松屋喜兵衛印
年寄
木綿屋源左衛門印

薬屋政五郎殿

右之通四月十日取引いたし候ニ付、泉屋藤右衛門手代金蔵西高津町会所へ罷出、取引相済、昼前帰店致候事

一札

一七畝弐拾六歩
此分米九斗四升五合

右者西高津町我等掛屋鋪所持仕罷在候所、此度親類共相談之上、同所花屋清兵衛支配借屋薬屋政五郎へ譲り渡し申処実正也、然ル上者右譲り渡之義ニ付、外ゟ違乱妨申者壱人も無御座候、万一何角と申者御座候ハヽ、此印形之者罷出急度埒明、御村方へ少しも御難義相懸ケ申間敷候、為後日譲り渡證文依而如件

文政十三寅年四月

住友吉次郎印
親類惣代
泉屋藤右衛門印

右西高津掛屋敷売払帳切相済候ニ付、為挨拶左ニ

庄屋
年寄中

白銀弐枚　世話人口入末家
藤右衛門江

但、此挨拶少々余分ニ候得共、又々高津新地掛屋敷も売払ニ付旁以如此遣ス

金壱両　油町丁代
武吉

但、是ハ藤右衛門手先口入ニ付遣ス

六七　手代役替

寅
六月朔日就吉辰左ニ

老分末家　貞　助

江戸用掛り申付候ニ付、同所表状連名、幷諸店共致相談候等之用向者連名

老分末家
本席　勇右衛門

支配役　芳　兵　衛

支配副役格　伊右衛門

右之通申渡候事

六八　西高津新地八丁目掛屋敷売渡年々不勘定につき

西高津新地八丁目掛屋敷、近年及破損、其上年々不勘定ニ付、此度別家藤右衛門口入を以同所年寄岩田屋与兵衛方へ譲渡し候一札左ニ認

永代売渡申家屋敷之事

一西高津新地八丁目住友吉次郎所持之掛屋敷、表口拾五間八寸五歩、裏行東拾八間弐尺弐寸、西拾八間弐尺四寸、同浜屋敷、表口拾四間六寸五歩、裏行三間、但壱役弐歩九厘役、東隣ハ岸部屋安兵衛、西者大道、地尻ハ同所四丁目町境也、右家屋敷弐ケ所此度其許殿へ銀高拾四貫五百匁ニ売渡、則銀子不残慥ニ請取申所実正也、然ル上者右売渡候儀ニ付、諸親類者不及申、脇ゟ違乱妨申者壱人も無御座候、万一及論ニ儀候ハヽ、左之印形之者共罷出、急度埒明、其許へ御難義相掛ケ申間敷候、為後日之永代売渡證文依而如件

文政十三寅年六月

売渡主
住友吉次郎印
親類惣代
泉屋藤右衛門印
町内五人組印

岩田屋与兵衛殿

一札

一我等所持之家屋敷弐ケ処、御町内ニ有之候処、此度諸親類一統得心之上、同所岩田屋与兵衛へ永代売渡申所実正也、然ル上者右売渡し候儀ニ付、諸親類ハ不及申、外ゟ違乱妨申者壱人も無御座候、万一及論儀候ハヽ、左之印形之者共罷出埒明、御丁内少しも御難義相掛申間敷候、為後日一札仍而如件

文政十三寅年六月

住友吉次郎印
親類惣代
泉屋藤右衛門印

月行司

右之通六月五日取引相済候事、末家藤右衛門、御内弥十郎両人出役之事

＊一銀七拾五匁　　末家藤右衛門へ

〆　但、元銀拾四貫五百目之五部口銀也

覚

一銀百目　　岩田屋与兵衛家守格別出情ニ付、壱ケ年分之家守給料遣し

一五拾目　　但、寅年分下屎代五ケ月分渡ス、高百四拾目之処、去丑年凶作ニ付廿

匁引遣ス、百廿匁十二ケ月ニ割り

〆　右別段金壱両者、外格合ニ而ハ相過候へ共、是ハ拾四貫目ゟ不相調候処、藤右衛門ゟ

段々掛合、拾四貫五百目為相調申候ニ付、旁以含ニ而如此遣ス

○＊印の余白に右を天にして次のように記されている。

「岩田屋与兵衛ゟ五月一ケ月分

家賃算用致ス

一（アキママ）

口々朱印滞り　」

六九 谷町二丁目
掛屋敷売渡

一札

一御丁内我等所持掛屋敷、表口三拾三間、裏行南弐拾間ハ拾六間、北拾三間ハ拾五間半、但弐役

半也、右家屋敷壱ケ所、土蔵壱ケ所、本戸前附、并惣建家不残有姿之儘、此度代銀四拾貫目ニ

相極御丁内河内屋孫兵衛殿江永代売渡、則右銀子慥ニ受取申処実正也、然ル上者右家屋敷売渡之儀ニ付、諸親類者不及申脇ゟ違乱妨申者壱人も無御座候、万一違乱妨申者有之候ハ者、此印形之者共何方迄も罷出、急度埒明、御丁内江少しも御難儀掛ケ申間敷候間、右家屋敷売券證文各御印形被成可被下候、為後日一札仍而如件

文政十三寅年六月

家屋敷売主
住友吉次郎 実印
親類惣代
泉屋藤右衛門 印

谷町弐丁目年寄
麹屋市左衛門殿

同 五 人 組 中

永代家屋敷売渡證文之事

一谷町弐丁目東側我等所持掛屋敷、表口三拾三間、裏行南弐拾間者拾六間、北拾三間ハ拾五間半、但弐役半、北隣者大黒屋亀兵衛、南者追手筋大道也、右家屋敷壱ケ所、土蔵壱ケ所、本戸前附、幷惣建家不残有姿之儘、此度代銀四拾貫目ニ相極、其元殿へ永代売渡、則右代銀不残慥ニ受取申処実正也、然ル上者右家屋敷売渡之儀ニ付、諸親類者不及申脇ゟ違乱妨申者壱人も無御座候、万一違乱妨申者有之候ハヽ、此印形之者共何方迄も罷出、急度埒明、其元殿へ少シも御難儀掛ケ申間敷候、為後日永代家屋敷売渡證文仍而如件

文政十三寅年六月

家屋敷売主
住友吉次郎 実印
五人組
大黒屋亀兵衛 印
鼈甲屋重次郎家守
同
田嶋屋伝助 印

同　尾張屋惣右衛門家守
尾張屋平右衛門印
同　奈良屋久兵衛印
年寄　麴屋市左衛門印

河内屋孫兵衛殿

右之通六月七日取引いたし候ニ付、泉屋藤右衛門・手代弥十郎谷町弐丁目会所へ罷出、取引相済、昼前帰店いたし候事

覚

一御丁内我等所持掛屋敷壱ヶ所　御公儀様江御引当等ニ差入無之哉之旨御尋ニ御座候へ共、右掛屋敷之儀前々ゟ御引当ニ差入候義等決而無御座候、御尋ニ付此段御答申上候、以上

文政十三寅年六月七日　住友吉次郎実印
谷町弐丁目御年寄
麴屋市左衛門殿

七〇　京都白川安乗橋下方の仮橋取払い『年々諸用留十一番』四二二～三頁参照

乍恐御断書

一当町白川筋ニ有来り候安乗橋、去ル文化十三子年住友吉次郎ゟ掛替之儀幷右普請中為仮橋同所下之方江土橋相掛ケ申度段御願申上、御聞済被成下、尤普請出来之上ニ而仮橋取払可申之処、其頃吉次郎方へ外々ゟ運送物御座候勝手ニも相成候ニ付、相用申度旨猶又御断申上、其儘ニ相成候処、其後文政七申年破損仕候ニ付取払之儀御伺申出候処、右仮橋有来候得者、諸向弁利ニも相成候故、少々之義ニ候ハヽ、先取繕置可申旨被仰渡候ニ付、相直シ置候得共、追々橋杭等細

り、惣体弱り御座候処、当月九日出水ニ而大ニ破損仕、通路不相成、此上迚も取繕ひ等ニ而難及御座候間、何卒取払申度奉存候ニ付、乍恐書附を以御断奉申上候、此段御聞済被成下候ハ、難有奉存候、以上

文政十三年
寅五月十九日

御境内梅宮町
住友吉次郎家代
泉屋重右衛門印
年寄新八印

大賀出羽介様
武田左衛門権大尉様

右者御聞済、諸入用等者対州ゟ御取計御座候事

入用は対馬藩の取計

七一　谷町二丁目掛屋敷帳切諸入用

谷町弐丁目掛屋敷六月七日帳切ニ付、家守河内屋重兵衛へ給料、同人口入仕候ニ付口銀左ニ

一銀弐百目　河内屋重兵衛
但、四拾貫目之五部壱割

一同八拾三匁三分　同人家守給料
年弐百目五ヶ月分割り

一金弐百疋　別段挨拶

〆

一銀拾壱匁　末家藤右衛門へ
当谷町も少々世話致、高
如高直増ニ相成候ニ付、
津新地屋敷口銀と込メ、
都合ニ而銀弐枚遣ス

〆

五月一ヶ月家賃銀左ニ、重兵衛ゟ請取
一（アキママ）
尤町入用五月分此方ゟいたし候事
外ニ家付物ハ無之ニ付代銀不受取
口々朱印滞り

七二　西高津町掛屋敷売渡諸入用

西高津町掛屋敷四月十日譲り渡し候ニ付、家守大和屋治兵衛へ給料
一銀弐拾目　年五拾目之割五ヶ月分
一金百疋　別段出情ニ付遣ス
〆
右西高津町家賃閏三月迄此方へ請取、四月ゟ先方へ相渡可申候処、い印、は印付物口々有之分譲り渡為代、左ニ
一四拾七匁壱分　一ヶ月分いはに印家賃
右銀子請取候ニ付、本家へ五月節キ迄勘定相立候事

七三　手代貞助を末家とする

覚
一私儀従幼年　御養育被　成下、御奉公相勤候処、此度休息被為　仰付、　御家号被　下、御末家被

為　仰付、為家督銀拾弐貫目被　下之、其外普請料弐貫目、道具料弐貫目、婚礼賄料壱貫五百目、三ケ年之間世帯方賄料、年々其砌ニ至弐貫目宛　御合力被　下、都合銀弐拾三貫五百目之辻被　下置、其上万端結構被　成下、難有仕合奉存候、然上者渡世無油断相勤、少も　御苦労相懸申間敷候

一御主人様江相障候家業仕間敷候、勿論　御差図を請、渡世相営、毎年勘定請　御改可申候事

一　　　　子孫
永々申伝、　御主人様へ不埒之儀為致申間敷候、勿論　御家法万端為相背申間敷候事

一縁辺之儀請御差図可申候、子孫末々ニ至迄親類他家共養子取遣、　御主人様江相届、請　御差図可申事

一御本家万一　御身上相衰、私身上繁栄仕候ハヽ、随分出情　御本家江助力可相勤候、子孫ニ至迄此心得永々為相背申間鋪候事

一家業幷就私用他出仕候節者、　御本家江相届、請　御差図可申候事

右之通子孫永々急度相守可申候、為後日仍而如件

文政十三庚寅年六月

御末家
貞助　実印

住友吉次郎様

奉（乍カ）恐奉願上候

家督銀などの預りを願う

一先日者願之通　結構休息被為　仰付、冥加至極難有仕合奉存候、就右今度御目録を以奉頂戴候家督銀拾弐貫目幷普請料弐貫目、道具料弐貫目、婚礼賄料壱貫五百目、外ニ三ケ年之間年々弐

貫目宛被為　下置候渡世賄料之内、当年頂戴仕候分都合員数拾九貫五百目之辻、何卒格別之以
御憐愍、是迄之通　御預り被為　仰付被　下置候ハヽ、広太之御慈悲、重畳難有仕合奉存候、
乍恐此段以書付奉願上候間、乍憚宜御執成之程奉頼上候、已上

文政十三寅年六月

御末家
貞助印

御本家
御支配
芳兵衛殿

七四　捨子届出

寅七月三日暁六ツ時過、吹所入口軒下ニ当弐才計之女子捨有之候ニ付、西御役所へ早速御届
申上候書面左ニ

乍恐口上

長堀茂左衛門町
住友吉次郎
代喜八郎

一私居宅前軒下ニ今暁六ツ時過ニ当弐才計之女子捨有之、早速拾ひ入養生仕罷在候ニ付、乍恐此
段御断奉申上候、尤右捨子惣身ニ疵等一切無御座候
但、番人引取候後ニ御座候

文政十三寅年七月三日

喜八郎
年寄
泉屋
理右衛門

御奉行様
此書附西御月番御懸り江差出候之処、追而貰人有之候ハヽ、受人召連可罷出様被仰渡候

七五　大坂城代太田資始より扶持下賜

寅閏三月
御城代太田備後守様従拾人御扶持方被　下置候控

一后三月十七日御用人古屋治左衛門殿・渡辺崎右衛門殿ゟ御手紙到来、明十八日　殿様御目見被
仰付候ニ付、九ツ時御中屋鋪江参上致候様被仰付、則御請書上ル
一十八日正午時友聞名代役勇右衛門召連御中屋鋪江参上、御賄方美女堂沢右衛門殿・服部大五郎殿面会、御玄関上之間ニ扣居ル、御用人渡辺崎右衛門殿御出、御挨拶申上ル、御同役古屋治左衛門殿初而面会、暫致於御居間殿様御目見被　仰付、御懇之　御意ヲ以御扶持方被　下置、御家老山田宇右衛門様・太田彦六様・須貝要人様御取合被下、諸事者御用人渡辺様御取合被下、御書付左之通り

覚

一拾人扶持　　住友吉次郎

右者旧来之立入、其後心入之次第も有之、且去春着坂以来勝手向用談筋、実意之趣寄特之事ニ候、別而此上役人共ゟ可及内談候、并ニ遠国在勤中者猶更如何様之差支も難計、其節者用弁出精之程頼入候、依之乍少分拾人扶持遣之

以上

閏三月

御目見之節、献上御菓子左ニ
御蒸菓子一箱　常盤饅頭
　　　　　　　小倉饅頭　二品ニ而五拾
但、杉二重箱桜皮付台ニ居ル
今日者鴻池善右衛門殿代ニ子息善九郎殿御目見被仰付、右者同家持新田、此度御領地相成候ニ付、新田支配良助江先頃ゟ御頼込、兼而懇意之事御承知ニ付、今日一同ニ御目見被仰付、御紋付御上下一具善九郎殿江被下置、右相済候而御吸物ニ而御酒被下、御賄方御取持御用人渡辺様御出、夫ゟ御家老御三方御出席、段々御酒頂戴之上御料理・御茶・御菓子被下置相済、七ツ前退出、名代勇右衛門江も兼而御勝手御用相勤候ニ付、御用人渡辺様ゟ御銀三枚被下置
一十九日早朝友聞御礼廻勤いたす

進物帳

一此度御扶持方被下置候ニ付、為　御礼献上物幷御家中進物等委細進物帳ニ記

七六　捨子を養子に遣す

養子一札之事

一御町内住友吉次郎殿軒下ニ当月三日暁六ツ時頃捨有之候、当寅弐才計之女子私養女ニ貰請度奉存候ニ付、此段御町内江申入候処御得心被下、依之　御番所様江奉願上、御聞届被為　成下候上、為養育料銀弐百目御添幷衣服料として銭三貫文御遣し被下慥請取申所実正也、然ル上者末々麁抹無之様仕可申候、且亦右捨子病気差発り候歟、其外如何様之義御座候共、早束(速)御丁内江相届申候上、双方申合、　御番所様江御断奉申上候、万一不縁之儀御座候ハヽ、右養育料銀無相違相添差戻可申候、右捨子之義ニ付如何様之儀出来候共、御当家ハ勿論、御町内へ対し無

心合力ケ間敷義一切申間敷候、且又私義変名又ハ変村、其外相変候義有之候ハ、、両人之内ゟ早々御町内へ相届申候上、　御番所様江御断可奉申上候、為念仍而如件

文政十三寅年七月

永井飛騨守様御預り所
河州茨田《マツ》郡十番村
勘　助印
同国同郡同村
清兵衛印

長堀茂左衛門町
住友吉次郎殿
年寄
泉屋理右衛門殿

一札

一其御町内住友吉次郎軒下ニ当月三日、当弐才計之女子捨有之候ニ付、御願奉申上、当国茨田郡十番村百姓清兵衛請人ニ相立、当方村方百姓勘助方江養女ニ貰請申候、尤右勘助并女房はる、外ニ七才ニ相成候男子壱人相暮シ、外ニ子迚者無之候ニ付、右捨子養女ニ貰請候義無相違致承知候、為其一札仍而如件

文政十三寅年七月

永井飛騨守殿御預所
河州茨田郡十番村
庄屋
正兵衛印

長堀茂左衛門町
町役人中

一札

一当月三日御町内住友吉次郎殿斬(軒)下ニ捨有之候当弐才之女子、此度河州茨田郡十番村百姓勘助方江養女ニ貰受度申出候段相違無之、勿論右両人共先祖ゟ慥成者ニ而、勘助ニ当年七才ニ相成候藤松と申悴有之、女房春儀乳沢山ニ有之、右乳を以養育仕、依之　御番所様江御願被成候上、右勘助へ為差遣候共、聊末々麁抹之取計等決而無之候、為念差入申一札仍而如件

文政十三寅年七月　明石屋喜兵衛印

住友吉次郎殿

并御町内

覚

一銀四拾目

右之通口入世話料慥ニ受取申候、以上

寅七月十一日　唐物町四丁目 明石屋喜兵衛判

住友様

覚

一銭弐貫文　但、捨子預り賃七月三日ゟ同十二日迄

右之通ニ御座候、以上

寅七月　天満屋与助

御本家様

捨子入用左ニ

一銀弐百目*1　養育料*2
一銭三貫文*1　衣類料*2
　是迄者弐貫文ニ候得共、此度
　養育料増呉候様申候ニ付、是ニ而
　壱貫文相増遣ス
一銀四拾目*1　口入口銭銀*2
一南鐐壱片*1　町内年寄へ*2
一南鐐壱片*1　同　町代へ*2
一銀三匁宛*1　同　下役へ両人*2
一南鐐壱片*1　藤七へ*2
一銭弐百文*1　捨子十日之間預ケ賃*2
一同壱貫五百九拾壱文*1　会所渡*2
　下宿支度入用
一同弐百九拾文*1　十番村家見届参り候節小遣入用*2
〆金壱歩弐朱*1 *2
　五分代廿四匁壱分九り
銀弐百四拾六匁*1 *2
銭六貫八百八拾五文*1 *2
　四分代六拾四匁七分弐り
惣合三百三拾四匁九分壱厘
右之通無滞相済申候事
○*1の箇所に「改正」方印、*2の箇所に「合」丸印が捺されている。

七七　江戸古銅吹所へ手代差下す

文政十三寅年五月江戸本店吹所名代交代藤右衛門差下し候節、銅座御役所届書幷先触等写左ニ

乍憚口上

一江戸御表古銅吹方御役所詰住友吉次郎下代藤右衛門、来十五日大坂出立罷下り申候、此段以書附御届奉申上候、以上

寅五月十二日

銅吹屋惣代
富屋彦兵衛
代判善兵衛
熊野屋彦次郎
代判平兵衛

銅座
御役所

先触之写

先触

覚

一軽尻　壱疋

一人足　弐人

右者銅方就御用、江戸本店清水町古銅吹方　御役所江下代藤右衛門差遣候ニ付、明十五日大坂出立、中仙道通罷越候間、御定之賃銭を以書面人馬継立、川々舟渡等差支無之様御取計可被成候、尤此書面江戸表同所　御役所江御差出可被成候、以上

寅五月十四日

銅山御用達
住友吉次郎（実印）

伏見ゟ中仙道通
板橋迄宿々
問屋
年寄
衆中

七八　秤改

寅年八月秤座改町触有之、左ニ

一千木三拾弐貫懸　壱丁　直し賃三匁八分六厘

一同　六貫懸　壱丁　同　壱匁六分七厘

一皿秤　弐丁　同　弐匁八分七厘
　　　　　　　　　壱匁壱分四り

一秤　弐匁壱り　六分九り
　　　五分七り　五分七り　九丁　六分九り　壱匁五り
　　　壱匁七分七り　五分七り　壱匁七分七り

〆

本家分　代*1銀拾九匁弐分三り*2

一千木弐拾貫懸　壱丁　直し賃三匁七分三り

一同　拾壱貫懸　壱丁　同　壱匁六分七り

一同　六貫懸　弐丁　同　（壱匁六分七り
　　　　　　　　　　　　壱匁壱分六り

一秤　弐丁　同　三匁五分七り
　　　　　　　　壱匁七分七り

一千木三貫五百目懸　壱丁　同　六分八り

〆

吹所之分　代銀拾四匁弐分五り

合三拾三匁四分八厘

外ニ百七拾弐文　人足賃

右之通秤改無滞相済、右銀子町内会所へ為持遣ス

○＊1の箇所に「改正」方印、＊2の箇所に「合」丸印が捺されている。

長堀茂左衛門町
住友吉次郎
病気ニ付代
喜八郎

七九　居宅土蔵普請出来につき板囲取払い

乍恐口上

一去ル正月廿四日・三月十七日両度ニ御願奉申上候、私居宅之内裏手鱣谷通之所土蔵壱ヶ所造作出来仕候間、右板囲取払申候ニ付、乍恐此段以書附御届奉申上候、以上

文政十三寅年九月廿一日　喜八郎印

右之通奉願上候ニ付、乍恐奥印仕候

年寄　泉屋
理右衛門印

御奉行様

八〇　湊橋町掛屋敷家守交代

一湊橋町家守阿波屋善五郎相果候ニ付、跡家守同町借家大黒屋重兵衛江申付候ニ付、諸書付出銀等左之通

一札

一御町内私掛屋敷壱ヶ処代印家守、同町私借家大黒屋重兵衛江為相勤候、然ル上者御公用町用無滞為相勤、勿論御町格式諸事承り合相勤候様申附置候、諸出銀之儀者是迄之通御差紙通私方ゟ差出可申候、万一御相談万事我儘申候歟、其外相滞儀有之候ハヽ、何時ニ而も家守差替可申

候、為後日仍而如件

文政十三寅年九月　　　　住友吉次郎印

前書之通承知仕候、従　御公儀様被為　仰出候御法之趣相守、　御公用町用無滞相勤可申候、尤従先規在来り候御町格式相背申間敷、幷月並判形無怠慢相勤、借家人別等之儀入念相改可申、御相談万事我儘申候歟、其外相滞儀有之候ハヽ、何時成共家守御差替可被成候、其時一言之申分無御座候、為後日仍而如件

大黒屋重兵衛印

年寄
木屋清左衛門殿
丁人中

覚

一銀五両　町中江祝儀
一同壱両　御年寄江
一同壱両　町代江
一同三匁　下役江
一同壱両　水帳方惣代江
〆拾弐包

一銀三匁　水帳方惣代若者江
一同壱両　三ツ　人形猿曳座頭三仲間江
一同四拾五匁　御年寄月行司五人組江御振舞
一同拾匁五分　丁代下役家内其外膳料
一同壱両　当日御茶料
外ニ銀弐匁　髪結祝義

右九月廿六日町方相済

銭三百文　垣外へ同断

南鐐壱片　家請證文相改候ニ付家受へ判料

家守請状

家守請状之事

一湊橋町御抱屋鋪家守大黒屋重兵衛相勤候様被仰付承知仕候、依之我等諸事請負ニ相立申処実正也、則同人寺請状町内ニ相納置候事

一従御公儀様被為　仰出候御法度之儀者不申及、御触書之趣其度々不洩様借家人末々迄申渡、諸事大切ニ為相守可申段承知仕候

一家貸附之節者先々身元相糺、入念之上慥成者ニ貸渡可申候、家賃銀之儀者毎月晦日限取集、其時々無相違相渡可申候

一町内家売買之節歩一銀其時々無相違差入可申候、勿論不正ケ間敷儀決而為致申間敷候事

一其許殿御勝手ニ付家代御仕替被成候節者無違背退役為致可申候、幷ニ其外如何様之六ツか敷義出来仕候共、我等何方迄も罷出致訳立、其許殿江少しも御難儀相懸申間敷候、為後日請状依而如件

文政十三寅年九月

家守　大黒屋重兵衛印

請人　大黒屋又兵衛印

住友吉次郎殿

右九月廿七日両人とも罷越調印相済候事

八一 京都長浜町掛屋敷売渡
甚不勘定の上、地震にて破損

京都衣棚抱屋鋪壱斬(軒)家ニ而家代附ニ候故、甚不勘定之上当七月二日大地震ニ而家倉(土蔵)共大破損ニ相成候所、幸ひ丁内ニ被相望候故、四貫三百目ニ而致帳切売渡相済候始末左ニ

一札

一我等親類泉屋貞助義、其御町内ニ表口三間六寸五歩、裏行拾五間弐尺五寸、土蔵壱ヶ所、壱軒役家屋鋪壱ケ所所持罷在候処、此度御町中江売渡候ニ付、御町中ゟ被入御念候趣承知仕候、右家屋敷ニ付預物名目金銀其外内借等之儀懸り合者勿論親類縁者他所ゟ出入差構一切無御座候、万一右家屋敷ニ付如何様之儀出来仕候共、我等罷出引受、急度埒明、御町内江少しも御難儀掛申間鋪候、為後日依而如件

文政十三寅年十月廿七日

売請人 泉屋重右衛門印
売主 泉屋貞助印

衣棚通長浜町
年寄徳兵衛殿
五人組町中

此通壱枚

永代売渡申家屋敷之事

壱ケ所 壱軒役 衣棚通御池下ル長浜町東側
表口 三間六寸五部 北隣 伊藤尚元
裏行 拾五間弐尺五寸 南隣 町内屋敷
但、地屋鋪ニ而買得仕、其後建家仕候事

右家屋敷我等致所持候得共、此度要用就在之、代銀四貫三百目ニ町中江売渡、銀子請取申処無紛

候、則御割印沽券状相渡候、尤右売渡候儀ニ付、親類縁者其外地境之障毛頭無之候、若以来如何様之儀申出候共、急度埒明可申候、為後日永代売券状依而如件

文政十三寅十月廿七日

売主
泉屋貞助印
吹挙人
蛭子屋権兵衛印
粟田領梅宮町
売受人泉屋重右衛門印

年寄徳兵衛殿
五人組町中

此通弐通
内壱枚裏継印

八二　杉庄兵衛代官所掛屋証文につき別家召出

江戸中橋店久右衛門支配中、杉庄兵衛様御代官貸所御掛屋相勤居候節、證文不分り之義有之、江戸御町奉行所ゟ御差紙到来之一件、左ニ

尋儀有之間、早々罷出可相届、若不参ニおゐて者可為曲事者也

寅九月十二日　伊賀御判

摂州大坂天満十一丁目市場
池田屋吉右衛門方
同居同人父
久右衛門
五人組
丁役人

飛脚へ相渡し候請書之写

拝見請書之事

一筒井伊賀守様ゟ当町泉屋久右衛門江御尋之義御座候ニ付、町役人差添、早々可罷出旨之御差紙壱通御達被下拝見、墨附等一切無之、慥ニ受取申候、然ル上者丁役人一同早々出府之上、着御訴可申上候、仍而請取書差出申候処如件

文政十三寅年
十月二日

摂州大坂
高麗橋一丁目
泉屋久右衛門
五人組
越後屋十郎助
年寄
河内屋三右衛門

江戸小伝馬町三丁目
秩父屋又七殿

明三日西御奉行新見伊賀守様へ差出し候書付左ニ

乍恐口上

高麗橋壱丁目
泉屋久右衛門

差紙宛名居所の誤記につき大坂町奉行に回答

一江戸表町御奉行様ゟ私幷丁役人差添可罷出旨　御差紙到来仕候処、右御差紙妻書天満十壱丁目と御座候ニ付、御尋被遊、右始末乍恐左ニ奉申上候

一私義者先年長堀住友吉次郎方ニ奉公仕、江戸表支配人相勤罷在候処、六七ケ年已前主人吉次郎方ゟ別家仕候、然ル処右吉次郎義者諸家様御掛屋仕候処、私勤中常州御代官杉正兵衛様御年貢御上納一件ニ付、少々間違之義有之、此節御調御座候由、当時店支配人より主人へ先達し有之ニ付、兼而主人ゟ承り罷在候処、両三日已前江戸町御奉行様遠国御差紙引受相勤罷在候小伝馬町三丁目秩父屋又七と申者ゟ御召出し之趣書面到来仕、承知罷在候処、右書付之内ニ天満十一丁目と有之候ニ付、御大切之御差紙自然間違候而者奉恐入候ニ付、今朝ゟ使を以右天満十一

丁目へ尋ニ差遣候処、右御差紙持参仕飛脚参居合候ニ付、早速同道仕罷帰、拝見之上、則御断
奉申上候義ニ御座候、此段御尋ニ付乍恐奉申上候、以上

寅十月三日　　久右衛門

御奉行様

附添（アキママ）

右書付之内へ全九郎義者、予州ニ永く罷在、夫ゟ直様江戸表
へ罷越候故、当所不案内之義ニ付、右様ト間違候義申上候段
奉恐入候と申事書入候積り也

八三 湊橋町家屋敷買得

一湊橋町地面之内、尾張屋駒太郎自分建家、表口六間半、裏行三間有之、同人追々願付ニて難渋
ニ付、五ケ年已前頃ゟ求呉候様申来り候得共、代銀高直ニ有之候ニ付不取敢候処、此度家守大
黒屋十兵衛ヲ以町中ゟ頼来り、尤建家附物有姿之儘ニ付、相応之直段ニ相見へ、依之此方へ引
取、代銀弐貫目也

但、取払直段ニ而者中々直相無之候得共、右弐〆匁相廻し候勘定ニ而者月壱歩半ニも相当ル

永代売渡申建家之事

一湊橋町其許殿浜納家地面之内、間口六間半、浜行壱間半三尺、我等借用仕、右地面之建家、表
口六間半、裏行三間、我等所持仕罷在候処、此度右建家諸事有姿之儘永代其許殿へ代銀弐貫目
売渡シ、則代銀慥受取申処実正也、然ル上者右建家売渡之義ニ付、諸親類者不及申、脇ゟ違乱

妨申者壱人も無之候、万一如何様之儀出来候共、我等罷出、急度埒明可申候、仍而如件

文政十三寅年
十月

建家売主
天満屋弥兵衛 印

年寄
木屋清左衛門 印

右之通致承知候、以上

地主
住友吉次郎殿

右建家譲請候ニ付、町内出銀左ニ

一 金三百疋　町内振舞、町代祝義下役共、諸色丁格
一 銭弐百文　垣外へ

〆

覚

一 銀弐貫目也　手形壱枚

右者天満屋弥兵衛殿江可相渡建家代銀慥受取申候、以上

寅十月十八日

町代半助

大黒屋重兵衛殿

附物之写左ニ

座敷之部

一六帖之間天井	三坪	一三帖之間天井	壱坪半
一同釣床	壱ツ	一 壱間半敷鴨居	弐口

一壱間半敷鴨居　三口
一床之間小障子上下　三枚
一あんと入鏡戸付　壱口
一座敷椽通り幷戸、戸袋共　一式
一間中押入幷襖壱枚　壱ツ
一格子障子但、横障子壱枚　弐枚
一壱間敷鴨居　弐口
一裏口出口之障子戸弐枚
一二階上ケ口手摺とも一式
一表口戸　壱枚
一同内外之敷石　弐ツ
一壱間半敷鴨居　壱口

二階之分

西之間
一壱間押入敷鴨居襖弐枚共　一式
一中仕切壱間半敷鴨居　壱口
一天井　五坪半
座敷先
一雪隠　壱ケ所

一壱間半仕込押入襖四枚共　壱口
一欄間障子　四枚
一欄間　弐枚
一竹椽　一式
玄関之上
一天井　壱坪半
一格子戸　弐枚
台所ニて
一裏口無双格子幷障子共　壱式
一上りかまち上ケ板踏込共　壱式
一裏障子敷鴨居内外弐ツ　弐枚
一同す戸　壱枚
東之間
一表〆り之戸　弐枚
一壱間敷鴨居　壱口
一釣床　壱式
東之間
一壱間半押入敷鴨居襖四枚共　壱口
座敷之間竹椽之所
一間中戸　弐枚
一柱壱本

〆　三拾六点

右者松屋甚兵衛家附物、銭五拾貫文ニ買請、尚亦其許殿へ代銭五拾五〆文ニ売渡し申処相違無之候、則代銭請取申候、以上

丑正月　　真実屋
　　　　　儀助印

天満屋
弥兵衛殿

前書家附物三拾六点慥借用申処実正也、後日変宅仕候節者、御立会之上御請取可被下候、万一違失之品有之候ハヽ、書付通普請仕候上相渡し可申候、為後日仍而如件

尾張屋駒太郎印
松屋甚兵衛印

天満屋
弥兵衛殿

家賃方証文箱

右書類何れも家賃方證文箱ニ入有之

八四　捨子を養子に遣す

中饂谷子印借家斬(軒)下ニ弐才計之男子壱人、文政十三寅年十一月捨有之候ニ付、早速取上ケ、御届奉申上候、都而御届書幷ニ引合等之儀ハ町内へ相掛り候ニ付、委ク会所ニ扣有之、右入用書左ニ

一銀弐百四拾目　捨子養育料
一銭三百文　捨子腫物ニ付医師へ薬礼遣
一同四拾目　口入世話料
一銀四匁六分　右捨子ニ遣ス着物弐ツ代
一銭壱〆弐百文　日数八日昼夜捨子預ケ賃
一銭百文　同じゆ伴代

一　銭三百文　御番所へ断
願之節座料

一　銭九百十六文　右之節隙入
支度七人代
外ニ女弐人支度共

銀〆弐百八拾四匁六分　銭〆弐貫八百十六文

右者捨子一件入用小訳ニ御座候、以上

寅十一月　　鱣谷会所

泉屋清兵衛殿

右之入用町内式目ニ而坪割ニ相成、本家七百三拾坪

一　拾壱〆九百卅弐文

又

三〆三百四拾弐文　一割家主掛り之分

〆拾五貫弐百六拾四文　全掛り

外ニ三百拾六文

是ハ河州茨田郡土井村百性太助へ遣し候、聞合丁代下役藤七〆三人之小遣ひ也

合拾五〆五百八拾文　九匁四分かへ

代百四拾五匁四分五り

一　四匁三分　御年寄へ

一　四匁三分　丁代へ

一　弐匁　下役へ

右ニ付挨拶とし（て脱）遣ス

〆百五拾七匁五り入目高也

八五 北堀江一丁目掛屋敷家守交代

一北堀江壱丁目家守堺屋季兵衛相勤来り候処、此度同人病死致候ニ付、悴彦七、季兵衛と改名、跡家守相勤候ニ付一札左ニ

乍憚口上

一北堀江壱丁目住友吉次郎家屋敷、表口弐拾間、裏行四拾間、但三役六歩、御地代付、水帳面也、右家守堺屋季兵衛・同奥原屋平兵衛、右両人相勤罷在候

一同住友吉次郎築地家屋敷、表口弐拾間、裏行拾弐間五尺、但八歩役、水帳面也、右家守堺屋季兵衛

右季兵衛儀退、悴改名仕、堺屋季兵衛是迄之通り家守相勤申候、幷奥原屋平兵衛是迄之通り、右季兵衛相代り候ニ付、水帳面　御番所惣御会所表張紙御切替被下度、此段以書附奉願上候、以上

文政十三年寅
十二月

北堀江壱丁目
他町持茂左衛門町
住友吉次郎 印
家守 堺屋季兵衛 印
同 奥原屋平兵衛 印
年寄 奥原屋平右衛門 印

惣御年中(寄脱カ)

手形

一北堀江壱丁目住友吉次郎家屋敷、表口弐拾間、裏行四拾間、御地代付、但三役六歩、水帳面也、右家守堺屋喜兵衛・奥原屋平兵衛、両人相勤罷在候

一同築地家屋敷、表口弐拾間、裏行拾弐間五尺、但八歩役、水帳面也、右家守堺屋季兵衛右家守季兵衛義退、跡家守悴改名仕、堺屋季兵衛是迄之通り相勤申候、依之水帳御切替被下度願上候処、則帳面御切替被下候、然ル上者御地代金毎年十月無滞差上可申候、為後證依而如件

文政十三年寅
十二月

北堀江壱丁目
他町持茂左衛門町
住友吉次郎印
家守
堺屋季兵衛印
同
奥原屋平兵衛印
年寄
奥原屋平右衛門印

惣御年寄中

一札

一御町内有之候我等掛屋鋪、家守堺屋季兵衛・奥原屋平兵衛、右両人相勤候、右季兵衛退、跡家守同人悴、改堺屋季兵衛相勤、是迄之通り両人相勤申候間、水帳面張紙御切替可被下候、然ル上者御町内仕来り之義共無違背公用町用為相勤可申候、若差支之義有之候ハヽ、何時ニ而も退、代り家守早速相立可申候、為後日家守代り證文仍而如件

住友吉次郎印

文政十三年寅
十二月
家守
堺屋季兵衛印
同
奥原屋平兵衛印
御年寄
奥原屋平右衛門殿
月行司中

八六 盛岡銅吹師の格式につき問合せ

上下着用、御目見などの願出は銅吹屋仲間の差支えにならないか

寅年十二月十七日　西御番所従銅吹屋之内壱人、明十八日罷出候様御差紙銅会所江来ル、翌十八日仲間富屋彦蔵殿代判善兵衛出勤之処、銅座掛り与力大森十次兵衛様ゟ御申ニ者、此度盛岡銅吹師布屋四郎兵衛ゟ願出候者、御用向出勤之節継上下着用、帯剱、椽側江上り候儀、且年頭八朔御目見之儀願出候ニ付、右願出候通り申付候而も、其方共仲間差支ニ者不相成哉之段、一応御尋被為　成候間、仲間江申聞、早々否申出候様被仰渡ニ付、仲間中ゟ左之通り書付差出ス

乍恐口上

当十八日私共仲間之内壱人　御召出之上、盛岡銅吹屋布屋四郎兵衛義以来私共同様帯剱、御椽側江罷出度、幷ニ年頭八朔御礼御目見被為　仰付度段奉願上候ニ付、右願之通り被仰付候而も、私共仲間差支之儀無之哉被為成　御尋奉畏候、則仲間共一同申談候所、右願之通り被仰付候共、於私共も差支之儀無御座候、仍之仲間一同連印書付ヲ以此段奉申上候、以上

文政十三寅年
十二月廿二日
川崎屋吉右衛門印
富屋彦蔵
代判
善兵衛同

熊野屋彦次郎
代判　平兵衛　同
大坂屋又兵衛　同
住友吉次郎　印

御奉行様

右之通書付仲間ゟ出ス、尤委細者銅会所公用帳ニ細記ニ付此処略ス

銅会所公用帳

八七　銅紕吹師交代

十二月十九日銅座ゟ明廿日五ツ半時仲間一統印形持参罷出候様御差紙来、翌廿日友賢出勤致ス、御勘定様ゟ被　仰渡、是迄紕吹師大坂屋又兵衛相勤来候処、近年病身ニ付難相勤趣申出、其上当年ニ而年限ニ相成ニ付、跡紕吹師熊野屋彦次郎江明卯年ゟ向未年迄五ヶ年之間申付候間、其旨相心得候様被　仰渡、仍而一同請印上ル、尤委細者銅会所公用帳ニ委細記有之事、御立会左之通り

御勘定　滝沢権平様　　御普請役　荒井甚之丞様
銅座掛り御与力東　荻野勘左衛門様　　銅座掛り同心東　中村門次様

但、其外吟味役等者略ス

銅会所公用帳

八八　天保改元

文政十三年庚寅十二月十日年号改元
天保元年と被仰出候事

八九　文化十年の御用金につき出頭

寅十二月廿七日惣年寄会所より差紙来ル、左之通

不用ニ相成

文化十酉年御用金被仰付候町人江被仰渡候儀有之間、明後廿九日朝六ツ時麻上下用意、西御役所
江可罷出候、尤此方共寄《ヨリ》会所相断可被申候
右之通申来り候処、廿九日町内ゟ申来り候者、豊後町小泉隣へ出勤可致様申来ル、勇右衛門
差遣す、其節左之通書付持参いたし候事

乍憚口上　　不用ニ相成

文化十酉歳御用金被仰付候砌ゟ名前人相代り不申候ニ付、乍憚此段御断奉申上候、以上

寅十二月廿九日　　長堀茂左衛門町
住友吉次郎（実印）

惣御年寄中

九〇　一橋家貸付金貸渡の御礼川口役所へ不勤につき詫び

貸渡した越前屋敷へは御礼出勤したのに挨拶の奉書を下してくれた一橋家にし御礼出勤せず

当七月
一橋様ゟ越前様江御貸渡銀之儀ニ付、従　越前様為御挨拶、小奉書壱束被下置候処、右御屋敷江
者出勤御礼申上候得共、川口御役所へ者何共不申上候ニ付、御同所様ゟ御呼出之上不埒之段被
仰出候ニ付、則左之通御侘申上候

乍恐以書附奉申上候

今日者被　召出、　御屋形様御用金当春ゟ越前様江被遊　御貸渡候御儀、其後御同所様ゟ為御挨
拶奉書壱束被為　下置、全　御屋形様御陰故と難有仕合奉存候、右之段早速御礼可奉申上筈ニ御
座候処、越前様御礼出勤仕候得共、御役所様江御礼可申上候処一切心付不申、大ニ不調法奉恐入
候、右之段宜御断奉申上候、以上

寅
十二月廿三日
住友吉次郎代
晋右衛門

川口
御役所

九一　文化十年の御用金割渡し

手当金下渡し停止の十年が経過

手当金は溜め置き五十年で御用金・手当金を下渡す

『大阪市史』第四上参考一四一

文化十酉年其方共差出候御用金、同十二亥年ゟ金高ニ応三朱之御手当被下候処、御金操も有之候ニ付、去ル辰年ゟ凡十ケ年程之間、右御手当不被下段、先達而申渡置候処、去丑年迄ニ而十ケ年相定候ニ付、右御用金五十万七千九百八拾九両三歩余、当寅年ゟ三十三ケ年ニ割合御下戻、来卯年ゟ右年限中其年々相残り候御用金掛りハ三朱之御手当金者（ヲ以）年々仕分ケ書差出溜置候分、御用金御下戻相済候翌年ゟ十七ケ年ニ割合御下、都合五十ケ年之御用金幷三朱御手当金共不残御下有之候間、其段可相心得候

右之趣出羽守殿被仰渡候間、御勘定ゟ申来候ニ付申渡候

右被仰之趣奉畏候、依而御請如件

乍憚口上

文化十酉年被仰付候御用金御請高三拾三ケ年ニ割合、壱ケ年分銀高可申上旨被　仰渡奉畏候、左ニ奉申上候

御請高
一銀六拾四貫目
右三拾三ケ年ニ割合
壱ケ年分
銀壱〆九百三拾九匁三分九厘三毛九弗

右之通御座候、以上

卯正月十日

御用金掛り
惣御年寄中

茂左衛門町
住友吉次郎代
晋右衛門印

九二 大坂市中御救大浚冥加金を命ぜられる

（朱書）
「御救大浚一件」

（朱書）
「壱」　天保二辛卯年正月此度江州瀬田川末流、城摂河川々市中川筋　御救大浚被　仰付候ニ付、

冥加金上納之始末左ニ

一正月廿日夜鴻池善右衛門殿ゟ左之通廻章到来、承知之趣妻書致し使へ渡ス

口上

然者只今　西御役所ゟ御呼出ニ付罷出候処、別紙書附之御人数明後廿二日四ツ時西川方大浚方懸り御役所江袴羽織ニ而罷出可申旨、御本人御病気候ハヽ、慥成手代無遅滞差出し可申様、私方ゟ御通達可仕旨被仰付候ニ付、持廻り御通達申上候間、御承知候ハヽ、別紙書附江御印形被成下、此者へ御渡可被下候、以上

正月廿日

鴻池善右衛門

名宛別紙之通り

今橋二町目
鴻池屋善右衛門店印
奉承知候

一別紙書付左ニ

所書有
加嶋屋休右衛門同断

大川町
一加島屋作兵衛店印
奉承知候

二米屋平右衛門
四鴻池屋善五郎
近江屋休兵衛
平野屋五兵衛
嶋屋市兵衛
近江屋半左衛門
泉屋甚次郎
住友吉次郎
茨木屋万太郎
加島屋作五郎
炭屋善五郎
高池屋三良兵衛
播摩屋仁兵衛
米屋喜兵衛
鎊屋六兵衛
加嶋屋十郎兵衛

三鴻池屋新十郎
辰巳屋久左衛門
炭屋安兵衛
升屋平右衛門
三井八郎右衛門
鴻池屋庄兵衛
天王寺屋五兵衛
塩屋市之助
大場屋治郎右衛門
加嶋屋作之助
山家屋権兵衛
日野屋茂兵衛
平野屋仁兵衛
鴻池屋市兵衛
千草屋宗十郎
雑穀屋捨侍

〆三拾五軒

一正月廿二日、今日出勤之儀、右之人数内々承り合候処、一統名代之様子ニ付、当家も名代勇右衛門差出ス、四ツ時ゟ出勤、下宿ニ而扣居、昼時三拾五軒御呼出シ、御使者間之奥御白洲之間

御次ニ而、与力内山藤三郎殿・由比一郎助殿立会之上御口達書を以左之通り被　仰渡

御救大浚掛り
西内山藤三郎
東由比一郎助

勢田川浚に際し淀川浚を歎願

此度勢田川浚之儀ニ付、摂河村々幷ニ三郷町中之者共歎訴いたし候、淀川筋之儀累年土砂押埋り、次第ニ川床高ク相成、両川口之儀も追年浅瀬ニ相成、干汐之節者諸廻船向所々入津差滞候儀も有之哉ニ相聞へ、申立之趣全ク無謂儀とも不相聞候ニ付、格別之　御仁恵を以勢田川浚之有無、摂河村々三郷町中歎訴之筋ニ無御拘り、諸民御救之ため淀川筋上流ゟ神崎川・中津川を始、両川口迄大浚、幷ニ右川々両側（測）之堤嵩置、腹付等之御普請、別段之御入用を以被成下度段、　江戸表江被　仰上候、御奉行思召ニ付、此節専ラ右御目論見御取調中ニ有之候、尤御入用銀之儀者両　御役所御溜り銀之内を以、過分金高御目当有之候得共、何分大造之御普請ニ付、右御目当銀而已ニ而者思召通り十分之御浚御普請向御行届有之間敷哉と御心配有之事ニ候、元来此度之儀者摂河之諸民始メ三郷町中之者共永々安堵繁昌いたし候様と之厚御憐愍、御仁恵ゟ被思召立候御趣意ニ而、全ク成功之所を深御心配之儀ニ有之、此方共ニおひても御仁心之程を乍不及奉感心儀ニ而候、大坂三郷町中弐百余年連綿と繁昌致、銘々安穂(穏)ニ致渡世候儀者、偏ニ　御上之御仁徳故之儀と者町中一同兼而冥加之程を難有可奉存儀者勿論之事ニ候、且又大坂之儀者江州湖水之末流、宇治川を始、其外川々落込候水源不尽之淀川流末海口ニ有之、本朝無双渡会之地と者誰々も相心得可申儀ニ候処、諸人存之通追年川筋

淀川上流から神崎川・中津川を川口まで浚う

本朝無双渡会之地

浅瀬になってしまっている湊口を浚えば廻船運送の滞りもなくなる

次第ニ押埋り、川床高相成、勿論両川口之儀者別而御手抜なく御浚方有之候得共、何分多年昼夜之無絶間上流ゟ者押下ケ、海手ゟ者淘り上ケ候土砂ニ而湊口一躰浅瀬相成候処、無拠御手入之儀も水尾筋之外者御行届無之候様成行候儀者自然之道理ニ付、大造之儀と者被　思召候得共、此度大浚被成遣候ハヽ、諸廻船運送之無滞相成、此上町中追々繁昌弥増、縦令此後川筋大水之節迚も両川縁之堤損所不出来候得者、摂河川縁三百ケ村之百性共儀も安堵致、益御上之御仁政を難有可奉存儀ニ可有之と之思召を以、前書大浚御普請向をも被　仰上候、御賢慮可有之候間、右躰御誠意　御仁恵之程を難有奉存、　御国恩之冥加を存、銘々子孫江福力を残し、陰徳之志有之、右御救浚御普請向之御手伝申上度存寄候者共も有之候ハヽ、無遠慮書付を以可申上事ニ候、尤其方共江上ケ金等可被　仰付　御趣意ニ者無之候得共、御入用銀迚も大造之儀ニ付、殊之外御賢慮を被脳(悩)候儀ニ而、格別之御仁恵、無御拠手薄之御普請ニ可相成哉と取調掛被仰付候、此方共ニおひても如何計り残念ニ奉存候儀ニ付、一応其方共江前書之次第申諭、存寄を以承り候様可致旨御奉行江申上候上、此段先無急度相達候間、厚御仁恵御実意を能々致会得、銘々誠実之心得を以篤と致勘弁、早々可申聞候事

正月廿二日

右之通り内山藤三郎殿、由井(比)一郎助殿ゟ御申渡有之、尚又口達ニ而、全ク此度之御趣意者三郷繁栄可致様大造之御普請可被　仰付間、厚　御仁恵之程難有奉存、為冥加右御入用金御手伝も被相勤度事、乍併決而表向可被仰付訳ニ而者無之、只々御仁徳深キ所能々致勘弁被申出度事ニ候、其外色々御演舌も有之候得共略書致ス、一同委細奉畏、跡ゟ御返答可申上旨申上退出、今

日被　仰渡之節御用掛り惣年寄被立会候事

今回は平の町家と同席になったが今後出勤の際の席につき三井家の様子を尋ねる

一前書被仰渡之節、此度三拾五軒一同ニ被　仰渡候処、当家之儀者先年結構御用達名目、苗字御免被仰付、其後名代之者肩衣着用　御免被仰付候位之事故、此度之御用三拾五軒之中御用方十人両替等席も有之、残り之分者平之町家ニ付、其中江出候も、此後度々出勤可致事故、席之処如何ニ付、三井呉服店者融通方被相勤候哉ニも承り候得共、若無左而別段御返答被申上候事（候脱）ニハ、、御掛屋名代等懇意之事故、同様組合申度趣、御為替方名代福田吉十郎殿迄、内々八郎右衛門ゟ尋合候処、同処者御用方之組合ニ而、此度被　仰渡候由、乍併当家者仲間も無之、一軒之事故、御返答之様子三井之振合も承り度故、内々為知被呉候様頼置候事、其後五七日も過候而外方内々承り合候処、未タ御返答不申上趣ニ付、先ツ此方も見合居候事

上納高の返答を催促される

一軒別段の家柄なので別段申達

一二月三日八ツ過頃、西大浚方内山藤三郎殿、由比一郎助殿ゟ名代勇右衛門御呼出しニ付、即刻出勤之処、左之通被仰聞

去月廿二日一統江内達申置候御手伝金之儀、定而相談も可有之候得共、今以何方ゟも返答無之故、如何と存居候、殊ニ御奉行様ニも格別御心配ニ而此中被仰候者、勝手方館入又者余ニ身元宜者も有之間、篤と申聞、内談致し、可然歟ニ被　仰候、併其方ニハ不被仰候得共、御勝手御出入も有之、大家之事故、爰ハ主人一働キ無之而者難相成、尤納方之遅速不苦、大躰何程と申処承り度、外方返答も無之間、出精有之ば外方へひゞきニも相成、別而其方者外々と違、一軒別段之家柄之事故、今日別段申達候、扨御普請も大躰三月上旬ゟ御取掛りニ候得者、表向可被仰渡と存候、拙者も七八日之頃者上筋へ参り可申間、夫迄ニ内存承り置度候、

主人へ宜申通し呉候様と被仰聞候事

右之通御申ニ付、勇右衛門ゟ委細奉畏、立帰り吉次郎江篤と申聞候趣ニ而退出致す

「(朱書)〇是ゟ奥四枚目江続キニ成」

本書一四三頁へ続く

九三 京都堀池町掛屋敷売渡 不勘定の上地震にて破損

京都粟田御境内堀池町抱屋鋪壱ケ処、兼々不勘定之上、去寅七月大地震ニ而大破損ニ相成候処、幸ひ町人中ゟ所望ニ付、銀拾弐貫目ニ而帳切いたし、沽券相渡し候一条左之通

永代売渡申家屋鋪之事

表口三拾間　　東者道限
裏行東ニ而拾壱間弐尺六寸
　　西ニ而九間
裏幅廿九間壱尺三寸　　西憐(隣)金剛寺
　　但、地面入組有之

粟田御境内堀池町南側
合壱ケ所

御年貢弐石壱斗五升九合六勺六才、御蔵納幷御役五斬(軒)役

右家屋敷者　御割印沽券面之通、雖為我等所持、此度要用在之ニ付、丁銀拾弐貫目今日受取之、永代町中江売渡申処実正明白也、右家屋敷ニ付親類縁者其外他所ゟ出入差構毛頭無御座候、万一違乱妨申者有之候ハヽ、我等罷出急度埒明御町中江少しも御難儀掛申間敷候、為後日永代売券仍而如件

天保二年卯四月

御境内堀池町
売主　住友吉次郎印
吹挙人
年寄次兵衛印

五人組久兵衛同
同　吉兵衛同

御町人中

右之通相違無御座候、以上

西村理右衛門印
小西伝右衛門印

奉差上一札之事

一当町住友吉次郎所持之家屋敷、表口三拾間、裏行東西拾壱間弐尺六寸、裏幅廿九間壱尺三寸、九間
但地面入組有之、壱ヶ所、此度町中江代銀拾弐貫目ニ買得仕町入用相勤可申事

一御年貢壱ヶ年ニ弐石壱斗五升九合六勺六才、幷御役五軒役相勤可申候、尤地面ニ付町中立会、諸事吟味仕候様、少シも相滞候儀無御座候ニ付売買仕申候、勿論右家屋敷ニ付親類縁者、其外他所ゟ出入差構毛頭無御座候、万一違乱妨申者御座候ハヽ、此印形之者共江如何様共可被為仰付候、為後日奉差上連印一札如件

堀池町
年寄治兵衛印
住友吉次郎印
五人組久兵衛印
同　吉兵衛印

天保二卯年四月

右之通相違無御座候

西村理右衛門印
小西伝右衛門印

御代官
大賀出羽助様
武田権左衛門大尉様

売請一札之事

一其御町住友吉次郎所持之家屋敷壱ヶ所、此度御町中江代銀拾弐〆目ニ永代売渡申候処実正也、右屋敷ニ付親類縁者、其外他所ゟ違乱妨申者毛頭無御座候、尤是迄御上納御名目金銀等借受、懸り合曾而無御座候、万一此後右躰之出入者勿論、其外如何様ニ外ゟ申来り候共、我等罷出急度埒明御町中江少シも御難儀相懸申間敷候、為後日売受一札如件

御境内梅宮町
売受人
泉屋重右衛門印
売主
住友吉次郎印

天保二辛卯年四月

御町中

堀池町年寄
治兵衛殿

右喜八郎上京ニ而、重右衛門同道、於堀池町年寄宅ニ五人組立会之上、調印取引致し、銀拾弐貫目三条壱丁目銭屋六兵衛預り手形受取、早速大坂北久宝寺町壱丁目油屋彦兵衛方江為替手形ニ為書替、直様下坂、諸事無滞相済候事

九四　御救大浚冥加金上納を申出る
他家の上納高を内々に尋ねる
文政八年別子銅山湧水
中橋店差支

「（朱書）○前之印ゟ此処江続ク
御救浚一件
弐」

一二月四日、昨日内山・由比御両所従勇右衛門江被仰聞候儀、当家者別段と被仰渡候得共、大躰外並合も可有之、其上員数も表向被仰出無之事ニ候間、如何之御請も難申上、何分外並内々承り度、依之平野屋支配人太兵衛迄勇右衛門を以、極内分承り合候処、御用方拾三斬(軒)之向御内々惣年寄衆ゟ此度被仰出、御入用高凡五千両余と承り候処、其後惣会所ゟ右御用金先ツ凡四五万両位と申事ニ候、乍併近来之時節柄ニ付迚も思召ニ者叶不申と存候得共、組合相談之上明五日御返答ニ出勤之心得ニ候、員数者十三軒ニ而金高五千《千五百》両位ニ可申上心得ニ候得共、実此儀外々江口外致し不申様申居、右等勇右衛門帰足之上承り、一統相談之処近年予州涌水ニ付夥敷下シ銀、且者中橋店差支等之時節ニ候得共、格別之御趣意を以一統ニ被仰付候儀故　御免も難願、依之先ツ百両ゟ弐百両迄之内位、明五日御返答可申上積りニ相談決し候事

一今日茨木屋・米喜両家ゟ廻章を以、今日惣年寄衆ゟ此度被仰出之御請、一統申合セ返答も可致様子ニ粗相聞江候、此度之儀者決而右様之事ニ無之、銘々ゟ急々御返答申上候様被申渡候趣申来ル、尤御用方組合十三軒除キ、残り十七軒宛

一五日早朝名代勇右衛門西川方御役所江出勤、内山様・由比様江掛御目申上候者、一昨三日被仰付候御趣、具ニ吉次郎江申聞候処、誠ニ以難有御趣意委細奉畏、早速御請可奉申上候処、御承知も被為在候通り去ル文政酉年春ゟ予州別子御銅山鋪中江不意涌水仕、色々手当仕引干候得共、何分水勢強ク、御用銅御定数も減銅仕奉恐入、依之　御見分之儀相願、其後段々御救之儀

長崎会所銀操差支につき銅座へ調達

金百両から二百両上納で返答

伊予通船

奉願上候処、格別之御思召を以御手当金等被下置候ニ付、右御余光を以漸稼方仕候得共、年々之損銀不少、其上近年長崎御会所御銀操御差支ニ付、銅座御役所江夥敷調達銀も仕居、且者当時甚不融通ニ而必至難渋仕居候折柄ニ御座候得者、何分　御免も奉願上度奉存候得共、此度之被　仰出、叶冥加難有　御趣意ニ御座候得者、何卒聊ニ而も　御用相勤申度、依之先ツ百両〆《壱包〆》弐百両《弐包》迄之内を為冥加上納仕度段、色々難渋申上、御返答口上を以申上候処、御聞取之上御両所〆又々被仰聞、左ニ

右被申出候訳至極尤之儀、此方共役所者違ひ候得共、随分承り居候、併シ家々ニ者大小差支者有之もの、既ニ去月相達候御趣意、年々川筋浅瀬相成、川口抔者通船之難儀第一、所之不繁昌歎敷被　思召、願立無之候得共、右大造成御普請被仰付候間、後々者諸国入船も多ク可相成時者、三郷之繁栄、其身之為メニも可相成事、別而吉次郎方ニ者与州通船も度々有之候得者、又格別思案も有之度、素〆旧家、身元之処者誰不知者も無之、去月呼出し候節も一軒別段ニと心得候処、混雑致候事故、不能其儀、依右一昨三日申談し候事故、定而格別心配も致し被申候半と存居候、然ル処今日之御答随分尤之事、実ニ不軽金子ニ候へ共、此度之御入用凡積り拾万両位と定メ、先ツ三四万両者他力も可有之哉ニ申居候事ニ而候間、折角早答被申出候得共、何分今一応厚御仁恵之処被致勘弁、重而返答被申出度候、誠ニ此度之儀者　御当代初而之事ニ而、又再びケ様之儀無之、旁以表向御用被仰付候共、致方無之成共、一統心能得心之上請方可有之との思召ニ候、勿論永々御旧記ニも相残り可申事故、重而御褒美之御沙汰も可有之哉、何分篤と勘弁有之候様、吉次郎江御申聞、早々返答可被申出候

右之通又々御理解被仰聞候ニ付、何れ重而御返答可申上申上勇右衛門引退

苗字御免

銀二十五貫目二年上納で申請

一右之通御理解被仰聞候ニ付、相談之上、前書認候通り、近年銅山涌水等ニ而、色々難渋之時節ニ候得共、去文化年苗字御免後引続御用向等段々結構被仰付候事故、難渋願ハ又々折も可有、此度者格別之御趣意を以被仰出候事故、為冥加銀弐拾五貫目、当卯暮・来辰暮両年割合上納可致趣ニ御請申上候積りニ取極候事、且又外方一統も段々御理解ニ而追々増高ニ相成候由也

一十二日早朝西川方御役所江勇右衛門を以左之通書付出ス

乍恐口上

一去月廿二日　御召出之上被為　仰付候、今般淀川筋川々　御救浚被為　仰付候御儀者、市中為御救格別之　御趣意ニ付、御当地繁栄之基と、私共迄も冥加至極難有仕合奉存候、右ニ付莫太之御入用も御座候間、御手伝之存寄も御座候ハヽ、可奉申上様、委細御理解被為　仰付奉畏、誠ニ以難有　御趣意ニ付、可相成丈ケ御用之端をも相勤申度奉存候得共、及　御聞被為在候通り、私方第一之家業ニ仕候予州銅山百四十余年堀（掘）入候岩窟之中江去ル文政酉年ゟ不意之水涌出、稼方差支候ニ付、多人数を以替干相防候得共、水勢益相募次第ニ満上り候ニ付、無拠右之趣御届奉申上候処、翌戌年（○ケツ字）御見分之上、亥年ゟ　御憐愍を以五ケ年之間為　御救結構　御手当等被為　下置、冥加至極難有仕合奉存候、右以　御余光漸取続罷在候得共、私方年々之損銀不少、剰出来銅相減奉恐入候儀ニ御座候、乍併此度之御儀者格別難有　御趣意ニ付種々勘弁仕、甚少数奉申上候も奉恐入候得共、為冥加銀弐拾五貫目、今卯年・来辰年両年割合上納仕度奉存候、乍恐此度御用之端ニも御指加へ被為下置候ハヽ、冥加至極難有仕合奉存候、乍恐此段以書付奉申

上候、何卒　御聞済被為　成下候様重々奉願上候、以上

天保二卯年二月　住友吉次郎

御奉行様

西之内ニ認、上包美濃紙

右之書付持参、内山様・由比様江御目懸り、此間被　仰付候御理解之御趣吉次郎江申聞候処、難有奉畏候得共、誠近来内間難渋之折柄ニ御座候得共、此間以来段々御理解被仰付候、厚　御仁恵之程乍恐奉感服、甚少数、思召之程奉恐入候得共、別紙書付を以御請奉申上候段申上候処、内山様御一覧後、暫ク扣居候様御申聞ニ而、奥江御出、無程御出席ニ而御申ニ者、先々早速御請被申上、致大慶候、乍併数之処厚ク勘弁被致候上と者被存候得共、今少シ増シ不被申候而者、此儘　御奉行様江難申上候間、今一段出精之上金五百両之高ニ可致様、左候ハ丶、御奉行様江申上見可申被仰聞候ニ付、勇右衛門ゟ此間以来奉申上候次第御座候得共、種々勘弁仕、右之高申上候段申上候処、右様之儀成れ者願面金五百両と致し、相場違も可有之間、代銀三拾貫目と認申出候様、無左而者外々之障りニも可相成間、此段篤と勘弁いたし申出候様被仰聞候ニ付、奉畏候趣を以引退

金五百両に増高を命ぜられる

右ニ付段々之御理解故、大躰三拾貫目成者御聞済可相成様子ニ付、弥金五百両代銀三拾貫目ニ御請申上候ニ決着致す、依之書付文面奥之方左ニ書改

金五百両代銀三十貫目で申請

前文前ニ同断
為冥加金五百両代銀三拾貫目今卯年後文前ニ同

一十三日右書付認直シ持参、内山様・由比様江差出し候処、御両所御一覧之上、御奉行様江御伺被成下候処、御聞済相成候由ニ而、内山様ゟ此度之御用早速御請被申出候段、御奉行様ニも御満悦被思召候趣、未タ外々者御返答も不申上、別而都合能候間、吉次郎江宜申入候様被仰聞候ニ付、御請申上候而勇右衛門退出いたす

他家の返答はまだない

一二月廿九日鴻池善右衛門殿ゟ左之通り廻章到来

然者西御役所大浚御掛りゟ被仰付候、明後朔日御達之儀有之候間、四ツ半時揃無遅参御出勤可被下候、尤、麻御上下御用意可被成下候、先者右之段早々得貴意度如此御座候

二月廿九日　　鴻池善右衛門

近半　泉甚　当家　天五　茨万
塩市　炭彦　米喜　日野茂　雑喉捨
鴻正

右之通ニ付、定而此度　御用相勤候御褒詞被仰渡と被存候事

一二月三十日、昨日鴻池ゟ廻章之趣ニ而者、明朔日御褒詞之被仰渡、三拾五軒一同と被存ニ付、当家事者先年苗字御免後者都而別段ニ被仰渡、七八年以前　御貸附金之節も当家最初ニ被仰渡候上、御用方之向江被仰渡候事故、此度御用之節ゟ平之町家江中江交り出候も如何ニ付、御内々内山様・由比様江勇右衛門を以右之次第御尋申上候処、随分尤之儀ニ付、一応調へ見可申と御申、且又惣年寄薩摩屋仁兵衛殿此度御用懸り、是迄懇意ニ付右之趣内々申入、明日之処前ニ被仰渡候歟、別段ニも可相成哉之段尋見候処、内山様・由比様江内々御申入、御用人方江も是迄之振

合等御申入、御相談御座候得共、明日之処何分御治定之上前ニ相成候哉、又一統相済候而被仰渡候歟処、今日者難相決候間、明日出勤之上否被仰付候趣ニ而勇右衛門引退

一三月朔日四ツ半時ゟ友聞出勤、勇右衛門召連ル、尤少々刻限早メニ出、豊後町ニ而休足、勇右衛門先江　御役所江出シ候而、今日被仰渡之御様子御掛り与力衆御両処江御尋申上、尚又薩摩屋仁兵衛殿江も別段願上候ニ者無之候得共、先年苗字御免後追々結構被仰付、名代之者迄も継上下着用　御免被為　仰付候事故、此度同様相成候而者　御用達ト申詮も無之様奉存候間、此処を奉申上候而已之儀と申入候処、其後御用人方々御掛り与力衆御相談之上、先年ゟ之振合も有之候事故、別段可被仰渡成共、今日者混雑之事故明日御用日ニ付御序有之間、今日者引退、明日改而出勤致候様御申ニ付、奉畏候趣申上帰宅

一同日夕方西御役所ゟ左之通御差紙来ル

右者明二日四ツ時麻上下用意、西大浚掛り御役所江可罷出事

卯三月朔日

住友吉次郎

則、裏書致、使江渡す

御褒詞は別段にて仰せ渡される

一二日四ツ時、友聞出勤、勇右衛門召連ル、則勇右衛門を以川方御掛り江申上候処、暫致し於御白洲之間、　東西御奉行様御列座之上被　仰渡、左ニ

此度淀川筋、其外市中川々御救浚被　仰出候段、全土地繁栄、諸民御救之義と　御仁恵之程難有奉存、冥加之ためとして銀三拾貫目差上度旨申立候段、奇特之志ニ付誉置候、猶右之趣江戸表江も可申上候

西御奉行
新見伊賀守様
東御奉行
曾根日向守様
二月廿七日御着

川方御与力大浚御掛り
西　内山藤三郎殿
東　由比一郎助殿
惣年寄
井岡佐五郎殿
薩摩屋仁兵衛殿

右御列座之上、　西様ゟ被　仰渡相済、退出、御礼之儀ハ如何と薩摩屋仁兵衛殿江尋候処、御玄関計り口上ニ而申上候而可然様被申ニ付、即刻御礼申上、無滞相済帰宅、尤右被仰渡、当家別ニ被仰付候事等仁兵衛殿ゟ例ニ者不相成哉ニ被申候得共、　御用達苗字御免蒙居候事故、平之町家と同様ニ相成候も家格無之様ニ当り候間、以来右等之節者、此度之振合能々相心得居可申事

一右大浚冥加銀一件、銀三拾貫目、当卯・来辰両年割合上納御請申上相済
（朱書）
「卯九月
辰三月上納金之次第奥ニ記」

豊後町店は二百両二年上納

一豊後町方も一昨年ゟ十人両替行司被　仰付候ニ付、此度御用被　仰出候間、金弐百両両年上納ニ而御聞済有之
尤、仲間五軒組合候事
（朱書）
「午年御褒美一件奥ニ記」

九五　網嶋屋敷に盗賊侵入

一網嶋失物一件東盗賊方御役所江御届ケ奉申上候願面左ニ
乍恐口上

松平和泉守殿領分
摂州東成郡野田村
枡屋直蔵
病気ニ付
代　与右衛門

一私居宅座鋪ニ有之候押入幷簞笥江入置候品、左之通紛失仕候ニ付、乍恐此段御届ケ奉申上候

一掛物　一幅
但、伊川晴川合筆四季富嶽図
一文字風帯萠黄地金襴、中茶地金襴、上下共浅黄
箱桐ノさん蓋茶皮紐附
書附ニ　富嶽画　伊川晴川合筆
上包茶加賀絹

紅毛製遠目鏡

一遠目鏡　一本
但、紅毛製、溜塗、真鍮金具壱ツ、延シ長サ三尺位成ル、袋者鼠色嶋、紐者萠黄真田、象牙さゝはせ附
箱者桐やろう蓋、長サ弐尺位

一鯉風鎮　壱対　一本
但シ、唐金ニ而金すり附ニして紐紫緒〆、ぎん紛ひ
箱桐

三ツ森抱茗荷

一六寸鏡　二面
但シ、裏ニ三ツ森抱茗荷三ツ森くつわ紋付

青地波の覆付也

一八寸鏡　壱面

但シ、黒塗外□入

一地白蝶の模様木綿浴衣一ツ

一立横嶋縮緬細帯　一筋

一大風呂敷　弐ツ

但、一ツ者花色裏葵紋付

一ツ者紺じの小紋

一白地鳶色模様更砂小夜着二ツ

但、裏萌黄紬

一三味線　一挺

郡内嶋

一茶色郡内嶋蒲団　一ツ

但、裏花色紬

〆拾壱点

右之通紛失仕候ニ付、乍恐御届ケ奉申上候、尤御吟味之儀者御願不奉申上候、以上

天保二卯年

五月四日

右代　与右衛門印

付添庄屋　兵次印

御奉行様

九六　網嶋屋敷家守立退につき金子貸付

盗賊侵入につき留守手代を遣すため家守を立退かせる

家守立退後に住む土地買得代を貸付

これまでの家守住居を買得地面に移す

一天保二卯三月、野田村別荘江、同十一日夜、当季迄召遣候下男、生国能州之産、幼名儀三郎、当家ニ而者半助と申者、盗賊ニ入、前文御届申上候通り盗取候事、依之居手代之内留主人ニ与右衛門差遣し、是迄勤来り候守り利助為相退候様申入候処、年来同村ニ住居致居候ニ付、外村へ移り候儀、暫も歎敷申居、借家相待候処、大三之裏手ニ吉兵衛と申者所持之地面、屋敷共同村伊兵衛方へ質物ニ入有之候処、利銀共滞り、銀四百目余ニ相成有之分、堺屋源兵衛殿手代吉兵衛殿を以掛合被呉、百姓吉兵衛売のき共金拾壱両貸遣し、是迄利助へ遣し候給料、年銭廿四貫文之処、金弐両ニいたし、年々金弐部宛引取、廿弐ケ年之済方ニ相成、其上間口壱間、奥行四間半之守り家内住居共差遣し、取払ひ空地面江建遣し候、諸入用左ニ

覚

一弐匁七分　間渡し三拾　　一壱匁六分　下地縄十束　　一拾五匁　家根屋
一八拾六匁　大工廿人　　一弐匁五分　泥《ドロ》土代　　一拾四匁　釘色々
一百弐匁三分　手伝四十人

銭拾壱〆文

入用〆弐百弐拾四匁壱分

右之通普請致遣し可申積り之処、彼是引合中隙取延引ニ相成、八月八日ニ家屋鋪取払ひ、跡表通りへ板塀西ゟ南へ折廻り、引続八間之間出来、元来此別荘南ニ而弐尺計り境目よりひかへ塀懸り候ニ付、此度板塀掛候処丈ケ先境目限りニ差出シ置候得者、行々座敷建候勝手ニも可相成候ニ付、

隣り伊兵衛方江及懸合、庄屋兵次殿方へも建出し候事ニ付掛合候処、少々言葉間違之筋申立ニ、
境目まて差出させじともみ合、棹差入可申上へなどと申、両三日も普請手間取候得共段々掛合、
堺源手代吉兵衛殿先守り家之儀頼続キニ付相頼、都合克相済、絵図左ニ

○絵図は次頁に別掲。

右之通庄屋兵次殿・伊兵衛・堺吉・重《当方》蔵境目石相改、以来境目石真を南境目と相極り候、石垣絵
図之通り真迄差出し候事

板塀石垣職人左ニ

野田村大工安兵衛・同手伝七兵衛・石工甚兵衛

差入申一札之事

一当村升屋直蔵名前家屋鋪、先年ゟ御当家御所持ニ而私家守相勤来り候処、右場所此節御普請ニ付、守家立退之義御申渡、承知仕候、然ル処私外ニ住家無御座候、内間甚難渋ニ付、色々御頼申上候処、此度左之通り

一拾壱両借用之儀御聞届被下候事、右者当村治郎兵衛所持之家屋敷買求候ニ付、代銀幷ニ諸掛り物入用返済之義者別紙證文之通り聊相違無御座候

一右買求候家者至而古ク用立不申候ニ付、此度取払、猶又是迄私住来り候家守建物住居共、其儘被下置、右取払跡江御建直し之上、其諸入用迄も御賄ひ被下候事

一是迄之御場所者立退候得共、家守之儀者不相変、私へ被仰付、為給料壱ケ年金弐両ツヽ、被下候筈之事

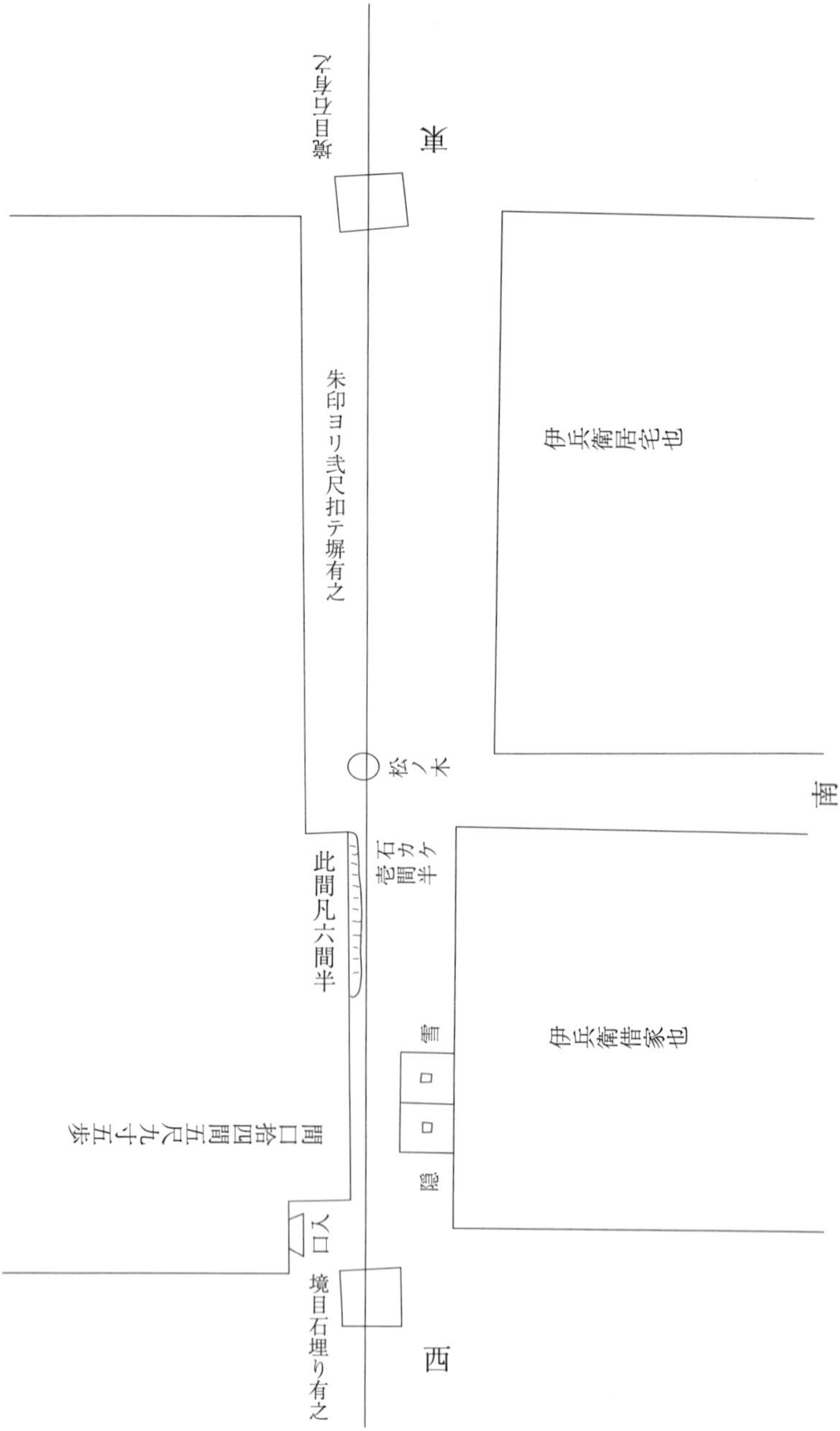

○中央の境界線は朱書されている。

右之通無残所結構御聞済可被成下、私者不及申親類共迄も一同難有仕合奉存候、然ル上者御家守随分大切ニ仕、御用事御座候節者無遅滞罷出相勤可申候、万一勤方不行届、又者不得心之儀御座候而、思召ニ不相叶候節者、何時ニ而も家守御取離シ被成候共一言申分無御座候、則親類請判仕候上者少シも違変無御座候、為後日證文依而如件

天保二卯八月

野田村家守
利　助印
請人親類
次右衛門印
同
多　兵　衛印

住友御店
御支配人
伊右衛門殿

家守給金にて返済

借用申金子之事

一金拾壱両也

右者此度家屋鋪相求候ニ付、為入用借用仕候処相違無御座候、返済之義者壱ケ年家守給金弐両宛被下候内毎年弐歩ツヽ、差入可申候間、御算用之節御引取可被下候、其節違乱申間敷候、為後日證文依而如件

天保二卯歳八月

野田村家守
利　助印
請人親類
次右衛門印
同
多　兵　衛印

住友御店
御支配人
伊右衛門殿

以手紙奉申上候、秋冷之砌御座候処、益御勇健可被成御座、目出度御義奉存候、然者御家守利助殿一件大躰相片付、得心之上今日仮宅へ家財相運ひ居申候、右ニ付家屋敷譲り主、又者質方へ金子相渡し申度奉存候間、別紙證文幷一札為持差上申間、御改被下、金子拾壱両右利助殿へ御渡し可被下候、尤三人共印鑑之儀者村方五人組帳ニて為引合候処、相違無御座候間、左様御承知可被下候、且亦先刻吉兵衛と申仁被参候得共、是者大ニ間違ニ御座候、右證文類私方へ持参之積御庄屋ゟ被申付候所、右吉兵衛方へ持参いたし候ニ付、間違申候儀ニ御座候、尚委細与右衛門様ゟ御聞取可被下候、尚また御家守利八と相唱候義者村方本名播磨や利助

一家屋敷譲り主吉兵衛と相唱候仁者村方本名次郎兵衛

一請人喜助と申上置候得共、左之通り弐人ニ相成申候

請人　野田屋次右衛門

同　大和屋多兵衛

右之通ニ相違無御座候間、金子御渡し可被下候、まつハ右之段申上度如斯御座候、以上

八月六日　堺屋吉兵衛

住友様御店

貞　助様

勇右衛門様

伊右衛門様

九七　京都木屋町掛屋敷に座敷守を置く

京木屋町座敷守重右衛門江為致候ニ付、町内へ当地ゟ一札差入呉候様申来候ニ付、左之通調印之

上差登ス

一札

一其御町内ニ我等主人所持之家屋敷ニ、我等傍輩重右衛門と申者為留主守差入置申度、尤此仁先祖ゟ能存知慥成者ニ付、御町内人別宗門ニ帳面へ御差加江可被下様御頼申候所、御承知被下忝存候、勿論右之仁ニ付如何様之(故カ)取障在之候共、聊御町分江御役界(厄介)相掛ケ申間敷候、後日之一札仍而如件

天保弐卯年十月

大坂長堀茂左衛門町
住友吉次郎
支配人
伊右衛門

木屋町三条上ル上大坂町
年寄
津国屋宗助殿

五人組

御町中

九八 捨子死亡

一卯十月十九日暮六ツ時西之端シ格子之下ニ当弐歳計り之男子捨有之、早速拾取、鱣谷下役土佐屋嘉七へ預ケニ致、同人懇意先へ預ケ置候事

乍恐口上

長堀茂左衛門町
住友吉次郎
病気ニ付
代利助

一私居宅軒下ニ今暮六ツ時頃、当弐歳と相見へ申候男子捨置有之、早速拾入養育仕罷在候、尤右捨子惣身ニ疵所等一切無御座候、乍恐御断奉申上候、以上

但、番人未罷出不申前ニ御座候

天保二卯十月十九日

年寄
泉屋理右衛門印

代　利　助印

御当番所

右捨子病身ニ而乳突返し候ニ付、早速曾根禎輔殿相懸、服薬為致候、右病気届左ニ

乍恐口上

長堀茂左衛門町
住友吉次郎
病気ニ付
代利助

一昨十九日暮六ツ時頃、私居宅軒下ニ当弐歳と相見へ候男子捨有之、拾入早速御訴奉申上候処、追而貰人有之候ハヽ、其段御断可奉申上候旨被為　仰付奉畏、則大切ニ養育仕罷在候、右小児義疳病ニ而乳等為喰候得共突返候ニ付、医師相懸、服薬為罷在候得共、何分小児之義ニ付医師急変之程難計申候ニ付、乍恐書付ヲ以御断奉申上候、以上

天保二卯年十月廿日

年寄
泉屋理右衛門

代　利　助印

御当番所

右捨子疳病ニ而養生不相叶、十一月三日暁六ツ時死去致し候ニ付、其段御届申上候、案文左ニ

乍恐口上

長堀茂左衛門町
住友吉次郎
病気ニ付
代　徳兵衛

一私居宅軒下ニ先月十九日暮六ツ時頃、当弐歳と相見へ候男子捨有之候ニ付、其段御訴奉申上、御聞届之上追而貰請人在之候ハヽ、御訴奉申上候様被仰付奉畏候、然ル処右小児疳病ニ而乳等為喰候得共突返候ニ付、早速医師相懸、大切ニ養育仕、同廿日其段御断奉申上候処、大切ニ養生仕候様被仰付奉畏、則医師相懸、大切ニ養育仕候処、今暁六ツ時頃急変ニ而相果申候ニ付、乍恐此段御訴奉申上候、何卒御聞届被為成下候ハヽ、難有可奉存候、以上

天保二卯年十一月三日

代　徳兵衛　印
月行司
近江屋幾兵衛　印
年寄
泉屋理右衛門　印

御奉行所

差上申一札

一当十月十九日長堀茂左衛門町住友吉次郎軒下ニ当弐歳計男子捨有之候段、御訴申上候処、町内ニ養育仕、追而貰人有之節請人取之、御断申上候様被仰付罷在候処、病死仕候段御訴申上候ニ付、尚又病中之様子御尋ニ付左ニ申上候

一右捨子養育被仰付罷在候処、当十月廿日ゟ疳病差発り、医師懸、心を付介抱仕罷在候処、養生不叶、今暁六ツ時相果候ニ付、早速町内之者一統立会死骸相改候所、病死ニ相違無御座候ニ付、

御訴申上候処死骸片付被仰付奉畏候、尤不埒之取計在之、後日ニ相顕候ハヽ、如何様共可被仰付候、仍而御請證文如件

天保二卯歳
十一月三日

月行司 近江屋幾兵衛印
年寄 泉屋理右衛門印

御奉行所　東

前件之通無滞御役所向相済、御当番田坂壮次郎殿・中嶋元之進殿

一右捨子十一月三日、千日墓所へ送ル、町内月行司判ニ而千日坊へ送り相添、嘉七持参為致候事、尤右相済候ニ付、町内年寄始心付遣ス、幷諸入用左ニ記ス

*1一南鐐壱片*2　年寄 泉屋理右衛門殿

*1一南鐐壱片*2　丁代 豊次へ

*1一銀三匁宛*2　下役両人江

*1一南鐐壱片*2　鱣谷下役 嘉七へ
但、捨子一件段々世話致し、捨子死去之節取片付致し候ニ付遣ス

*1一南鐐壱片*2　同 藤七江
但、捨子一件始終世話致し候ニ付心付

*1一銀壱両　*2　曾根禎助殿
但、丸薬一帖テリアカ二具膏薬二具謝礼

〆　金弐歩
銀拾匁三分

*1一銭弐百五拾文 *2　十月十九日夜預ケ賃弐百五拾文
*1一同五百文 *2　捨子病身ニ付預ケ主へ余内
*1一同弐貫七百四十八文 *2　捨子届下宿払
*1一同七百文 *2　千日墓所入用
*1一同弐百七拾文 *2　桶代
*1一同七百文 *2　十一月三日御役所行下宿払
*1金弐歩代 *2
〆*1銀拾匁三分 *2
*1銭八貫七百九拾五文 *2
合(アキママ)代(アキママ)

*1一同弐貫八百文 *2　十月廿日ゟ十一月三日迄〆十四日分預ケ賃弐百文ツヽ
*1一同五百文 *2　古手綿入三ツ代
*1一同百廿四文 *2　古切レ代
*1一同百五拾文 *2　死去之節着物珠数代
*1一同四拾五文 *2　竹縄代

○*1の箇所に「改正」方印、*2の箇所に「合」丸印が捺されている。

九九 御救大浚冥加金を上納

(朱書)「御救大浚一件」
(朱書)「三」　一　九月六日天満組惣会所ゟ差紙ヲ以、鴻池・天王寺屋・当方三軒当ニ而、明七日五ツ半時
勇右衛門出勤可致様申参り候ニ付、時刻罷出候処、壱軒ツヽ呼出シ、薩摩屋仁兵衛殿被
仰ハ、此度大浚御用銀御差上之儀、弥当卯年・来辰年両年之割御納ニ相違無御座候哉、
為念御尋申度、御承知御座候ハヽ、来ル十日朝五ツ時東　御役所江其段半切ニ御認御差

出し可被成候
覚
金五百両
此銀三拾貫目
一拾五貫目　当卯年納
一拾五貫目　来辰年納
〆
右之通上納可仕候、以上
九月十日　住友――無印
宛なし

一九月十日大浚御用銀両年割納之書附、今朝持参仕候処、左ニ被仰付
当年上納拾五貫目、来ル廿八日朝五ツ時自分手形ニ而当御役所江持参、尤右手形半紙ニ而下
包致、白片木ニ乗、奉書包、水引ニ而相結ひ差出し、のし包ハ相添候ニハ不及候
上書
上　住友吉次郎
右之通被仰渡候
御与力
内山藤三郎様
安東三郎兵衛様
〆
磯矢与一兵衛様

一銀拾五貫目　　但、手形ヲ右書附一所半紙ニ而包、夫ヲ片木ニ乗、又杉原ニて折
但、振手形壱枚　　包ニいたし、其上ヲ奉書ニ而上包、金赤水引ひき結
覚　　上書
高三拾貫目　　上　　住友――
内
拾五貫目
右之通此度上納可仕候
九月廿八日　　住友――
但、杉原半切認
右御差図之通仕立、勇右衛門持参、御前之次之間ニ而御掛り御与力三方御出浮御請取有之、暫
差扣候様被仰付、無程左之御請取書被下、厚御挨拶被仰候事
覚
一銀拾五貫目
銀高三拾貫目弐ケ年
割合当卯年分
右者此度御救大浚被　仰出候付、為冥加書面之通致　上納請取申処仍如件
天保二辛卯年九月
曾根日向守組与力
磯矢与一兵衛印
同
由比一郎助印
新見伊賀守組与力
安東三郎兵衛印

同　内山藤三郎 印

住友吉次郎殿

一〇〇　文化十年の御用金手当金高の届出

一十一月八日惣御年寄以廻状、明九日四ツ時南組惣会所へ罷出候様申来、依勇右衛門致出勤候処、被仰者、御用金相掛り候三朱之御手当、別紙之通之雛(雛)形ニ相認、明後十一日持参候様御申渡し候ニ付、写帰り、則当方持分金高仕訳左之通

文化十酉年相調候御用金

元高
一金千両　　　但、金壱両ニ付六拾四匁替

此代六拾四貫目

右元金天保元寅年より三拾三ヶ年ニ御割戻

金三拾両壱分、永五拾弐文余　去寅年分御下戻奉請取候分

此銀壱貫九百三拾九匁三分三厘

残元金九百六拾九両弐分、永百九拾七文九分余

此銀六拾弐貫六拾目六分七厘

右元金江相掛候三朱御手当金当卯年分

金弐拾九両、永九拾文九分余　但、金壱両ニ付六拾四匁替

此銀壱貫八百六拾壱匁八分弐厘壱弗

右之通御座候ニ付、奉差上候、以上
天保二卯年
十一月
住友吉次郎
実印
御奉行所
但、大半紙三枚綴ニ而弐冊、尤御奉行様宛一冊、宛なし壱冊、紙ハ会所ゟ被下
右之通ニ相認、十一日惣会所へ勇右衛門持参、惣代衆へ相渡済

101 居宅高塀普請につき板囲設置願

一卯十一月廿四日東座鋪新納家取払致候ニ付、囲届左ニ
乍恐口上
長堀茂左衛門町
住友吉次郎
病気ニ付代
篤兵衛
一私居宅之内裏手ニ御座候高塀破損仕候ニ付、鰻谷通りニ而四間之間板囲仕度奉存候、尤往来之妨ニ不相成様可仕候間、此段御聞届被為成下候ハヽ、難有奉存候、以上
天保二卯年十一月廿四日
篤兵衛印
右之通奉願上候ニ付、奥印仕候、以上
年寄
泉屋理右衛門印
御奉行様 御月番西
右之通御地方へ差出候処、往来之妨ニ不相成様可致と被仰出候事

一〇三　信保町掛屋敷売渡
家賃も集まらず不勘定

一信保町掛屋鋪不勘定ニ付、近年繕ひ普請も不致候処、追々大破損ニおよひ、就而者家賃銀も不寄ニ有之不勘定ニ付、兼而外方へ譲渡し可申積り之処、同所家守山崎屋万次郎ゟ譲呉候様申来り、則銀拾弐貫匁ニ譲渡し可申約定いたし、尚また家賃銀是迄滞り之分ハ家附物として銀五百匁、都合拾弐貫五百匁ニ譲渡し可申約定、右銀拾弐貫五百匁之内、手附銀として四貫匁請取、残八貫五百匁者来辰五月晦日限無相違相納可申事、尤当十二月ゟ家賃銀先方へ相渡、公役町役相賄ひ、残八貫五百匁之利足として月々四十匁宛帳切迄差入可申事、名前之義者辰五月晦日迄其儘居置、右ニ付双方為取替證文左之通

一札

一於信保町其許殿掛屋鋪、表口弐拾五間弐尺四寸五部、裏行拾間、但四役、壱ケ所、御所持被成候処、此度相対を以右家屋鋪代銀拾弐貫目并家附物代銀五百目、都合拾弐貫五百目ニ永代我等方へ買受候約定仕、則為手附銀当時銀四貫目相渡、残銀八貫五百匁者来辰五月晦日限、無相違相渡、其節帳切可被成下候、依之右限月迄之家賃銀ハ不残我等方へ引請、其銀高を以御公役町役、諸入用仕、猶又残銀八貫五百匁之為利足、銀壱ケ月銀四拾匁宛、毎月無滞急度相渡可申候、若切月ニ至り銀子不調達ニ相成、及延引候ハヽ、右手附銀相流し手離レニ相成申候間、限月已後ハ御勝手ニ外方へ御相対被成候共、其節違乱申間敷候、依而為取替一札如件

天保二卯年十二月四日

天満信保町
山崎屋万次郎印

(朱書)「辰五月晦日帳切候処、此節先方ゟ

帳切申参候ニ付、辰二月十一日帳切
相済、證文戻ス」

同町
山崎屋佐兵衛印

住友吉次郎殿

勘定場

右之通證文取置、勘定場江相納置、猶又当方ゟ為取替證札、左之通認、先方へ相渡候事

一札

一於信保町我等所持之掛屋敷、表口廿五間弐尺四寸五部、裏行拾間、但四役、一ヶ所、此度右家屋鋪相対を以代銀拾弐貫目幷家附物代銀五百目、都合拾弐貫五百目ニ永代其許江売渡可申致約定、則為手附銀四貫目慥請取申候、尤残銀八貫五百目者来辰五月晦日限請取次第帳切可致候、尤借家家賃銀不残其許へ取集、其銀高を以御公役町役、諸入用出銀被致、猶又残銀八貫五百目之利足として壱ヶ月銀四拾匁宛、此方へ可請取条、若限月ニ至り右残銀及遅滞候ハヽ、前書手附銀相流シ、外方へ及相対候共違乱不被申約定、於我等も前条之儀少も違変無之候、依而為取替一札如件

天保二卯年十二月四日

家持主
住友吉次郎（実印）

（朱書）
「辰五月晦日帳切候処、先方ゟ此節帳切致呉候様申参候ニ付、辰二月十一日帳切致ス、此證文戻ル
消合相済」

山崎屋万次郎殿

右之通相認、十二月四日重蔵持参、則取引無滞相済、銀四貫目請取帰ル

一壱貫弐百六拾三匁四分六り　去寅年迄家賃滞銀
一弐百拾弐匁八分五り　当卯年十月迄右同断

〆

一〇三　居宅高塀普請出来につき板囲取払い

一当十一月廿四日東座鋪新納家取払、高塀繕ひ致候ニ付、板囲之義御届申置候処、此節右高塀普請成就ニ付、囲取払届左ニ

乍恐口上

長堀茂左衛門町
住友吉次郎
病気ニ付代
篤兵衛

一去ル十一月廿四日御届奉申上候、私居宅之内裏手鱣谷通りニ御座候高塀破損普請出来仕候間、右板囲取払申候ニ付、乍恐此段以書付御届奉申上候、以上

天保二卯歳十二月廿四日　代篤兵衛印

右之通御届奉申上候ニ付奥印仕候

年寄
泉屋理右衛門印

御奉行様

右之通御地方御役所へ差出候処、御聞届ニ相成候事

一〇四　文化十年の御用金割渡し銀高の届出

当卯年十二月廿八日、東　御役所江麻上下着用出勤可仕様被仰付候ニ付、名代勇右衛門罷出候処、被為　仰渡、左ニ

去ル酉年差出し候御用金、三拾三ケ年割方ヲ以昨寅年ゟ相下ケ遣候、猶又当卯年右割方之通御下ケ可被仰付間、可得其意

壱貫九百三拾九匁三分三り

右之通御渡被為下候御事、尤手形三井両替店振壱枚請取来り候事

正月廿六日従惣会所連名ヲ以差紙到来、御用金三拾三ケ年割下銀目何厘何毛何弗相調、半紙二ツ折相認、明廿七日五ツ時持参候旨申来、依之左ニ

元銀六拾四貫目

三拾三ケ年割壱ケ年分
壱貫九百三拾九匁三分九厘三毛九弗

此所

壱貫五百三拾九匁三分三厘

去ル寅年御下ケ戻し

奉請取候分

差引六厘三毛九弗　不足

右之通御座候、已上

正月廿六日

住友吉次郎

代（アキママ）

御用金掛
惣御年寄中

右之通相認、手代篤兵衛持参相済

一〇五　鰻谷一丁目掛屋敷名前替

天保三辰年二月六日鱣谷壱丁目掛屋鋪之内、東堀通り西之端ニて間口六間、裏行弐拾間、浜地付、徳井町泉屋理十郎殿へ譲渡、左之通り

一札之事

一於御町内ニ我等所持掛家鋪、表口六間、裏行弐拾間、弐役、并浜地、坪数帳面之通り、其儘此度我等親類徳井町泉屋理十郎へ譲り渡申処実正也、然ル上ハ御公儀様水帳絵図御切替可被下候、尤右譲渡ニ付脇ゟ違乱妨申者一切無御座候、万一故障申もの出来候ハヽ、我等何方迄も罷出、早速埒明、御丁内へ少も御難義等掛申間敷候、為後日譲り一札仍如件

天保三辰年二月　住友吉次郎（実印）

鱣谷壱丁目年寄
金屋五郎右衛門殿
并五人組中

請負申一札之事

一鱣谷壱丁目住友吉次郎所持掛ケ家敷壱ケ所、表口六間、裏行弐拾間、弐役、并浜地面、其儘此度徳井町泉屋理十郎江譲請、他町持ニ而所持ニ相成候処実正也、然ル上ハ我等諸事請負ニ相立

申処相違無之、勿論御町法先格万端堅為相守可申候事

一従　御公儀様前々被為　仰出候儀ハ不申及、御触度毎急度為相守可申候、其外如何様之六ケ敷儀出来候共、我等何方迄も罷出急度埒明、御町内へ少も御難義等掛ケ申間敷候、為後日諸事請負一札仍如件

天保三辰年二月　　住友吉次郎○

右之通り無相違我等譲請申処実正也、然ル上ハ当時他町持ニ而所持仕、代印家守之儀ハ御丁内我等借屋泉屋連蔵ニ為相勤、月行司ニ相当り候節ハ御公用丁用共御差図之節ハ無滞為相勤、尤他国等仕候ハヽ、其段前広ニ為相届可申候、為後日御丁儀承知一札仍如件

譲り受人　徳井町　泉屋理十郎○

右之通私慥ニ承知仕、代印家守大切ニ無滞相勤可申候、為其印形仕候、以上

家守　泉屋連蔵○

天保三辰年二月

年寄　金屋五郎右衛門殿

丼丁　人　中

他町持家屋鋪一家江譲り出銀式目書左之通り

一弐役分　金　四両　丁人中江振舞
一同　同　弐両　年寄江祝義
一同　同　壱両　丁代江同断
一同　同　弐百疋　下役江　夜番江同断〃〃〃

同
一銀　四両　　髪結江同断
外ニ弐貫文　垣外番へ
但、此分式目ニ者無之、亥五月境屋栄三郎方帳切之例ヲ以差□□(虫損)ス
右之通ニ御座候、以上
辰二月　　　　鱣谷壱丁目
　　　　　　　　会所
住友吉次郎殿

右帳切二月六日就吉辰、鱣谷於会所相済、友聞為名代三郎助、理十郎為名代忠蔵出勤、御印形之儀ハ前日年寄為名代徳井町へ丁代罷出、理十郎殿へ掛御目相済、本家之分ハ相押差遣ス

一〇六　信保町掛屋敷譲渡

町内諸入用が減るので表向きは旧来家守の故にて譲渡の形とする

一天満信保町家(屋脱)敷、去卯十二月四日家守山崎屋万二郎へ譲渡、対談致約定為取替證文取置、当辰五月晦日限帳切之処、此節同人帳切致呉候様申出ル、猶又旧来家守相勤候故を以譲りニ致呉候様、左候ハ、丁内歩一銀歩一等入用至而相減候ニ付、左之趣意ニ願出ル

家屋鋪譲請一札

一天満信保町ニ而其許所持之家屋鋪、表口弐拾五間弐尺四寸五歩、裏行拾間、但四役、南隣者会所屋敷、北者奥門小路通、西者五丁目町境也、右之家屋鋪御所持被成候処、此度我等義旧年家守正路相勤来候故を以、永代御譲渡被下忝奉存候、然ル上者右家屋敷万次郎名前ニ三ケ条御證文幷水帳切替可申候、尤右譲家之外附物代、幷是迄借家中家賃滞銀我等ゟ相弁、銀高拾弐貫五百目相渡候処相違無之候、右ニ付諸親類者不及申、脇ゟ違乱申者毛頭無御座候、若何角と申者

御座候ハヽ、我等何方迄も罷出、急度埒明、其許殿へ少しも御難義相掛申間敷候、為後日譲請一札依而如件

天保三辰年二月

譲り受主 山崎屋万次郎印
親類惣代 山崎屋佐兵衛印

住友吉次郎殿

家屋鋪譲渡一札

一天満信保町ニ而表口弐拾五間弐尺四寸五歩、裏行拾間、但四役、南隣者町内会所屋敷、北者奥門小路通、西者天満五丁目町境也、右家屋鋪我等所持罷在候ニ付、其許年来家守方相頼申候処、正路ニ被相勤候故を以、此度永代其許江譲渡申候処実正也、然ル上者右家屋敷貴殿名前ニ而三ケ条御證文幷水帳御切替可被成候、且亦右譲家之外附物代、幷是迄借家中家賃滞銀、貴殿ゟ被相弁候ニ付、銀高拾弐貫五百匁慥請取候処相違無之候、右譲家之儀ニ付、外ゟ故障ケ間敷申者出来候ハヽ、我等何方迄も罷出、埒明ケ可申候、為後日一札依而如件

天保三辰歳
二月

譲り主 住友吉次郎印
親類受 泉屋藤右衛門印

山崎屋万次郎殿

○＊の箇所に「合」丸印が捺されている。

一札

一天満信保町ニ而我等所持之家屋敷、表口弐十五間弐尺四寸五部、裏行拾間、但四役、南隣者会

所屋敷、北者奥門小路通り、西者五丁目丁境也、右之家屋敷所持之処、此度親類一同相談之上、山崎屋万二郎旧年家守正路ニ相勤来り候故を以、永代譲渡候処実正也、然ル上者右家屋敷万二郎名前ニ而、三ヶ条御證文幷水帳御切替可被成候、尤右譲渡ニ付諸親類者不及申、脇ゟ違乱申者無御座候、若何角と申者御座候ハヽ、我等何方迄も罷出、急度埒明、御町内へ少も御難義相懸申間敷候、為後日譲渡一札仍而如件

天保三辰年二月

譲り主　住友吉次郎㊞

親類惣代　泉屋藤右衛門㊞

信保町

年寄　丹波屋吉輔殿

幷五人組中

町　中（ママ）中

右之通相談之上、表向譲りニ致遣ス、尤町内之義者万次郎ゟ申入、譲之趣町人中承知ニ而二月十一日譲渡ニ而相済、此方ゟ請取候銀高拾弐〆五百匁之内、四貫匁者去卯十二月四日請取、八貫五百匁手形ニ而同人親類吉六二月九日ニ持参之事、二月十一日親類惣代として別家藤右衛門、名代として手代三郎助出勤、無滞相済候事

*1一銀弐枚*2　但、山崎屋万二郎弟吉六引合等ニ毎々罷出候ニ付、為挨拶遣之候

○*1の箇所に「改正」方印、*2の箇所に「合」丸印が捺されている。

覚

一　銀弐枚
一　銀壱枚
〆
右弐封者、其許様御掛屋敷旧来家守無滞相勤申候為御祝義被遣、辱慥受納仕候、以上
辰二月十一日　　山崎屋万次郎印
住友吉次郎様

覚

一　銀五拾七匁弐分
右者七月ゟ十月迄家守給料也

下屎料

一　銀六百五匁三分五り
右者此度譲請候信保町御掛屋敷、辰歳下屎料
右之通慥請取申候、以上
辰二月十一日　　山崎屋万次郎印

家賃方

住友御家賃方
右之通無滞相済申候事

一〇七　御救大浚冥加金を上納

「(朱書)御救大浚一件
四」

一当三月三日、西御役所江御出勤之処、惣年寄中村勝太郎殿・薩摩屋小伝次殿ゟ来ル十日五ツ時、川浚冥加銀当辰年分相納候様被仰出候ニ付、去ル卯九月相納候振合を以名代真兵衛持参、則左ニ、尤西御役所江相納事

杉原半切認メ
覚
一銀拾五貫目　但、高三拾貫目之内
　　　　　　　　去卯九月拾五〆目
　　　　　　　　上納仕候残如高
右之通此度上納可仕候、以上
三月十日　御名
　　　　　無印形
宛なし

但、手形ニ而右書附と一同ニ半紙ニ而打掛ケ、
其上ヲ白片木ニ乗、大杉原ニ而巻封し、
夫ヲ又小奉書ニ而包、金赤水引掛るなり

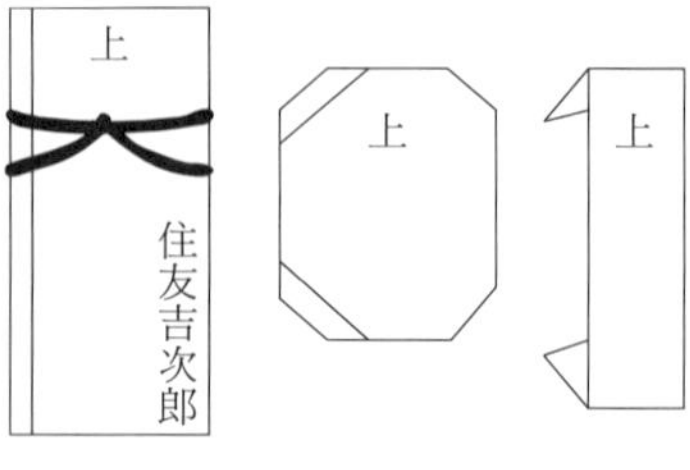

覚
銀高三拾貫目弐ケ年
割合当辰年分
一銀拾五貫目
右者此度御救大浚被　仰出候付、為冥加書面之通致上納請取申所仍如件
天保三辰年
　三月
久世伊勢守組与力
　安藤三郎兵衛印
同
　内山藤三郎印
曾根日向守組与力
　磯矢与一兵衛印

同　　　由比一郎助印

住友吉次郎殿

右者御掛り内山藤三郎殿・由比一郎助殿御立会之上ニ而、右請取書御渡し御座候事

一〇八 御張紙 天保三年春

天保三辰年四月江戸浅草店ゟ申来

覚

当辰年春御借米弐百俵有余以下分限高四分一、御役料者三分一之積、但、渡し方之儀者、御借米御役料とも三分一米、三分二金ニ而可相渡候

一御奉公勤候百俵以下者正月廿八日ゟ二月朔日迄

一同　　百俵有余者二月二日ゟ同　　五日迄

一御奉公不勤百俵以下者二月六日ゟ同　　八日迄

一同　　百俵有余者二月九日ゟ同　十一日迄

一御役料弐百俵有余以下とも二月十二日ゟ同十三日迄

右日限之通今村兵左衛門・金田靭負裏判取之、米金請取候儀者二月二日ゟ三月晦日迄可限之、但、米金請取方之儀も右ケ条ニ准シ可相心得、直段之儀者百俵ニ付三拾六両之積たるへき事

以上

一〇九 地改 京都嵯峨土

天保三辰四月京都木屋町重右衛門ゟ申越候者、嵯峨地面改在之候ニ付、同所地頭地蔵院御役

勘定場蔵沽券入場所

人方ゟ廻文ヲ以、当廿四日左之通当家持分地面相違無之所相調認メ出し候様被仰出候よし、右ニ付当地ニ同所沽券在之候ハヽ引合、早々為差登候様申来ニ付、勘定場蔵沽券入場所委く吟味致候得共不相見、察ル所年旧キ事ニ付、其頃者沽券と申者無之、外ゟ譲り請、地頭帳面へ記し置候而已ニ可在之哉難相訳、先此度者左之通認メ差出し可申よし返答ニ及候処、相済候趣申来、嵯峨地主名前泉屋次兵衛ニ而通用之事、尤印形左之通り

上嵯峨葛野《カドノ》郡
仙翁寺村
一屋鋪　壱ケ所
間口　弐拾壱間
奥行　弐拾八間　四方限り
東　溝流限り
西　地蔵院様溝限
南　溝通り限り
北　丹波屋田限り

御本所地蔵院様
御年貢
弐石四斗七牛(升)也
内壱斗七升讃岐殿

右之通相違無御座候、以上
天保三壬辰年四月　泉屋
治兵衛「(貼紙)(印)」

地蔵院様
御役人中様

但、嵯峨庵室古来ゟ泉屋治兵衛
名前ニ而地主江之印形、其外

庵室入用判、此印鑑用ひ候事

二一〇　泉福寺鐘楼修復につき寄附

天保三辰年四月左之寺鐘楼寄附申来、左之通り

泉州泉福寺鐘ニ記在之文字

当山建山中正親

正徳五乙未歳

秋七月二十日

摂州大坂　同所

願主　住友吉左衛門　同　本山弥右衛門

当山現住義空代

紀州和歌山広瀬口金屋　大工　杉本庄右衛門藤原家次

泉州日根郡山本中新田　中峯山泉福寺明王院

右之通鐘之廻り記し御座候

阿波御屋敷付合

右阿波御屋鋪付合和泉屋六郎右衛門殿ゟ被申越候、泉州中峯山泉福寺と申寺ニ古来ゟ釣鐘鐘楼之懸在之処、右釣置候曲鉄損シ候ニ付、先年御寄附御名前ほり付在之由縁ヲ以、心持次第寄進致呉度よし、同所へ向頼来候趣、俟（依）之年々帳取調候所不相見、然レ共古来ハ諸々江寄附物も多く、相違之儀在之間敷ニ付、左之通り

年々帳

一　白銀弐枚　施主　住友吉次郎

右之通寄附致ス、尤和泉六殿取次ヲ以差贈候事

〆

一一 大坂城代松平信順より提灯下付

御城代松平伊豆守様御用達吉田屋源次郎殿入来、被申候者、御勝手御役人方ゟ内々御噂有之ニ者、住友方者旧来御出入同様ニ致、別而江戸表ニ而も両店とも毎々懇意ニ而万事無融(隔)意相交、格別ニ存居候所、着坂後いまた面会も無之ニ付、御重役衆ゟも如何之義ニ候哉と毎々御噂在之趣、内々被申呉候間、翌日手代源兵衛罷出、旧来之御厚礼幷江戸表にても格別御懇命ニ被仰付候御挨拶、其外兼而豊後町へ御懸屋被　仰付候ニ付、夫等之御礼申上、御着坂後名代を以御祝詞申上居候へ共、御役柄之儀ニ付余り御馴々敷罷上り候も如何と実は差扣居候趣抔御断申上候処、段々御心易被仰下、近日御目通も可被仰付由ニ□(虫損)、其後友聞幷源兵衛、豊後町ニ而要助御召出之上御紋附麻上下一具宛被下置、御殿ニ而御酒御料理被仰付候事、尤御目通被仰付候筈之処、差掛り殿様御不例ニ被為在候由ニ而、御名代ニ御家老ゟ御達有之事、其後源兵衛御呼出之上、貴家方ハ外々御出入と違、格別ニ被思召候事故、自然御紋附御挑灯等御渡申置候而宜儀ニ候へ者、執計可申哉ニ内々御噂有之候ニ付、難有御請申上置候処、其後右御挑灯出来之趣ニ而西村次左衛門様・安松八郎右衛門様ゟ御手紙添、御持せ被下候ニ付、翌日源兵衛御礼ニ罷出候事

着坂後面会なし

役柄につきあまり馴れ馴れしいのは如何と差控え

紋付麻上下下賜

御紋浮線綾
高張御挑灯二張
但、竹二本添

老中の家柄にて先年願筋の際に江戸店支配人の手筋で出入となる

附録

松平伊豆守様者、往古ゟ御出入と申ニも無之候得共、御代々御老中之御家柄ニ而先年願筋有之候節、江戸店支配人与四郎ゟ手筋ヲ以段々取入候而、御出入同様ニ被仰付、夫ゟ江戸両店ニ而も格別御懇命ニ被仰下、御役人方へも心易相成、年々文通を以御伺状等差出来候事、尤御勝手向も宜趣粗承居候故、是迄銀談等之義者一切無之事

二三 豊後町店の一部名前替

一豊後町御店表通り拾五間半四寸之内、此度拾間半四寸甚次郎様へ割地御譲り渡ニ付、町内へ差入候一札幷 御番所張紙左ニ

一札

一他町持我等懸屋鋪、表口拾五間半四寸、裏行拾弐間半、但壱役半、壱ケ所、所(持)所仕候処、此度割屋敷仕、表口拾間半四寸、裏行拾弐間半、但壱役、壱ケ所、親類御町内泉屋甚次郎へ譲り渡申候所実正也、然ル上者右譲り渡之儀ニ付脇より違乱妨ケ申もの無御座候、万一此後故障申出候者御座候ハヽ、我々何方までも罷出引請、急度埒明、少しも御町内へ御難儀懸ケ申間敷候、為後日譲り渡一札仍而如件

天保三辰年七月

譲渡主　住友吉次郎

譲受主　泉屋甚次郎

豊後町御年寄
山城屋治作殿

五人組衆中

住友吉次郎印

住友吉次郎印

掛屋敷
泉屋
甚次郎印

一壱役
表口四拾間半四寸　　裏行拾弐間半

他町持
長堀茂左衛門町
住友吉次郎印
代印家守九之助町二町目
泉屋勇右衛門印

一半役
表口五間　　裏行拾弐間半

他町持
長堀茂左衛門町
住友吉次郎印
代印家守九之介町弐丁目
泉屋勇右衛門印

一札之事

一鱣谷壱丁目天王寺屋幸吉家屋敷壱ヶ所、表口六間、裏行弐拾間、但弐役、幷土蔵壱ヶ所有之候
処、此度我等銀子九貫五百目買請、他町持ニ而所持仕候処実(正)相也
一従　御公儀前々被為　仰出候義者及不申、御触度毎、幷御町儀先格之通急度相守可申候、猶又
御公役万端其度毎無異儀差出可申候、此外如何様之義出来候共、早速罷出埒明可申候、幷代印
家守之義者、則御丁内我等借家罷在候泉屋藤右衛門ニ為相勤、勿論先格万端御町内作法急度為
相守可申候、仍而如件

天保三辰年八月　　住友吉次郎印

右之通私慥承知仕候、代印家守之義者無滞相勤、則御町内先格万端御作法之通急度相守可申候、
仍如件

泉屋
藤右衛門印

年寄
金屋五郎右衛門殿
幷　五人組中

右帳切出銀左之通　　銀高九貫五百匁

九貫五百目ニ帳切之姿
一四百七拾五匁　　五部一銀
弐役分
一金六両　　丁人中江
振舞銀
同
一同四両　　年寄へ祝義

一同同弐両　丁代へ同断
一同同壱両　下役同断
一同同弐百疋　髪結へ同断
一同同五百疋　丁代勘蔵へ遣ス分
〆
右者買請帳切祝義
一銀壱両　年寄へ祝義
役ニ不抱（拘）家守出銀也
一同三匁　丁代へ同断
一同弐匁　下役同断
一同壱匁五分　髪結へ同断
〆　右之外挨拶幷ニ垣外へ遣ス分奥ニ記ス
右者家守祝義　〇印ニ而

右買取一札之写
永代家屋鋪売渡一札
一鱣谷壱丁目天王寺屋幸吉家屋敷壱ケ所、表口六間、裏行弐拾間、但弐役、幷土蔵壱ケ所、右家屋敷此度其元殿へ銀子九貫五百目ニ永代売渡、右銀子慥請取申候処実正也、然ル上者右家屋敷売渡申候儀ニ付、脇ゟ違乱妨ケ申者一切無御座候、若如何様之義出来候共、此印形もの罷出、

早速埒明、其元へ少しも御難義相掛ケ申間敷候、為後日売券一札仍而如件

天保三辰年八月

売主 天王寺屋幸吉印
五人組 山城屋宗七印
同 泉屋清兵衛印
同 泉屋藤右衛門印
年寄 金屋五郎右衛門印

住友吉次郎殿

一一四 南堀江五丁目掛屋敷家守交代

一九月十二日南堀江五丁目掛屋鋪家守両人之内、枡屋卯兵衛義致病死候ニ付、跡家守之儀同所田中屋借家ニ平野屋金兵衛ト申仁江跡家代申付候、則今日徳兵衛出役、会所ニおゐて月行司両人立会、無滞相済申候事、当日御年寄御立会之筈之処、俄ニ御役所ゟ御召出ニ付、右代りとして月行司被立会候事

家守代り町内出銀左ニ

一廿壱匁五分 町人中顔見世
一廿壱匁五分 年寄江
一拾匁七分五り 丁代甚作へ
一五匁 丁代女房へ
一五匁 丁代悴へ
一五匁 下役江
一三匁七分五り 下役女房へ
一三匁七分五り 下役悴へ
一三匁七分五りツヽ 髪結両人へ
一五匁 惣年寄へ

一八匁　惣会所物書中へ　一八匁六分　当日町会所茶料
一八匁　人形廻し猿引　一六匁　座頭中へ
一百三拾匁　町内盃事入用

〆弐百四拾九匁三分五り　是迄丁代下役家内之もの・髪結ハ遣し無之処、近年式目相改、此度ゟ相増候事

右之通ニ出銀致、無滞相済候事

一家守平野屋金兵衛始而目見ニ罷越候、扇子三本入、白片木ニ乗持参致候事

一家守請状左ニ記ス

家守請状

家守請状之事

一南堀江五丁目御抱屋鋪家守、平野屋金兵衛相勤候様被　仰付、承知仕候、依之我等諸事請負ニ相立申処実正也、則同人寺請状町内江相納置申候事

一従御公儀様被為　仰出候御法度之義者不及申、御触書之趣、其度毎ニ借家中へ不洩様申渡、大切ニ為相守可申事

一家貸付之節者、先々身元相糺、慥成者ニ貸付可申候、勿論家賃銀之義者毎月晦日限り取集、其時々相渡可申候

一町内家売買之節歩一銀幷諸株銀之分、不残其時々無相違差入可申候、勿論不正ケ間敷義決而為致申間敷候事

一其許殿御勝手ニ付家代御仕替被成候節ハ無違背退役為致可申候、幷其外如何様之六ケ敷儀出来仕候共、我等何方迄も罷出致訳立、其許殿江少しも御難儀相懸ケ申間敷候、為後證請状依而如件

天保三辰歳九月

家守
平野屋金兵衛印

親類請
天満屋久兵衛印

住友吉次郎殿

右之通請状取置、外ニ町内惣会所江之一札、水帳先例之通り印形致、幷本家調印致候事

一一五　捨子を実親へ引渡す

辰九月廿日暮時六ツ頃、吹所入口先ニ当才と相見へ候女子捨有之候ニ付、早速拾上ケ御届申上候事

乍恐口上

一私居宅軒下ニ今暮六ツ時頃、当才ト相見へ候女子捨有之候ニ付、早速拾ひ入養育仕罷在候ニ付、乍恐此段御断奉申上候、尤右捨子惣身ニ疵所等無御座候、以上

但、番人未罷出不申前ニ御座候

住友吉次郎
病気ニ付代
（アキママ）

天保三辰歳
九月廿日

代　藤　七印

年寄
泉屋理右衛門印

御奉行様　西

右之通御訴申上候処、請人有之迄丁内へ養育被仰付候、尚明廿一日四ツ時罷出候様被仰付候事
一翌廿一日朝、捨子親常珍町山田屋国三郎貸屋河内屋源七女房きよ、町内へ尋ニ罷越、段々取調子候之処、相違無之候間、双方申合御断奉申上候処、先町内より書付差上ル
一九月廿二日、御役人衆御出勤無之、罷帰ル
一同廿三日、罷出候処、御吟味安東丈之助様御掛りニ而、又候常珍町ゟ書付差上ル、左之通

乍恐口上

一当月廿日暮六ツ時頃、長堀茂左衛門町住友吉次郎居宅前ニ女子捨置罷帰り候手続御糺御座候此段私義指物職渡世仕、女房きよ両人相暮し罷在、当二月女子出生致候所、当五月頃より両人共病気ニ取合、女房きよ義追々乳も無之様相成、至極難渋困窮仕候ニ□（虫損）、風と女房きよ相談之上右小児相捨可申様存候ニ付、女房きよ当月廿日暮六ツ時頃、長堀茂左衛門町住友吉次郎軒下ニ差置罷帰り候へ共、何とも不便ニ存、翌朝右町内江罷越、始末申入、右小児差戻し被呉候様相頼候へ共、最早御訴申上候跡ニ而致方も無御座候、双方申合御断奉申上候仕義ニ御座候、此段可申上様無御座候、奉恐入候、全私とも重々心得違不調法仕、後悔仕罷在候間、何卒格別御憐愍を以右小児私へ被為下置、御吟味御赦免被為成下様奉願上候、御慈悲之上此段被為　聞召上被下候ハヽ、御慈悲難有奉存候、以上

天保三辰年
　九月廿三日

常珍町山田屋国三郎借家
　河内屋源七
　女房きよ

家主
（アキママ）
月行司
長堀茂左衛門町
住友吉次郎
病気ニ付
代 藤 七 印
年寄
泉屋理右衛門 印

御奉行様

右之通差出、河内屋源七・女房きよ、町預ケ被仰付候事

十月三日御召出ニ相成、則早朝罷出候処、小児義者実親へ可相渡旨被仰付、引渡相済候事、本人ニ者所払被仰付候事、無滞相済、今日代伊右衛門出勤致候事

一十月六日、右一件無滞相済候ニ付、町内へ挨拶、左之通

*1一 金百疋 *2 御年寄江
*1一 白銀三両 *2 町代江
*1一 銀壱両ツヽ *2 下役両人へ
〆
*1一 南鐐壱片 *2 下男藤七江遣ス
一 銭四貫五百廿四文 *2 下宿払
*1 代四拾弐匁六り 会所へ渡
但、九月廿一日・廿二日・廿三日・十月四日、共ニ木屋理右衛門払

一　銭弐貫文
　*1代十八匁六分　*2本人河内屋源七義難渋者ニ付
　　　　　　　　　　合力として遣す
一　銭弐貫八百文
　*1代廿六匁四り　*2捨子日数十四日分
　　　　　　　　　　預ケちん
〆

○*1の箇所に「吟味済」小判型印、*2の箇所に「合」丸印が捺されている。

一一六　分銅改

一　此度分銅改有之趣、丁内会所ゟ申来ニ付左ニ

覚

一　五百目　壱　　一　三百目　壱
一　弐百目　壱　　一　百目　壱
一　五拾目ゟ拾匁迄〆五ツ
一　五匁ゟ壱匁迄〆五ツ
〆分銅数十四
右之通御座候、以上
　辰九月廿八日　　住友店
　　御会所

潰分買上

右之通差出し候所、不足小分銅足し、幷潰買上ニ相成候分とも諸入用左ニ

覚

一改印料五百目代拾六匁
一手入料壱匁六分
一拾匁壱、五匁壱
一四匁壱、弐匁壱　代七匁五分
一五分ゟ壱分迄五ツ
一潰買分銅目方廿壱匁、代弐分壱り引
一銀八分八厘、但、包料幷人足賃
其外懸り物とも
差引残
＊1　銀弐拾五匁七分六厘　＊2
右之通直し代銀町内会所へ相渡ス
分銅一面相揃候事
天保三辰十月改
○＊1の箇所に「吟味済」小判型印、＊2の箇所に「合」丸印が捺されている。

一一七　文化十年の御用金手当金高の届出

一十月六日惣年寄ゟ以廻状、明後八日四ツ時迄南組惣会所へ罷出候様申来候、依之致出勤候処、被仰聞者、御用金相掛り候三朱御手当金別紙雛形之通写取、来ル十一日迄持参いたし候様被申聞候、則当方持分金高仕訳書、左之通
勘定場
文化十酉年相納候御用金　但、先例之振合勘定場へ有之

元高金千両
此銀六拾四貫目
右元金天保元寅年ゟ三拾三ヶ年御割戻
金六拾両弐歩、永百四文余　去ル寅卯両年分御下ケ戻、奉請取候
此銀三貫八百七拾八匁六分六厘
残元金九百三拾九両壱歩、永百四拾五文九分
此銀六拾貫百弐拾壱匁三分四厘
右元金江相懸り候三朱御手当金、当辰年分
金弐拾八両、永百八拾壱文八分余
此銀壱〆八百三匁六分四厘弐弗
右之通御座候ニ付、奉書上候、以上
天保三壬辰年十月　住友吉次郎実印
御奉行所
但、大半紙三枚綴ニ而弐冊、尤紙者惣会所ゟ被下候事、一冊者宛なし
右之通ニ相認メ、十一日惣会所江持参、惣代衆江相渡し置候処、同十三日以廻状明十四日四ツ時南組惣会所江罷出候様申来候ニ付、同日出勤之処毛弗書加へ候様被仰候ニ付、則弐弗書落之分書加へ差出相済候事

二一八　京都嵯峨庵室普請

一京都嵯峨菴室、是迄建家有之候処、追年破損ニおよひ、此度取縮、左之絵図面之通普請致ス

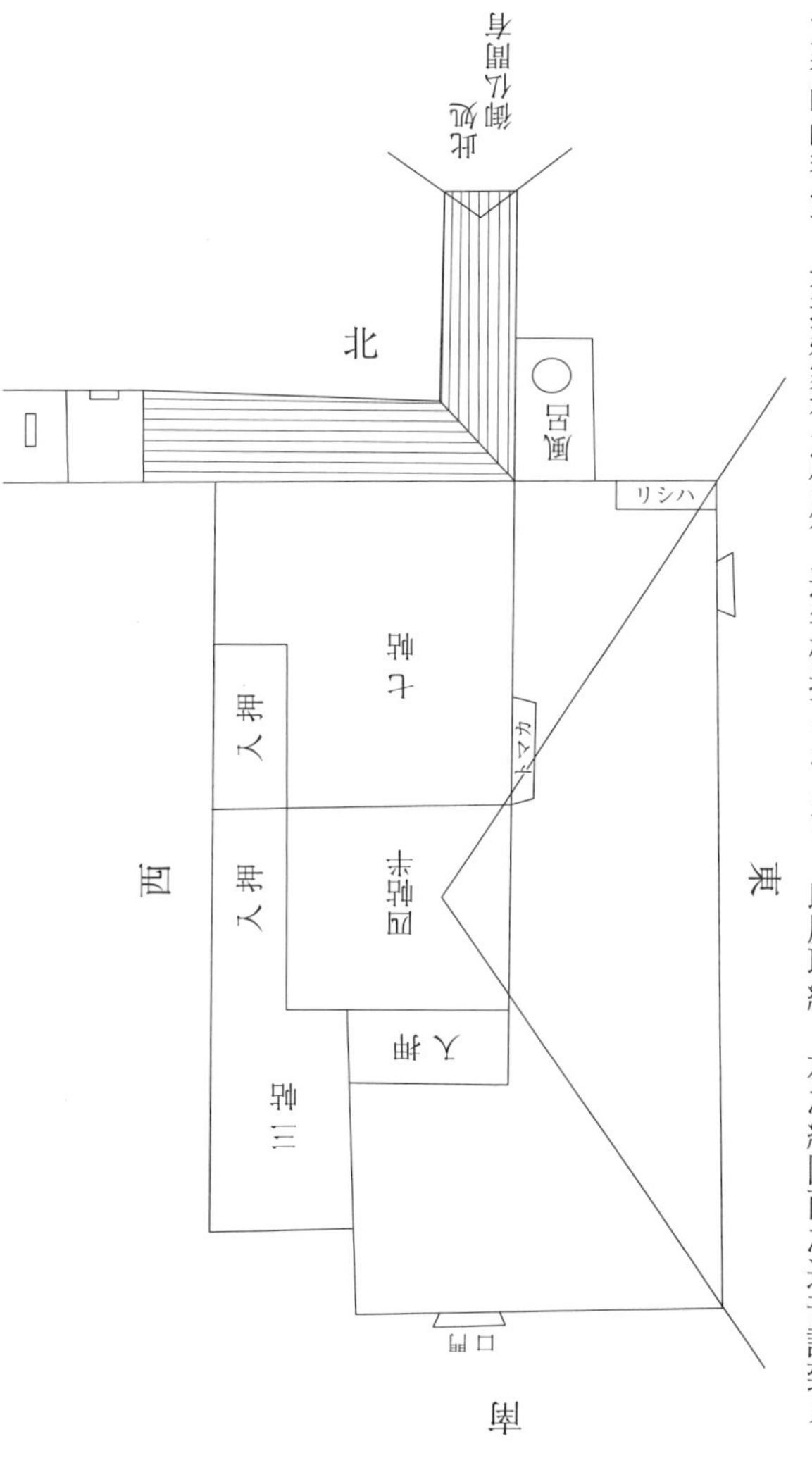

右之通普請出来、尤渡し切入用*1銀壱貫四百拾九匁五分也*2

辰十月廿三日白川詰重右衛門ゟ以書附申来ル

○＊1の箇所に「改正」方印、＊2の箇所に「合」丸印が捺されている。

二一九　大坂下大和橋南詰火災

辰十一月八日初更頃、下大和橋南詰南側西江入出火ニ付、為見舞として左ニ

一酒壱樽弐斗　延岡御屋敷
一人足　八人　御役人弐人
〆
一人足　六人　対州御屋敷
侍弐人
〆
右之通到来ニ付
一海魚三種一折
代拾壱匁五分
一鳥目壱〆文人足江　対州御屋敷
〆
一海魚五種一折
代拾弐匁
一鳥目弐〆文人足江　延岡御屋敷
右之通為挨拶相贈之

一三〇　安堂寺町五丁目貸家借屋人へ家付物貸付

一安堂寺町五丁目泉屋又右衛門内間不融通ニ付、自分家附物銀弐貫五百目ニ調呉候様願出候ニ付、則如高貸遣、尤家附物料として月々銀弐拾匁宛相納メ可申事

覚

一店南方上ケ板蹴込上り框上ぬめ鴨居、戸袋、幷ニ戸〆り、腰板、押入天井、店之上鴨居壱丁上ケ板下石、二階上り口戸〆り共

一庭之上大戸釣金弐丁、北店上り框蹴込下石上ぬめ鴨居壱丁、戸袋幷戸三枚付、店二階敷六坪半
一北格子之間弐間之敷鴨居壱口、西之方壱間之敷鴨居壱口、壱間押入天井弐坪半、座敷廻り二階
敷弐坪七合五勺
一玄関天井弐坪、店取合壱間敷鴨居壱口、上り口三方之腰懸椽下ツカ石弐間、敷鴨居西手出格子
北取合敷鴨居壱口、地敷廻り
一玄関北之間天井三坪、西之方壱間敷鴨居壱口、北之方壱間半敷鴨居幷ニ壱筋溝戸四枚戸袋付、
上ニ小障子四枚
一西方水屋東手中連枝小障子弐枚付水屋一式、地敷廻り
一中之間天井三坪、北手弐間押入一式、台所取合弐間之敷鴨居、地敷廻り
一大座敷拾畳、東方弐間敷鴨居壱口、西方入側弐間敷鴨居壱口、北之方壱間床天井杉壱枚ニ而柱
床框書院敷鴨居小障子三枚付、西之方弐間半椽東方袋棚小天井、座敷天井四坪、地敷廻り
一上台処東方壱間敷鴨居壱口、上り口腰懸上り框上ぬめ鴨居連枝弐枚、東之方戸袋戸三枚分、台
処取合壱間敷鴨居壱口、上り框ぬめ鴨居上之連枝障子弐枚
一下台所西方壱間敷鴨居壱口、上り口上ケ板裏口ハサミ西東裏口北之方壱間之格子、走り元腰板
廻り一式、庭之上東西窓障子六枚
一二階上り口一式、戸壱枚、障子壱枚、北手間中窓障子壱枚、中仕切柱壱本、ぬめ鴨居壱口、西
之方出口戸障子弐枚、敷鴨居壱筋溝手摺共、地敷廻り二階敷五坪半
一二階北之方上り場手摺り、板間弐畳北の方押入一式、東方連枝窓三口、障子三枚、西方壱間敷

鴨居壱口、登り天井弐坪、押入之内ニ水屋有、上ニ袋棚小敷かもひ壱口付
一二階中之間天井弐坪、南方壱間押入、北方連枝窓戸弐枚、障子弐枚、取合弐間敷鴨居壱口、小障子弐枚、西の方平天井、登り天井共四坪、北の方連枝窓戸弐枚、障子弐枚、惣座敷一式、西の方壱間半格子戸三枚、障子四枚、敷鴨居一口、壱筋溝壱口、外ニ北手目隠し三間二階敷七坪半
一西手土蔵日差家根銅延板張一式
〆拾三点
右之附物拾三点銀弐貫五百目ニ此度其許殿江売渡、代銀慥請取申候処相違無之候、以上

天保三辰歳十一月

売主 泉屋又右衛門印
證人 泉屋和右衛門印

泉屋義助殿

借家泉屋又右衛門の家付物を泉屋義助を介して買取り

右之附物拾三点、其許殿江銀弐貫七百目ニ売渡、代銀慥請取申候処相違無之候、以上

泉屋義助印

家主 住友吉次郎殿

一札

買取った家付物を又右衛門に貸付け月々の家付物料を取る

一其許殿支配貸家是迄借請候処、家附物拾三点立会相改、慥預り申処相違無之候、依之右家附物料として月々銀弐拾匁宛、当辰十一月ゟ無遅滞相渡可申候、万一変宅之砌者右附物取揃差戻し可申候、為後日家附物預り一札依而如件

天保三辰歳
十一月
泉屋又右衛門印
証人
泉屋和右衛門印
家守
小倉屋長八殿

一 前書附物之通相認
〆拾三点
右之通慥預り申候、以上
辰十一月
泉屋又右衛門印
家守
小倉屋長八殿

【三】 手代卯兵衛を末家とする

覚

一 従幼年御養被成下御奉公相勤候処、此度休息被為 仰付、御家号被下、御末家被為 仰付、家督銀拾弐貫目被下之、其外普請料弐貫目、道具料弐貫目、婚礼賄料壱貫五百目、三ヶ年之間世帯方賄料、年々其砌ニ至弐貫目宛御合力被下、都合銀弐拾三貫五百目迄被下置、其上万端結構被成下、難有仕合奉存候、然ル上者渡世無油断相勤、少も御苦労相懸申間敷候
一 御主人様江相障候家業仕間鋪候、勿論御差図を請渡世相営、毎年勘定請御改可申候事
一 永々申伝、御主人様江不埒之儀為致申間敷候、勿論御家法万端為相背申間敷候事
一 縁辺之儀請御差図可申候、子孫末々ニ到迄親類養子共他家取遣、御主人様江相届、請御差図可申候事

一御本家万一御身上相衰、私身上繁栄仕候ハヽ、随分出情、御本家へ助力可相勤候、子孫ニ至迄此心得永々為相背申間敷候事、家業幷就私用他出仕候節者、御本家へ相届、請御差図可申候事

右之通永々子孫急度相守可申候、為後日仍而如件

天保二卯年十二月　　御末家　卯兵衛　実印

住友吉次郎様

一三三　末家仁右衛門の家号を取上げる

鉄商売

申渡

一其方親仁右衛門儀、在勤中種々加憐愍、相応之家業銀差遣、別家申付、其後鉄商売相始候迄在勤中より追々取替銀左ニ

一弐貫百五拾目壱分五厘　一口

一三拾八貫五百目　一口

右之通銀高相嵩候得共、以用捨割払申付置候所、尚又商売方不融通之旨申立、所持之鉄売捌候ハヽ、差入可申筈ニ而、銀弐拾貫目借用願出候節も格別之了簡ヲ以聞済遣し置候処、約束通返済不致、一昨年之春親仁右衛門致死去候ニ付、内間勘定之処薄く聞及候処、以之外之義ニ付、其節商売方手を縮、内間省略之義申付候得共、彼是差支申立不及其義、且又前書恩借之年賦幷ニ利足銀延納之儀願出候得とも、近来家業第一之銅山方涌水ニ付、本家者勿論、諸店末家共出入方ニ到まて厳敷倹約申付候時分柄候得共、聞済遣候上、家内不取締、心得違之儀吃度呵置候処、又候此節身分不相応之借用申出候段、時節柄をも不相弁、其上内間不取締之様子も相聞、重々不埒之到、

別子銅山涌水

本家出入差留

外々示方ニも相障候間、此度家号取上、已来本家出入差留候間、此旨急度可相心得候事

右之通被仰渡奉恐入候、依之御請印形差上候処如件

天保三辰十一月日

仁右衛門印

御末家中惣代

官兵衛印

御本家

一三　鰻谷一丁目
家屋敷買得諸入用

〇印
天保三辰年八月天王寺屋幸吉家屋鋪譲請、銀拾壱貫四百目ニ都合相渡候内訳

一高銀拾壱貫四百目也

此訳

家賃方

一八貫弐百四拾匁　家賃方へ

一百九拾匁　阿波藤へ

一四拾八匁　太田伊へ

一金三両　松増へ
代百八拾七匁弐分

一金壱両弐歩　柳伊へ
代九拾三匁六分

右八月廿八日渡ス

一三百卅一匁弐分　年寄〆弐口
取替分渡ス

一弐貫弐百三匁　天幸殿へ
金渡ス

一百七匁　是ハ銭ニ而渡ス
口々丁入用滞也

右十一月廿五日渡ス

〆如高

一金五百疋　　鰻谷町代卯蔵親
　代七拾八匁壱分三り　勘蔵へ遣ス

一銭四貫文　　垣外宗八へ
　代三拾七匁六分　祝儀

　但、家屋敷一条ニ付、彼是骨折ニ付為挨拶遣ス

右家屋鋪譲り請ニ付入用銀、惣〆[＊1]拾弐貫八百四拾七匁六分壱り[＊2]相掛候事

○＊1の箇所に印文不明の小判型印、＊2の箇所に「合」丸印が捺されている。

一三四　鰻谷一丁目家屋敷名前替

天保三辰年二月六日鱣谷壱丁目東堀通り南之詰ニ而、表口六間、裏行弐拾間、弐役、并浜地面付、徳井町泉屋理十郎殿へ譲り渡候処、当辰十一月廿七日末子栄之助へ又々譲り請ニ付、左ニ

請負一札之事

一鱣谷壱丁目泉屋理十郎所持掛屋敷壱ヶ所、表口六間、裏行廿間、弐役、并浜地面、其儘此度長堀茂左衛門町住友吉次郎同家悴栄之助江譲受、引移住宅仕、所持ニ相成候処実正也、然ル上右栄之助当歳ニ付代判、則同人借屋泉屋連蔵ニ為相勤、諸事我等請負ニ相立申処相違無之、勿論御丁法先格万端堅為相守可申候事

一従　御公儀様前々被為　仰出候義ハ不及申、御触度毎急度為相守可申候、其外如何様之六ケ敷義出来候共、我等何方迄も罷出、急度埒明、御丁内江少も御難儀等掛ケ申間敷候、為後日諸事請負一札仍如件

天保三辰年十一月　　請負人
　　　　　　　　　住友吉次郎○

右之通無相違我等譲受、引移住宅仕候処実正也、然ル上者前書之通り慥承知仕、月行司ニ相当候

節者、御公用町用共御差図之節者無滞相勤、他国等仕候ハヽ、其段前広ニ相届可申候、為後日御丁
儀承知一札如件
天保三辰年十一月
泉屋栄之助
当歳ニ付代判
泉屋
連蔵
年寄
金屋五郎右衛門殿
并
丁人中

一札之事
一於御丁内ニ我等所持之掛屋鋪、表口六間、裏行廿間、弐役、并浜地坪数帳面之通り、其儘此度
我等親類長堀茂左衛門町住友吉次郎同家悴栄之助へ譲渡申処実正也、然ル上ハ　御公儀様水帳
絵図御切替可被下候、尤譲渡ニ付脇ゟ違乱妨申者一切無御座候、万一故障申者出来候ハヽ、我
等何方迄も罷出、早速埒明、御丁内少も御難義等掛申間敷候、為後日譲り一札仍而如件
天保三辰年十一月
泉屋理十郎○
右之通無相違承知いたし候、以上
同人親
泉屋理兵衛○
鱣谷壱丁目
金屋五郎右衛門殿
并
五人組中

右出銀、他町持家屋敷一家江譲り出銀、式目通
弐役付
一金四両　丁人中江振舞料　一同弐両　年寄江祝儀

一同壱両　　丁代江祝義　　一同弐百足　　下役江同断
一銀四両　　髪結へ祝義
　　　是ゟ左ハ代判付、式目通り
役ニ不抱
一銀壱両　　年寄へ祝儀　　一銀三匁　　丁代へ祝義
一同弐匁　　下役へ祝義　　一同壱匁五分　　髪結へ祝義
〆
一銀弐匁　　惣会所張紙之節
　　　　　　惣代へ祝義　　一銭弐貫文　垣外へ祝義
　　　　　　　　　　　　　　是ハ式目ニ無之見計
　金七両弐歩、代四百六拾七匁弐分五り　六弐三
〆
　銀三拾目、銭弐〆文、拾八匁六分
　合五百拾五匁八分五り

一二五　清凉寺へ嵯峨庵室付藪を寄付

天保三辰年閏十一月嵯峨庵室ニ付候同所八軒村ニ有之候藪壱ケ所、古キ所持之処年々雑木具多、竹者不用、竹の子等被切取候者有之、此度地頭清凉寺江御寄附候積りニ而、役者中幷地面掛り文右衛門江引合之上、永代寄附差上可申一札取渡し、左ニ

覚

　有所八軒村之内
一藪壱ケ所　　四方恒（垣）　東半兵衛持藪限り
　　　　　　　　　　　　西側　　　限り

南此八持藪限り
北喜三郎持藪限り

御地頭清涼寺様
御年貢壱石壱斗五升

右藪地是迄拙者取持来り候処、此度御寺江永代為祠堂料差上候処実正ニ御座候、為後日仍而如件

大坂
住友吉次郎代
泉屋
重右衛門印

天保三辰年閏十一月
嵯峨清涼寺様
御役者中

御祠堂證文

一上嵯峨八軒村之内藪壱ヶ所、年貢壱石壱斗五升上り之処、此度御先祖格方永代為祠堂料御寄附被下忝、然ル上者祠堂過去帳ニ相記、永代無怠慢朝暮御回向可被致条仍而如件

嵯峨
清涼寺役者
看松庵印
蓮池院印

天保三辰年閏十一月
住友吉次郎殿

前書之通代々申継、無怠慢可致回向者也

徹誉（花押）

右之通閏十一月廿八日書札取渡し相済申候、以上

一二六　後藤縫之助への用達金を年賦返済とする

江戸中橋上槇町両替店ニ而先年ゟ呉服御用所後藤縫之助殿江用達金、同所支配人全九郎在勤中段々催促及応対、左之通年賦を以追々返済可在之筈取究候事、取為替本證文者江戸両替店ニ在之

借用金證文之事

一金四千九百両也　但、金三千百五拾両ハ為替取組證文三通ニ而
金千七百五拾両ハ為替取組通帳之分

右者来巳年ゟ利足之儀年五朱ニ利下ケ之積、御承知被下候ニ付、年々右割合を以、惣高金利足勘定致、并元金之内江百両宛元入之積り御対談仕候処、相違無御座候、然ル上者毎歳右利足元入共十二月廿日限り無遅滞相渡し可申候

一金弐千九百七拾両三分也　但、金弐百五拾両ハ元金無利足之分
金弐千七百弐拾両三分ハ去ル子年ゟ
当辰年迄五ケ年之間利足之分

此返済方之儀者、無利足ニ而年々百両宛返済之目当を以、来巳正月ゟ月々金八両弐歩ツヽ返済可申定、是又毎月廿日限無遅滞相渡可申候

〆金七千八百七拾両三分　但、巨細別紙勘定帳之通り

右者天保三辰年十二月江戸中橋店ゟ申来ル

一二七　文化十年の御用金割渡し

辰十二月十九日惣会所ゟ左之通申来、尤御用金掛り町人中廻文ニ而

御用之儀有之候間、明後廿一日暁正六ツ時西御役所江無遅滞印形麻上下用意可被罷出候、尤着到三郷寄合所江相断可被申候、以上

十二月十九日　　　　　　　　　　　　　　　　　　御用金掛り
惣年寄

右之通申来候ニ付、当日正六ツ時同所へ勇右衛門出勤之処被　仰渡、左之通

（付箋）
「御用金寅年ゟ三拾三ケ年割、当辰年分相渡し遣ス」

（付箋）
「

縁側

御勘定

田坂
黒崎
永田

御普請役

御奉行様

御奉行様

炭安

辰久

加嶋作

鴻善五

米平

加嶋久

北側

天五

近富

鴻庄

住友

用人
嶋十兵衛

サヤノ間
井岡　永瀬　金屋

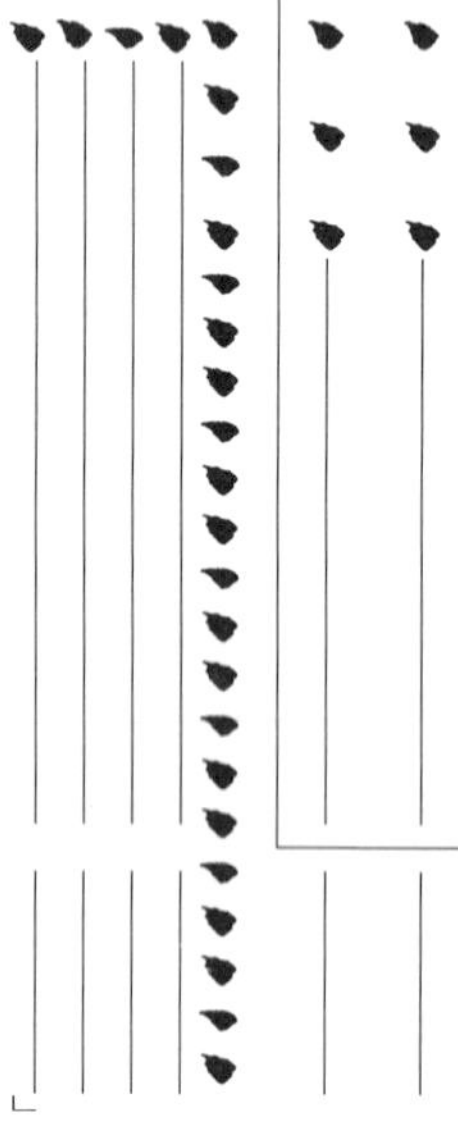

呼出し帳

但、昨卯年於東御役所御呼出し、名前瀬田様御声掛りニ付、十人両替同様ニ相成候処、当年呼出し帳惣代衆ゟ見請候処、此方名前無之、其段内尋候処、昨年之振合有之ニ付、井辻様、井岡様被仰立、向後図之通席相改ニ付、重而出勤之者為心得印置

右御前相済、年賦御手形者於地方御与力衆御立会之上同心衆ゟ御渡し可有之事、則手形左ニ

覚

茂左衛門丁
住友吉次郎

一　銀壱貫九百三拾九匁三分三厘

右之銀子可相渡者也

十二月

西地方役所㊞

三井
八郎右衛門

一二八 田安家貸付金を命ぜられる

乍恐以書附奉願上候

一御銀百五拾貫目

今般　御館様御貸下ケ銀之儀被　仰付候ニ付、何卒此銀高私江御貸下ケ被　成下候様奉願上候、
尤切月無相違返上納可仕候、右御聞済被為　成下候ハヽ、難有奉存候、此段奉願上候、以上

天保三辰年十二月十五日　住友吉次郎

長柄
御役所

奉拝借金子之事

一銀百五拾貫目也　両替六拾四匁壱分替

㊞此金弐千三百四拾両ト永九拾三文六歩

右之金子今般私江御貸下ケ被成下奉拝借候之処実正ニ御座候、然ル上者御下ケ中為御冥加月五朱
半之添金差加江、来巳十月㊞晦日限元利金ニ而無相違返上納可仕候、為其差上申證文依而如件

天保三辰年十二月　住友吉次郎印

長柄
御役所

右御印形者豊後町手形印形ニ而差出相済有之事

一二九 岡村越後介への助成を増額

差入申一札之事

一是迄私方家内暮方為御助情、六十日目節季毎金五両宛被仰付、万々難在奉存候、然ル処近年家
業不景気之上、折々臨時事も御座候而、右之御助情ニ而猶不足仕候ニ付、節々余分之義御願申

上、漸間渡居候得ども、何れ此姿ニ而者取続難出来、依之先般内間勘定之処巨細ニ相認、御助情金御増方御定被仰付候様御歎申上候処、格別之思召を以来巳年ゟ向十ケ年之間左之通

一三・五・九・十一月

右四ケ度之節季前銀三百七拾目宛御渡被下候筈

一七・十二月

右両度者四百目ツヽ

一閏月

右者百九拾目

右之通御極被仰付、重畳難在仕合奉存候、右程厚御取扱被下候御儀ニ付、此上共内間厳敷取締、向後者決而余分之儀御断申上間敷、万一違約仕、御無躰之義申出候共堅御取上ケ被下間敷候、為其此度一札差上候処如件

天保三年辰十二月　　岡村越後介印

住友御支配人
伊右衛門殿

但、右書附者大払方へ渡置候事

大払方

一三〇　江戸古銅吹所へ手代差下す

天保四巳年三月古銅吹方御役所為交代、吹所豊助罷下り候ニ付先触写左ニ

覚

西之内半切認

一軽尻　壱疋

先触　　銅山御用達
住友吉次郎

一人足　　弐人　　但、半紙折掛ケ、状箱入、出立前日、伏見問屋場へ差出し置候事

〆

右者銅方就御用、江戸本所清水町古銅吹方御役所江下代豊助差遣し候ニ付、明廿七日大坂出立、東海道筋罷越候間、御定之賃銭を以書面人馬継立、川々舟渡等差支無之様御取計可被成候、尤此書面江戸表同所　御役所へ御差出し可被成候、以上

巳三月廿六日

銅山御用達
住友吉次郎 実印

伏見ゟ東海道筋
品川迄宿々
問屋
年寄 衆中

雛形
駄賃帳左ニ

覚

一軽尻　壱疋

一人足　弐人

〆

右之通無滞御差出可被成候、

以上

三月廿七日

銅山御用達
住友吉次郎㊞

伏見ゟ東海道筋
品川迄
問屋
年寄 衆中

右之通相調へ、豊助へ相渡候事

〔三〕北堀江一丁目掛屋敷家守交代

一北堀江壱丁目家守堺屋季兵衛・奥原屋平兵衛両人江申付有之候処、右季兵衛義支配借家不取締之儀有之、其上公辺有之処、三月中頃家出致し、其趣丁内ゟ御役所へ御届申上、跡家守同借家播磨屋利助江申付候、右一件書類幷ニ諸祝義左ニ

乍憚口上

一北堀江壱丁目住友吉次郎家屋鋪、表口弐拾間、裏行四拾間、但三役六歩、御地代付、水帳面也、右家守堺屋季兵衛・奥原屋平兵衛両人相勤罷在候

一同町築地同人家屋敷、表口廿間、裏行拾弐間五尺、但し八歩役、水帳面也、家守堺屋季兵衛相勤罷在候、右家守季兵衛退、跡家守同町同人借家播磨や利助、右平兵衛是迄之通り、両人相勤申候、依之水帳表御切替被下度、此段以書付奉願上候、以上

北堀江壱丁目
他町持茂左衛門町
家守　住友吉次郎印
同　播磨屋利助印
年寄　奥原屋平兵衛印
奥原屋平右衛門印

天保四年
巳四月

惣御年寄中

一札

一御町内有之候我等掛屋鋪家守堺屋季兵衛・奥原屋平兵衛、右両人相勤候、右季兵衛退役、跡家

守同借屋播磨屋利助相勤、是迄之通、両人相勤申候間、水帳張紙御切替可被下候、然ル上者御
町内仕来之義共無違背公役町役為相勤可申候、若差支之義有之候ハ、何時ニ而も退、代家守早
速相立可申候、為後日家守代り證文仍而如件

天保四
巳四月

住友吉次郎印
家守
播磨屋利助印
同
奥原屋平兵衛印

御年寄
奥原屋平右衛門殿

月　行　司　中

手形

一北堀江壱丁目住友吉次郎家屋鋪壱ヶ所、御地代付、但三役六歩、水帳面也、右家守堺屋季兵衛・
奥原屋平兵衛、右両人相勤申候
一同町築地同人家屋鋪壱ヶ所、但八歩役、水帳面也、家守堺屋喜兵衛相勤罷在候
右季兵衛此度退、跡家守播磨屋利助相勤、平兵衛是迄之通、両人相勤申候、依之水帳御切替被下
度願上候処、則帳面御切替被下候、然ル上者御地代金毎年十月無滞差上可申候、為後證仍如件

天保四
巳年四月

北堀江壱丁目
他町持茂左衛門町
住友吉次郎印
家守
播磨屋利助印
同
奥原屋平兵衛印
年寄
奥原屋平右衛門印

惣御年寄中

家守請状之事

一北堀江壱丁目御懸屋敷壱ヶ所之内、中溝ゟ南通家守堺屋季兵衛跡、此度播磨屋利助江被仰付、依之諸事町内仕法之通可相勤段承知仕候

一御公儀様御法度之趣者不及申、御触書、其外其度々不洩様借屋人江末々迄申渡、諸事為相守可申段承知仕候

一家貸附之節者入念相調子、慥成者へ貸渡可申候、家賃銀之義者直ニ御取立之段承知仕候、其余不寄候分者精々相調子、早速持参可仕候、猶又町内諸株銀歩一銀等相渡り候ハヽ、早々相納可申候、右之外利助義ニ付万一不埒之儀有之候ハヽ、私罷出、急度訳立仕候而、其許殿江一切御難儀相掛申間敷候、御勝手ニ付家守御仕替被成候ハヽ、早速退役仕可申候、其節聊申分無之候、為後日家守請状差入申処、依而如件

天保四巳年
四月　　家守請人　播磨屋利助
（アキママ）

住友吉次郎殿

家守代り諸祝義之覚

一四拾壱匁六分　丁中江　　一廿弐匁三分六り　年寄
一拾壱匁壱分八り　丁代　　一七匁八分ツヽ　下役両人
一弐匁ツヽ　髪結両人　　一拾弐匁九分　惣御年寄

一八匁　　惣会所

右之通式目通り町内へ持参致ス事、則四月九日御役所張紙相済候事

〆

一三二　嶋田帯刀年賦金滞りにつき対談

先年嶋田帯刀様当所御代官之節、平野屋甚右衛門殿懸屋被相勤候処、文政五午年関東へ御場所替ニ相成候ニ付、江戸中橋両替店ニ而右御懸屋御請申相勤候処、右嶋田様当所ニ而御借用金五百廿両在之、此金子ひら甚ゟ段々御引合申、拾弐ケ年賦ニ相成、右ニ付御役所諸入用金之内ゟ右年賦金可相渡旨、両替店手代又兵衛・久右衛門印形ニ而證札差入在之処、其後金子一切御渡方無之、尚又御掛屋も出雲屋弥太夫殿ニ相替り、旁其儘ニ相成、然ル処右甚右衛門殿方ゟ旧冬段々催促ニ当店へ被参候へども、何分江戸表ニ而御対談被成置候義ニ付、何共御返答難出来旨申入、取敢不申所、当三月ひら甚殿丁内ゟ当町内へ引合書参り、則左之通り

引合之覚

以前の掛屋平野屋分の借財は中橋店にて出金の約定

嶋田帯刀様御当所近郷御代官之砌、我等方へ御掛合被為　仰付候ニ付、勤中御同人江出金仕候、然ル処去ル午年関東へ御場所替ニ付、江戸表ニおいて皆御返済可被下約定ニ付、御同所江御催促申上候処、彼地御掛家其元出店上槇町両替店ニ被仰付候ニ付、私始御返済之金子同所ゟ御出金之由ニ而、則其旨其元殿御同所名代御両人ゟ厚御願之義者、嶋田帯刀様ゟ皆御返済ニ可相成金子、此節厳敷催促被成候而者、我等方ゟ全出金可致運上ニ付、此儀者訳御頼申度、右御返済之義拾弐ケ年賦ニ御承知被下度、左候節者聊無遅滞急度請取、其元殿江可相渡、勿論遠方之事候ハヽ、諸

事急度引受、其元殿へ聊御世話相掛ヶ申間敷、勿論御金蔵ゟ島田様江御下ヶニ可相成金子、其時々不残此方へ引受ニ相成候間、其内ニ而其元殿返済年賦金急度可除ケ置間、此段者かたく御承知ニ而、万端此方へ御任せ可被成と急度応対、證文者御主人実印同様ニ此方ニ而者相心得有之事故、丈夫ニそんし延引ニおよひ候儀者、名家之事故兎角万端大様ニ相成候と遠慮いたし罷在候、最早彼是十ヶ年ニも近付、儀定通り之金子者大躰江戸表之御出店へ者御受取置有之筈、依之彼地江再応御引合候へとも、兎角永引及迷惑ニ候事ニ付、何分ニも早々御返金被下度、御取計又々延引ニおよひ候而者無拠　御公辺江も可訴出候様相成候而者、上様江之恐、貴家之御唱号ニも抱り、最初之儀而已実義も薄やき、残念之至りニ候間、貴所御出店ゟ被差入候證文意味よく〳〵御勘考之上、否御答之奥書被下度、其上ニ而此方ニも覚悟可仕候、以上

壬辰十二月

借用申金子之事

一金五百廿両也

右者役所入用金書面之通借用申処実正也、返済之義者当未ゟ午迄十二ヶ年賦、一ヶ年金四拾三両弐分ツヽ、未年者金四拾壱両弐分之積、無相違返済可申候、尤此度江戸表掛家申付候泉屋吉次郎ゟ厚遂掛合、格別勘弁を以無利足年賦済取極メ候上者、右返済かた一ヶ年ニ而も相滞候義も有之候ハヽ、御金蔵ゟ相渡り候諸入用金之内勝手次第ニ引取可被下候、其段吉次郎方へ為心置候、為後日借用證文依而如件

文政六未どし

三月　　　　　　　　　　　　嶋田帯刀手代

松沢磐右衛門印

矢口半蔵印
中野平七印
平野屋
甚右衛門殿
泉屋
吉次郎殿

前書之金子借用取極候趣相違無之候、為後證致奥印候、以上
帯刀印

添證文之事

一此度嶋田帯刀様御證文之通厚御掛合、格別之御勘弁ヲ以、元金五百弐拾両、当未年ゟ午年迄拾弐ケ年賦無利足御返済之積、御応対取極メ候上者、年々当辰より急度請取、無相違御渡可申候、万一ケ度ニ而も御下ケ渡滞候ハヽ、御金蔵ゟ相渡り候御役所御諸入用金之内御勝手次第御引取有之候様、当店へ兼而心得方被仰聞候事ニ付、其節御差図不相伺、急度御諸入用金之内ゟ引取、其元殿へ無相違相渡可申候、為後日添證文依而如件

文政六未年三月
住友吉次郎名代
又兵衛印
久右衛門印
平野屋
甚右衛門殿

覚

一其御町内住友吉次郎殿江戸表町内平野屋甚右衛門方へ約定通可請取年賦金子不相渡、依之追々

滞ニ相成り候ニ付、度々住友吉次郎殿方幷江戸店へ催促仕候得共、彼是被申、兎角延引ニ相成候、尤右年賦金之義者最初住友吉次郎殿方ゟ御頼ニ付、年賦承知仕候義ニ而右躰約定ちがひ渡しかた延引ニ相成候儀ニ而者無之候間、右手続を以無拠右住友吉次郎殿相手取御出訴可仕旨、丁内本人甚右衛門申出候ニ付、此段及御掛合候、本人御調之上可相成事ニ候ハヽ、下済御取計可被下候、右否奥書御調印可被下候、以上

平野屋は出訴する意向

巳二月晦日　南久宝寺町三丁目　年寄

長堀茂左衛門町　御年寄

右御引合之趣、本人相調候処、右一件元来甚右衛門殿江戸表へ被相越、上槙町出店預り人ニ応対之上證文為取替被致候と存候、尤出店ニ者預り人幷懸り手代在之、帳面等も先方ニ在之事故、基々応対被成候江戸表ニ而御引合可被下候、御引合ニ者吉次郎手続と御座候へども、江戸表者前書之通預り人幷懸り手代在之、当地ニ而者是迄懸り合之始末不存候、尤出店之事故、右御引合之由者早々可申遣候、尚　御借り主と申者嶋田帯刀様之儀ニ付何れ帯刀様ゟ御下ケ金無之候而者、返済も難相成と被存候間、委敷義者当時江戸出店預り人全九郎江御引合可被下候様、丁内へ申出候ニ付、此段御答申上候、此由本人江御申聞可被下候、以上

江戸出店にて応対する旨平野屋に返答

巳三月八日　長堀茂左衛門町　年寄

嶋田帯刀へ催促

右之通江戸中橋へ申遣候処、嶋田様へ末家又兵衛ゟ段々厳敷懸合ニ及候ニ付、左之通奥書之上御調印被成御渡シ、右ヲ以平野屋甚右衛門殿へ可申入様中橋ゟ申来候へども、前書之訳合ニ付、於

当地平甚殿へ不申遣、直様右書面江戸へ差戻し、同所ゟ又兵衛名前ニ而平甚殿へ添状ニ而懸合可申様申遣候事

前書之通平野屋甚右衛門ゟ引合有之候旨御申聞之趣致承知候、右者其御店厚御世話ヲ以、去ル未年無利足年賦済ニ相成候金子之儀ニ付、約定通り返済可致処、年々臨時入用向等出来、手廻兼候ニ付、無拠済方延引ニ相成、甚右衛門者勿論其御店へ対し候而も、何共気之毒ニ存候、此上公訴等ニ相成候而者猶更気之毒至極ニ付、何れニも済方対談いたし度候間、甚右衛門代りもの此方ゟ差入置候年賦證文持参、早々罷下候様大坂表へ御申遣可被下度御頼申入候、以上（ママ）

巳
三月廿九日

嶋田帯刀手付
只木平十郎印
同人手代
田中茂作印

印

住友吉次郎殿
江戸店
御名代中

一三三 鰻谷一丁目
掛屋敷家守交代

一鱣谷壱丁目代印家守泉屋三郎助相勤させ候処、同人義当月二日致病死候ニ付、跡家守覚兵衛へ申付候

一札

一於御町内ニ我等掛家鋪、表口六間、裏行廿間、弐役、是迄代印家守泉屋三郎助ニ為相勤候処、右同人義病死いたし、跡代印家守我等借家ニ罷在候泉屋覚兵衛□（虫損）申者ニ為相勤申候処実正也、然ル上者　御番所表水帳御切替可被下、依之御町内御作法之義者先格万端急度為相守可申候、

勿論御町用之節者任御差図早速罷出為相勤可申候、為其頼一札仍如件

天保四巳年四月　住友吉次郎印

家守
泉屋覚兵衛印

前書之通慥承知仕候、猶亦御丁内御作法之義者不及申、借屋末々迄不念無之様相勤可申候、為後日仍如件

鱣谷壱丁目年寄
金屋五郎右衛門殿
并五人組衆中

一家守代り出銀左之通り
一銀壱両　御年寄へ　一銀弐匁　下役江
一同三匁　町代へ　一同壱匁五分　髪結へ
外ニ鳥目弐百匁垣外惣八江

一三四　大坂城代松平信順より扶持下賜

御城代松平伊豆守様ゟ御扶持方被下置候控
一巳四月十日御勝手方御役人西村次左衛門様・安松八郎右衛門様より御手紙至来、明十一日御目通被仰付候ニ付、四ツ時御中屋敷へ罷出候様被仰付、御請上ル
一翌十一日四ツ時前ゟ友聞名代源兵衛召連、御中屋敷へ罷出候処、無程　殿様　御下城有之、於御居間御目通之上御人払ニ而色々御懇之御意有之、御扶持方可被下置旨、御直ニ被仰渡、猶御

紋附御袷一着拝領被仰付、其跡ニ而御家老松井五郎右衛門様ヲ以御扶持方書附被下置、左ニ

覚

一三拾五人扶持也

右之通被相贈候者也

天保四年
巳四月

安松八郎右衛門印
西村次左衛門印
松井五郎右衛門印

住友吉次郎殿

御目見之節献上
卯花餅
紅金鈍　三十入一箱台付

源兵衛へも拝領物

右之通被仰付、幷ニ源兵衛へも於御広間御目通之上御懇之御意有之、縞縮緬一反拝領被仰付、夫ゟ御料理御茶御菓子等頂戴相済退席、即刻為御礼御家中廻勤

但、御酒等可被下置之処、同日昼後久代屋得次郎方ニ而御家老松井様出会有之、御酒被仰付筈ニ付兼而御断申上候故、御殿ニ而者御料理之上ニ而三献而已被仰付、御重肴為

土産被下置候事

今般御目見被為　仰付
御扶持方頂戴仕、其上万々
結構被為　仰付、幾久重畳
難有仕合奉存候、乍恐右御礼
奉申上候

住友吉次郎

右手札者前以御扶持方被下置候趣、御内々源兵衛迄御噂被仰聞候ニ付、兼而相認、用意致、直様廻礼致候事

三十五人扶持は過分なので辞退を申し出る

右之通御扶持方被仰付候へ共、三十五人と申儀者、余り過分之御執計ニ付、翌日安松八郎右衛門様へ源兵衛出勤、御辞退申儀も奉恐入候得共、実ニ是迄御用弁仕候と申ニも無御座、寸功も無之而莫太之御扶持方頂戴仕、不存寄御儀ニ付、御辞退申上度段、内々ニ而御相談申上候処、何も用弁抔ニ抱(拘)り候訳ニ而者決而無之、着坂後段々懇意ニ被致呉、且当地ニ御出入と申而も一向無之故、何角不案内之処無腹蔵内外等相談被致呉候義共、厚被賞候而、直々一旦被達候義ニ付、是非共受納致呉候様段々御入割被仰聞候ニ付、再三御辞退申上候上ニ而、三十五人扶持之内ニ而五人扶持頂戴仕、余者往々自然寸功も有之候ハヽ、其節ニ被下置候様申上置候処、其後五人扶持者余り少分ニ付、左候へ者十五人扶持受納被致候ハヽ、残弐拾人扶持者拙者共当時預りと申ニ執計可致段被仰付、左之通再書面被下候事

三十五人扶持の内二十人扶持は預けの形にして十五人扶持を受納

此度伊豆守ゟ扶持方三十五人扶持被相贈候処、御受納有之被致満足候、右三十五人扶持之内、当時十五人扶持御請取有之、残弐拾人扶持者暫拙者共へ御預ケ置候様、再応被申出候ニ付、任其意、当時十五人扶持御渡可申候、為其如此御座候、以上

四月廿日　安松八郎右衛門
西村次左衛門

住友吉次郎殿

右之通被仰付候ニ付、左之通御請差上

今般御扶持方三十五人扶持被為　下置之、幾久重畳難有仕合奉存候、右三十五人扶持之内当時十五人扶持頂戴仕、残弐十人扶持者暫御両所様へ御預り被成下度段、再応申上候ニ付、御承知之上、当時十五人扶持御渡可被下旨難有承知仕候、為右御請如此御座候、以上

四月廿日　住友吉次郎

西村次左衛門様

安松八郎右衛門様

進物帳

右之通御請差上、為御礼献上物幷御家中贈り物委細書方進物帳ニ記

一三五　富嶋二丁目東掛屋敷家守交代

一富嶋弐丁目家守、是迄東家敷中屋可右衛門、西家敷中屋可兵衛、両人相勤来り候処、右可右衛門義、去冬十二月十三日病死いたし候ニ付、跡家守之義者当時悴可兵衛一手ニ相勤させ度段、年寄大黒屋利右衛門殿へ頼入候処、役数之義ニ付行届申間敷候間、何分壱人相立候様被申越候、其後同借家之内万屋平兵衛と申者へ申付度段申入候処、是以町中ニ故障有之趣、夫故此節迄跡家守延引ニ相成有之候処、丁内藤田屋源七殿借家堺屋長兵衛と申者実躰成之者ニ付、町中相談之上被申越候ニ付、右長兵衛へ家守申付候

一五月廿四日印形持参致候様申参り候ニ付、徳兵衛持参いたし候

一御番所表水帳張紙用　弐枚

一惣会所表同　弐枚

此七枚印形、此度者入用無之ニ付六月十三日戻し来ル、不用

一町内　同　弐枚
一手当　壱枚
　中ゟ手紙添申来ル
一町中へ取置候證文　壱通
一惣会所へ断書付　壱通
一同所手形古地新地ニ而弐通
〆十壱判
右之通四ツ半時年寄五人組立会調印、無滞相済候事
一家守ゟ取置候請状、又左ニ
家守請状之事
一富嶋弐丁目東御掛屋敷支配、此度堺屋長兵衛江被仰付、依之諸事丁内仕法之通可相勤段承知仕候
一御公儀様御法度之趣者不及申、御触書其外其度々不洩様借家人末々迄申渡、諸事為相守可申段承知仕候
一家貸付之節者篤と相糺、随分入念慥成者江貸付、家賃銀等精々取集持参可仕候、且亦町内ゟ請取候諸株代上前銀歩一銀等相渡り候ハヽ、早速相納可申候、万一不埒之儀有之候ハヽ、員数何程ニ而も受人ゟ相弁、其外長兵衛儀ニ付、如何躰之儀出来候共、請人罷出、急度埒明ケ、其許殿江少しも御難儀相懸ケ申間敷候、自然御勝手ニ付、家守御仕替被成候ハヽ、何時ニ而も相退可申候、其節一言之申分無御座、尤長兵衛相勤候内者、此請状幾年も御用ひ可被成候、為後日

家守請状

一札仍而如件

天保四巳年

五月

家守 堺屋長兵衛 印

請人 枡屋紋三郎 印

住友吉次郎殿

右家守替りニ付町中へ出銀左ニ

古地弐役
一銀百弐拾匁　振舞料

新地壱株
一同三拾匁　同

古新〆三ツ
一同九両　町中江

但、壱役ニ付三両ツ、

一同六両　御年寄江

但、右同断弐両ツ、

一同三両　丁代へ

但し、壱役ニ付壱両ツ、

一同六匁　髪詰へ

但し、壱役ニ付弐匁ツ、

一同六匁　夜番へ

但し、右同断

〆

右、古地弐役、新地壱株出銀

一銀六匁三分　座頭中間へ
一同四匁三分　猿引人形仲間へ
一同三匁　垣外番へ
一同弐匁　非人番へ
一同八匁六分　帳切之節茶料

〆

一銀五匁　惣御年寄中江
一同八匁　惣会所表掛り中
一同壱両　水帳方惣代へ
一同三匁　同若キものへ
一同弐匁　はり紙之節出勤物書へ
一同弐匁　同堀江物書へ
一同壱匁五分　同小使江

〆

右者役棟ニ不抱□出銀

一三六 用達金引当茶道具類一覧依頼を断る

一御代官辻様先年中橋出店ゟ金子御用弁之節為引当御預り置申候茶道具るい当地江為差登有之候処、今度御同所様御台所替ニ付、右品物御発駕前御一覧被成度、御用人山村与八殿ヲ以被仰越候得ども、少々不安心之儀有之、御断申上候得共、再応御掛合有之、左之通り御好ニ付、書面認差出し候、御同所様方ニも御控置可被成由ニ付、当方もひかへ置、後日ニ見合ニ可致候事

御手紙拝見仕候、残暑強御座候処、益御勇健被遊御座目出度御儀奉存候、然者先日御入来之節被仰聞候、先年江戸槇町出店より金子御用弁申上候節為御引当奉預り候御茶道具るい非常用心之為近年当地江為差登御座候段御聞及被遊、今度　御発駕前一応御覧被遊度旨御書付ヲ以被　仰聞候処、右御品取扱之者予州江参り居候而、有所難相分、依之無拠御断申上、右御書付御返上仕候処、尚亦其後追々御座候ニ付、心当り之場所再三取調子候得ども、何分難相知候ニ付、此度之御間ニ合不申、右取扱之者近々帰坂之上取調子候而、槇町出店方江差下し可申候、右之段宜鋪御承知可被下候、先者右之段御再答旁如此御座候、已上

六月廿四日　　住友店
　　　　　　　　嘉右衛門

山村与八様

右之通江戸中橋江写遣し、安心仕候様、近々掛合申遣し候事

一三七 大坂長堀平右衛門町火災

一巳八月九日暁八ツ時長堀平右衛門町ゟ出火、下つなぎ橋西詰西へ入浜側米屋火出し、北東風烈敷、追々南西へ焼込申候、朝五ツ時過鎮火ニ相成、尤北堀江壱丁目抱家敷向イ迄焼来り、已ニ危く相見へ候得共、風替り又者夜も明渡り候ニ付、無別条候事、右ニ付鴻池様・平野屋様ゟ龍

吐水御人足被遣、場所ニおゐて相働被呉候ニ付、翌十日早朝左之通り相送り候事、右出火ニ別家泉屋由兵衛居宅借家共不残類焼ニ相成、土蔵者無別異候

一海魚一折五種　鴻池善右衛門殿
代（アキママ）　御手代中へ
＊1一鳥目拾貫文　御人足中へ　＊2
〆
一海魚一折五種　平野屋五兵衛殿
代（アキママ）　御手代中へ
＊1一鳥目拾貫文　御人足中へ　＊2
〆

右之通り手紙相添差送り候事、猶又北堀江之掛家敷、別条無之候ニ付、当方馳付人足へ別段左ニ遣す

＊1一金子弐百疋　吹所裏方 馳付人足中へ　＊2
＊1一鳥目五貫文 但、奈良平掛り之者へ　本家 馳付人足中へ　＊2
＊1一鳥目三貫文 但、仲仕平八掛り之者へ　右同断　＊2
〆
＊1一銀三百匁 但、居宅類焼ニ付遣す　別家 泉屋由兵衛へ　＊2

○＊1の箇所に「改正」方印、＊2の箇所に「合」丸印が捺されている。

一三八　一橋家御用金届出延引につき詫び

江戸にて為替に取組んだ御用金が大坂に着いた際に届出ず

天保四巳年八月十九日一橋御役所へ勇右衛門持参之控、則左ニ

乍恐以書附奉申上候

一当二月十九日私出店江戸上槇町泉屋全九郎方ニ而、飯田庫三郎様御廻村ニ付御用金之由、金百両彼地ニおゐて奉請取、為替取組、同廿九日私方へ相達候ニ付、其節早速御金着御届可奉申上筈ニ御座候処、何れ当御役所より御沙汰御座候儀と相心得、相待罷在候処、此節迄右御沙汰無御座候ニ付、当十五日右御届御伺旁罷出候処、為替金着候ハヽ、早速御届可申上処、何故是迄延引仕候哉之段蒙　御差(察)当奉恐入候、右者全前書奉申上候通、当御役所より御沙汰奉待罷在候義ニ御座候へども、右者御用向等閑ニ取扱候之様相当り、心得違之段重々奉恐入候、何卒御宥免被為成下、此段御聞置被成下候様奉願上候、已上

天保四巳年八月　　住友吉次郎代
岡田勇右衛門印

川口
御役所

一三九　捨子を養子に遣す

去七月廿日暮六ツ時前、吹処向イ土蔵軒下ニ、当才ト相見へ候女子捨有之、早速拾上ケ、御月番

東　御役所江御届申上候

乍恐口上

長堀茂左衛門町
住友吉次郎
病気ニ付
代藤七

一私居宅浜土蔵前ニ今暮六ツ時前、当才と相見へ候女子捨有之候ニ付、早速拾入養育仕罷在候ニ付、乍恐此段御断奉申上候、尤捨子惣身ニ疵等無御座候、以上
但、番人未罷出不申内ニ御座候
天保四巳年七月廿日
代　藤　七印
年寄
泉屋理右衛門印

御奉行様

右捨子八月廿三日、河州丹北郡川辺村百姓武助方より貰請度由ニ付、早速御断奉申上候上、同人方へ遣し申候約定ニ而、同村五兵衛受人ニ相立候由、御当番所御取上ケニ相成
御掛り
丹羽建之助様
瀬田済之助様

一札

一其御町内住友吉次郎浜先土蔵前ニ、当七月廿日当才と相見へ候女子捨有之候ニ付、同村五兵衛請人ニ相立、私方へ養女ニ貰請申候、尤私女房すて外ニ男子弐人〆四人相立、外ニ子迚者無之候ニ付、右捨子末々ニ至り成人後、右男子弐人之内江何れ成共妻合相続為致可申候、為後日一札差入申候、依而如件

但、変村変名其外相変候儀出来候ハヽ、早速親請人ゟ御知セ可申候

河州丹北郡川辺村
貰方親
武　助印

天保四巳年
八月廿一日

同村
請人
五兵衛印

右之趣致承知候、依而奥印如件

右村庄屋
源右衛門印

住友吉次郎殿
年寄
泉屋理右衛門殿

養女一札之事

一御町内住友吉次郎殿浜先土蔵前ニ当七月廿日暮六ツ時前、当歳と相見へ候女子捨有之候ニ付、私養女ニ貰請、悴両人之内何れ成共成人後妻合申度、御丁内へ申出候処、御得心被下、依之御番所様へ奉願上、御聞届被為成下候上、養育料として銀弐百廿匁御添被下慥請取申処実正也、然ル上者末々麁抹無之様可仕候、且亦右捨子病気差発候歟、其外如何様之儀出来候共、早速御丁内へ御届申候上双方申合、御番所様へ御断奉申上候、万一不縁之義御座候ハヽ、右養育料銀無相違差戻し可申候、右捨子之儀ニ付、如何様之義出来候共、御当家者勿論、対御町内無心合力ヶ間敷義一切申間敷候、且亦私共変名変邑其外相変候義在之候ハヽ、両人之内ゟ早々御町内へ御届申上候上、御番所様へ御断奉申上候、為念一札依如件

小堀主税殿御代官所
河州丹北郡川辺村
百姓　武　助印
請人同村
百姓　五兵衛印
天保四巳年
八月
右村庄屋
源右衛門印
住友吉次郎殿
年寄
泉屋理右衛門殿

覚

一武助儀、河州丹北郡川辺村百姓ニ相違無御座候、以上
天保四年
巳八月

捨子入用左ニ

*1一銀弐百目 *2　捨子養育料
*1一金百疋 *2　同　衣類料
*1一銀四拾匁 *2　口入銀平野屋久右衛門へ遣ス
*1一南鐐壱片 *2　町内御年寄江
*1一南鐐壱片 *2　同　町代江
*1一銀壱両 *2　同　下役庄兵衛へ
但、丹北郡川辺村へ聞合ニ罷越候ニ付少々相増遣ス、例三匁也
*1一銀三匁 *2　町内下役源蔵へ

＊1一金壱朱　＊2　鱣谷町内下役嘉七へ
但、捨子始終世話致候ニ付遣す、例ニ者無之
＊1一南鐐壱片＊2　部屋男頭藤七江
＊1一銭六貫八百文＊2　捨子七月廿日ゟ八月廿三日迄日数〆三十四日分、昼夜弐百文ツ、
＊1一同三百文＊2　古きれ代、むつきニ用ひ候
＊1一同百七拾弐文＊2　捨子丸薬価代
〆
外ニ
銭三貫四百九拾文　度々御役所行下宿払
＊1代三拾弐匁壱分四り＊2
○＊1の箇所に「改正」方印、＊2の箇所に「合」丸印が捺されている。

一四〇　長楽寺聖天堂普請

「(朱書)㊙長」　三ツ家村長楽寺普請之記

三社山長楽寺歓喜天堂、先年一建立ニ寄附致有之候処、近年大破ニおよひ候ニ付、普請之儀頼来ル、猶　弘法大師御忌ニ相当り候、依而　大師堂も普請当年出来候事ニ付、聖天堂も是非此節普請を致呉候様、旁頼参り候、長楽寺者先頃ゟ無住ニ相成、当時北野村不動寺兼住被致候ニ付、同寺より毎々頼参り、則当方旧記取調子致候処、享和三年癸亥九月聖天堂大破損ニ付普請致有之候ニ付、七月十六日普請方弥十郎・篤兵衛見分ニ罷越、手伝方奈良屋平兵衛、大工平吉召連罷越、見分致帰り候事

普請方・手伝方

一天堂後手惣焼板ニ而張詰候事
一家根廻り三方丸払瓦、掃除共
一戸開き直し、障子戸立付直し不残
一椽板洗張替、椽擬四本取替
一内外共弐歩壁上塗之事
一天堂正面張壁
一椽下饅頭形直し
一柱廻り根接
〆
右之通繕普請致ス、右之外処々破損之処繕ひ致ス、尤天堂北西へ四寸余り片向有之候得共、是を相直し候時者、殊之外大造ニおよひ候ニ付、其儘ニ致置、併此上片向キ不申様致し、石入置候事

覚

*1一四匁壱厘　加納屋七兵衛払
是者下地竹間渡し竹代
*1一弐拾壱匁　大仏屋弥兵衛払
是者莇代
*1一弐匁五分九厘　俵屋善蔵払
是者足場縄代

＊1一弐百五拾三匁三分三厘　奈良屋平兵衛払
是者手伝手間九拾八人代、銭弐拾六貫九百四拾八文
＊1一三拾六匁四分五厘　伏見屋勘兵衛払
是者左官手間代
＊1一八拾弐匁弐分五厘　山田屋治兵衛払
是者材木代
＊1一弐拾五匁五分　灰屋武兵衛払
是者石灰代
＊1一弐拾六匁五分弐厘　土屋仁兵衛払
是者土代
＊1一五拾五匁九分六厘　釘屋平兵衛払
是者釘金物類代
＊1一百拾三匁六分　瓦屋新兵衛払
是者瓦代
＊1一百弐拾九匁　宇田屋亀之助払
是者大工手間三拾人代
＊1一三拾匁　表具屋弥助払
是者張壁用唐紙幷のり張手間代

＊1〆七百八拾目弐分壱厘

外ニ

一弐拾弐匁六分　弐拾石船賃

但、足場丸太蒲団、其外色々入用もの往還之船賃

一八匁七分六り　普請ニ付見分小遣支度代共

銭九百六拾文

〆

三口＊2

＊1合八百拾壱匁五分七厘＊3　全入用

○＊1の箇所に「吟味済」小判型印、＊2の箇所に「改正」方印、＊3の箇所に「合」丸印が捺されている。

〔四〕米高値につき中橋店借屋人等へ施行

諸国凶作

一天保四巳年十月六日出、江戸中橋店より書状ヲ以申来り候、左ニ

一当夏方より不順ニ而冷気強、諸国とも凶作之趣、右ニ付追々米直段引立、市中一同難渋仕候ニ付、御上ゟ御救米被下置候程之儀、依之町方地主諸方共借家人出入方之者江夫々合力いたし候ニ付、則中橋店ゟ遣し候分左ニ

上槙町新道

追合力之分、左ニ記ス

一白米弐斗　家主　喜四郎

一白米壱斗五升　大工甚兵衛

一白米五升　表通　半次郎

銀壱朱

一同断　左官仁兵衛

一壱斗　肴屋善八
一壱斗五升　桶屋八五郎
一金百疋　木具屋長次良
〆
長井町
一金百疋　吉田屋幸太郎
一同断　崎玉屋伊兵衛
一金百疋　出羽屋徳右衛門
一同　吉五郎
一同　伊セ屋平兵衛
一同　中屋長吉
一同　万屋勘右衛門
一同　丹波屋六助
一同　玉屋伝兵衛
一同　自身番
〆
両替町

一同　安五郎
一同　内藤座頭
一白米五升
銀壱朱　裏新八
一同　市郎兵衛
一同　清吉
一同　吉五郎
〆
一白米弐斗　家主清兵衛
牛込
一白米弐斗　家主善次郎
一白米五升
鳥目三百文　表長家分長三郎
一同　裏町長家岩吉
一同　栄五郎
一同　織右衛門
一白米五升
一鳥目三百文　裏長家万三郎

一金百疋　高橋　栄次郎
一同　万屋　清八
一同　中村屋　音吉
一同　肴屋　伊右衛門
一同　川上　不泊
〆
上槇町川岸
一金百疋　瓦屋　三右衛門
一同　名田屋　利右衛門
一同　樽屋　五兵衛
〆
一金百疋　大和屋　治郎右衛門
一同　車屋　喜平次
一同　わたや　忠兵衛
一同　畳屋　伊右衛門
一同　米屋　新七
一同　八百屋　三次郎

一同　竹二郎
一同　勇二郎
両替町家主
一白米弐斗　庄兵衛
永井町家主
一同　久次郎
一同　政平
一白米壱斗
南鐐壱片　岩次郎
一同　兼次郎
一同　貞次郎
一白米五升　髪結　喜太郎
一白米五升　洗濯屋　新八
一同壱斗五升　番屋　三人江
一同五升　善八
霊岸嶋
一白米弐斗　家主　長兵衛
一白米五升
鳥目三百文　表店　喜介

一同　家根屋 忠右衛門
一同　湖来屋 松兵衛
一同　簗川 伝兵衛
一金弐百疋　内ノ 久三郎 宿
一同　同 金助 宿
一同　同 長兵衛 宿
一同　同 多喜蔵 宿
〆
一金百疋ツヽ　同 六人 宿
一同　出入男 庄八
〆
〆白米五斗五升
金拾両三歩
又追合力
町内難儀人へ
金百疋ツヽ、都合
百拾八軒へ遣す

一同　金次郎
一同　文蔵
一同　専介
一同　裏店 喜太郎
一同　同 儀介
一同　太郎吉
一白米五升
一鳥目三百文　佐助
一白米壱斗　町内書役 長八
一同五升　川岸髪結 吉兵衛
〆
金三分壱朱
〆銭四貫五百文
白米三石四斗
右之通御座候、已上
中橋店
御本家
御店

一天保四巳年十月十二日惣年寄ヨリ差紙、左ニ
相達御用之儀有之候間、明十三日四ツ時、南組惣会所江手代可被差出候、以上
十月十二日
御用金掛り
惣年寄

右之通申来候ニ付、十三日四ツ時出勤致候処、例年之通三朱御手当金算用書相認、来ル十七日昼迄ニ持参致候様申渡候ニ付、則当方持分金高仕訳書、左之通

一四二　文化十年の御用金手当金高の届出

文化十酉年相納候御用金
元高
金千両　但、金壱両ニ付六拾四匁替
此銀六拾四貫目
右元金天保元寅年ゟ三拾三ケ年ニ御割戻
金九拾両三歩、永百五拾六文余　去ル寅卯辰三ケ年分御下ケ戻シ奉受取候
此銀五貫八百拾七匁九分九厘
残元金九百九両、永九拾三文九分余
此銀五拾八貫百八拾弐匁壱厘
右元金江相懸候三朱御手当金、当巳年分
金弐拾七両壱歩、永弐拾弐文八分余　但、金壱両ニ付六拾四匁替
此銀壱貫七百四拾五匁四分五厘九毛弐弗
右之通御座候ニ付、奉書上候、已上
天保四巳年十月
住友吉次郎㊞

御奉行所　　但、大半紙三枚綴ニ而弐冊、尤紙者惣会所より呼出シ之節同所ニ而余分
ニ右紙持帰り候事
右之通弐冊相認、尤一冊者御奉行所当、一冊者宛なしニ認、十月十七日認、南組惣会所江持参差
置帰り候、且亦上書左ニ
御用金江相懸候三朱御手当金仕訳書
長堀茂左衛門町
住友吉次郎

一四三 米高値につき浅草店より難渋人等へ施行

一米穀高直ニ付、江戸浅草仲間内ニも追々借り店之者、幷町内難儀人江施金銭米所々ゟ差出申候、
米店之義者取扱致候家業故、町中難儀人幷出入方、抱奉公人請人之宿へ差遣し候事
一白米高三拾六石五斗
一鳥目百貫五百文
〆
一町内弐百壱斬(軒)
但、白米壱斗、鳥目五百文宛
一地面内出入方幷奉公人請人に相立候宿八拾弐軒
但、白米弐斗宛
〆
右之通り相取計候よし、十一月十二日出之書状ニ申来ル

巳十一月廿八日着状

一四四　江戸御蔵相場

一江戸御蔵前相場
一百俵ニ付三拾五石
代金九拾両　相場六拾三匁ニして
右百六拾弐匁ニ当ル
巳霜月晦日浅草ゟ申来ル

一四五　中橋店の施行につき褒詞

上槇町家持
吉次郎
店支配人
全九郎
同信濃店支配人
利八
五人組
善兵衛
名主又右衛門煩ニ付
代金蔵

其方共儀、此節江戸表有米払底ニ而米価高直ニ付、公儀ゟ格別之御仁恵を以、其日稼之者共江再応御救米被下置、其外彼是御世話有之候処、市中之難儀相察候而、其身所持地面、或者他町其外出入候者共江米金銭等差遣候段相聞、寄(奇)特成儀一段之事ニ候、依之一同誉置
右之通十一月廿五日北御番所ゟ被仰渡候事、尤上槇町橘屋惣代ニ出勤被致候事、江戸中橋店ゟ申

来ル、本船町金兵衛店三右衛門外弐百拾壱人ニ而被仰渡候

一四六 山形屋甚助母を嵯峨庵室へ移す

皇都親類山形屋甚助殿儀、八才之小児被召連、家出被致候ニ付、色々相尋候得共行衛相知れ不申、跡ニ老母おかな殿壱人ニ而難渋之趣、依之嵯峨庵室江引越被申度段頼越候ニ付、其段聞届置候処、右甚助殿追日立帰り被申候ニ付、段々申合候処、当人義者迚も母壱人養育難出来よし、依而此度離縁之相談ニ相成候処、双方会得之上おかな殿義者、十一月中旬剃髪被致、慶寿と被相改、則嵯峨へ引越之上、季々飯料銀三拾匁宛ニ相定候事、右ニ付親類請印寺送り左之通

一札

一山形屋甚助義、段々御世話被成下候処、家名相続之義難出来、此度会得不仕、母かな壱人甚難渋ニ付、日々暮し方六ケ敷候ニ付、向後育之義呉々も御頼申上候処、思召を以嵯峨庵室江引越候様被仰下、則為飯料毎節季毎ニ銀三拾目ツヽ被下候筈ニ御定メ被下、忝仕合奉存候、寺送り状別紙差上置候間、何時ニ而も死去等有之候ハヽ、御地ニ而御勝手御取計可被成候、其時一言之申分無御座候、若外親類之者無心ケ間敷義者一切申間敷候、且脇ゟ違乱妨申者有之候ハヽ、我等請人ニ相立候上者、何時成共罷出、急度埒明可申候、為後日引受一札仍而如件

天保四巳歳
十二月

慶　寿印

新町綾小路上所
親類受人　丸屋源右衛門印

住友吉次郎殿

宗旨送り一札

一此慶寿と申老尼、従先祖代々浄土宗ニ而、則拙寺檀中ニ紛無之候、然ル処由緒有之、此度其御地へ引越被申候、老人之義自然病死等被致候砌者、御憐愍を以其御所ニ而可然御取置可被下候、其節別段此方へ御届ニ及不申候、為後日宗旨送り一札仍而如件

天保四巳歳十二月

惣本山知恩院末
智恵光院印

天保五年午正月六日出、江戸浅艸ゟ申来、旧冬廿九日同所北　御番所ゟ御呼出し之上、先達米穀高直ニ付施行いたし候義、御賞美御誉置、白銀壱枚被下之候旨、依之町内家主ゟ左之通書付差出し候事

一四七　浅草店の施行につき褒詞

乍恐以書付奉申上候

一私支配浅艸諏訪町庄右衛門地借甚左衛門・同所元旅籠町弐丁目又右衛門店喜右衛門、今日北御番所江被召出、於　御白州被仰渡候者、江戸表有米払底ニ付、格別之御仁恵ヲ以　公儀ゟも再応御救被下置、其上彼是御世話も有之候所、其日稼之者共難儀ヲ相察し、其身所持地面、亦々出入方之者江施行差出し候段入御聴ニ、寄(奇)特成義一段之事ニ候、甚左衛門義者銀壱枚頂戴仕、喜左衛門儀者御誉被置候旨被仰渡、難有奉存候、此段申上候、已上

天保四巳年
十二月廿九日

浅艸諏訪丁
名主　吉良

御番所

一四八 御救大浚冥加金上納につき褒美下賜

天保五年甲午正月十九日於　西御奉行所去卯年御救大浚被　仰出候節、冥加銀上納之者共江為

御褒美御銀被為　下置候節之次第、此奥百三拾弐枚目之所ニ細記

一四九 江戸へ手代差下しにつき紀州藩屋敷へ先触願

天保五甲午年用向在之、貞助参府ニ付、左之通以書付天神橋御屋鋪浅田丈右衛門殿・三宅善左衛門殿江勇右衛門ゟ為相願候事、則書付左ニ

一江戸上槇町私出店御座候処、此節無拠義ニ付当地ゟ下代之者壱人・下男壱人都合弐人彼地罷下申度奉存候、就右甚以奉恐入候御儀ニ御座候得共、道中筋人足三人之　御先触并賃銭帳被為仰付被下置候ハヽ、重畳難有仕合奉存候、素一刀ニ而諸事相慎可申様堅可申付候、此段乍恐偏奉願上候、已上

天保四(五)午年二月　　住友吉次郎

紀州様
御役所

右之通相願候処、御聞済ニ相成候ニ付、為御挨拶左之通り夫々相送候事

端物料
一金五百疋　　御奉行 竹村十右衛門殿
御肴料
一同弐百疋　　浅田丈右衛門殿
同
一同弐百疋　　三宅善左衛門殿

右之通相拵、勇右衛門持参、夫々相済候事

一五〇　茶道具買得

天保四巳十一月徳井町泉屋理十郎殿方ゟ左之道具泉屋義助方へ買請候ニ付、売口銭相添、此方江買取候一札両様之写左ニ

売渡申道具之事

＊1一寒雲棗　宗乾書付共箱　＊1仙叟好　袋船越漢東
一空中あこた茶入　＊1袋花色銀襴＊1
＊1一五器茶碗　絵あり
一ノンコウ赤角香合
一木彫亀香合　光雪作　春風
一太閤時代桐棗
＊2一備前飯筒茶入
＊1一仁清筒茶碗
一宗入黒筒茶碗　雪山　狩野素斎箱
＊1一御本筒狂言袴茶碗
＊1一瀬戸黒茶碗
一笠叟手作水指　一燈直書付　銘ミカワ水トあり
＊2一志野額皿　五枚
一空中大茶入
＊1一道安棗　仙叟書付　＊1　箱書付仙叟〻〻　泰叟一燈　袋木下緞子　無銘〻〻
＊1一光悦作白薬茶碗
一太閤（閤）時代梨子地菊蒔絵　白粉解香合
一堆朱大香合
一紅毛筒香合　せん香立
一宗旦好蔦香合　宗哲作
一渋紙いしほ茶碗
一一入黒平茶碗　＊1
＊1一ノンコウ赤茶碗
一一元揚底赤茶碗　銘玉篇　一燈
一唐金共蓋水指
一唐物黒銘々盆五枚
一紹鶴信楽片口
一金襴手花入　福寿鹿　口われ有

*1一正意茶入　*1袋萌黄地安楽庵
石州《金森》公箱書付片岡
一伊羅保三嶋茶碗
*1一尼五器茶碗　ヒカキアリ
*1一藤四郎茶碗
*1一丹波茶入　袋八左衛門漢東
一萩茶碗　ヒクス
*1一ノンコウ赤大茶碗　小印
一撰出手茶入　袋権太夫
一宗旦船花入　覚々斎カケツキ
*2一唐津黒壺
一蒔絵茶箱　唐津のふく
たかやさん中次入
一長次郎黒茶碗
*1一空中茶碗
一唐津茶碗
一刷毛目茶碗
一正二位花山院懐(懐)紙
一古萩筒花入

*1一雲鶴筒茶碗　挽木さや
*1一大樋焼茶碗　仙叟箱書付
*1一大津手茶入　*1袋和久田
遠州公おミなめし
一伊賀茶入　恕斎箱書付
又玄斎添状橋杭
一道本皷堂　権十郎友銘玉蔦《葛》
*1一翁手茶碗　*1袋舟越かんとう
一薩摩茶入　鶴首
袋白地小杜丹
*1一青磁礁茶入　鯉耳
*1一古伊羅保茶碗　夕陽
一信楽花橘写茶碗
一御本焼刷毛目香合
一黒蒔絵小硯箱
一青磁香炉　象牙ふた
*2一備前壺水さし
一松花堂布袋
一英一蝶布袋画
*2一朝鮮焼徳利

一備前徳利
一山田宗偏一重肕
一古備前かや壺水指
一寒難　みそれ釜
一堆朱小香合
*2一新渡鶏香合
一黄瀬戸茶碗
一無銘茶杓
*2一一入黒輪ふた置
*2一染付蓋置
一東山時代三夕香合丸巣
*1一紅毛角花入
一とこ鍋花入
一光悦黒伯蔵主香炉
一藤四郎向獅子香炉
*2一御本焼向付　五枚
一ゴス七草手猪口五ツ
*2一天明セメ紐釜

一籠花入　なた籠
一仁清耳付水さし
一与次郎大尻張釜　古庄兵衛折紙
一操口丸釜　大西清右衛門同
*2一染付虎香合
一かうち鴨香合 *1
*2一瀬戸筒茶碗
一江岑共筒茶杓
*2一青磁三ツ人形大われ
*1一保元時代竹雀香合
*2一萩火入　赤銅ホヤ
一高麗筒掛花入　彫文字有
*2一青磁八卦香炉　銀ホヤ
*2一黄瀬戸竹之節香炉
一太宗製香炉　キヅ有
*2一織部手塩皿　四枚
*2一淡路舟鉢
一庄兵衛作地紋釜

＊2一　今利青磁石菖鉢
＊2一　志野猪口　三ツ
＊2一　薄角向付　十人前
＊2一　絵唐津片口
一　唐画牡丹掛物　大虫喰
＊2一　楽舟引香合
一　本手写青磁対香炉
一　絵瀬戸建水
一　宗安茶杓　銘釣棹
一　又玄斎茶杓　銘生駒山
一　古清水三鳥杓立
＊2一　瀬戸テツハツ形建水
一　志野織部盃台
一　備前筒茶碗
一　今利ゴス大鉢
一　探幽松月掛物
一　古今利火入
一　織部向付拾ヲ内壱ツわれ
一　古萩建水
＊1一　宗旦節なし茶杓　原叟筒
＊1一　笠叟茶杓　共筒替判　箱　一燈判有無銘
一　藍渓和尚墨跡尤極添
一　唐物四ツ足卓
一　江雪和尚円相自画賛

合道具数百弐拾弐種

右之道具我等所持之品有之処、此度代銀三拾三貫五百弐拾弐匁ニ其方江売渡、銀子慥ニ請取相済申処実正也、此道具ニ付外ゟ障申者毛頭無之候、万一外ゟ妨申者有之候ハヽ、我々共罷出急度埒明可申候、為後證仍如件

天保四巳年十一月

證人　泉屋小兵衛印
売主　泉屋理十郎印

泉屋儀助殿

○＊1の箇所に「引合」方印、＊2の箇所に「改」丸印が捺されている。

売渡申道具之事

一道具数百廿弐種　但、内訳前書之通

右之道具代銀三拾五貫目ニ貴殿へ売渡、銀子慥受取相済候処実正也、此道具ニ付外方ゟ障り申者毛頭無之候、万一脇ゟ妨ケいたし候者有之候ハヽ、我等罷出急度埒明可申候、為後證仍而如件

天保四巳年十一月　泉屋儀助㊞

住友吉次郎殿

【一五一】江戸往返人馬継立の印鑑につき申渡し

(朱書)「〇」

天保五午年三月晦日西御役所左之通御差紙至来

銅山御用達
住友吉次郎

右之者明後二日可罷出者也

三月晦日　西番所

右之通至来ニ付、裏書いたし相渡候事

一四月二日四ツ時ゟ名代勇右衛門地方御役所へ罷出候処、御掛り与力永田察右衛門殿ゟ被仰付候者、左ニ

江戸往来ニ付、去ル文政十三寅年三月十三日被仰出候者、下地ゟ印鑑差出有之候処、此度如

此相改、拾五枚相認、勇右衛門持参差出相済候事、然ル処此節亦々道中筋印鑑御取調中ニ付、其方印鑑者矢張其以前之振合ニ相心得可申様、江戸表ゟ被仰越候間、其旨申渡し候
右之通被仰渡候、尤右ニ付印鑑者先規之通之義ニ付、別段ニ此度者差出不申候事、尤右之趣西御仲間中へも被仰出有之事

一五二　妻の寺送り状を実相寺へ送る

天保五午年四月乾蔵反古相調候処、先達而京都より於妻様寺送り状参り有之、其儘ニ入置有之候ニ付、今十日実相寺江東蔵持参相納候事

乾蔵

寺送り一札之事

一今般当院檀中中川近江前司入道逸斎殿娘妻女、右者代々法花宗ニ而当院旦那御座候処、此度貴寺旦中住友氏江被致入嫁候ニ付、已来妻女儀貴寺宗旨ニ御加可被下候、為其仍而如件

文政元年
寅七月
京本山妙顕寺中
常楽院印

実相貴寺

一五三　米高値につき長堀茂左衛門町等の借家人へ施行

天保四癸巳歳十月中旬頃ゟ米直段高価ニ相成候ニ付、御公儀様ゟ段々御苦労被成下候ニ付、十一月頃ニ至り少々者下落致候得共、元来当年者北国筋幷東国共凶作故、世上有米払底ニ可有之、仍而諸商売不景気、市中至而難渋人多く、依之施行米銭之沙汰色々有之候ニ付、当方も不取敢借家之もの、其外出入方之者へ左之通遣ス、白米壱升ニ付百三拾五文ゟ百四拾文位之相場也

一鱣谷壱丁目
一白米七斗五升　五升宛　借家拾五軒
一同　弐斗壱升　七升宛　家守三軒
〆九斗六升

一九之助町壱丁目
一白米壱石　五升宛　借家弐拾軒
一同　弐斗壱升　七升宛　家守三軒
〆壱石弐斗壱升

一南米屋町
一白米壱石弐斗五升　五升宛　借家弐拾五軒
一同　壱斗四升　七升宛　家守弐軒
〆壱石三斗九升

一茂左衛門町
一白米弐斗（アキママ）　五升宛　借屋四軒
一　但、泉伊右衛門辞退ニ付相除之　家守壱軒
〆

一安堂寺町三丁目
一白米五斗五升　五升宛　借家拾壱軒
一同　七升　家守壱軒
〆六斗弐升

一順慶町壱丁目
一白米五斗五升　五升宛　借家拾壱軒
一同　七升　家守壱軒
〆六斗弐升

一安堂寺町五丁目
一白米弐斗五升
一同　七升
〆三斗弐升
五升宛
借家五軒
家守壱軒

一南堀江五丁目
一白米壱石八斗五升
一同　壱斗四升
〆壱石九斗九升
五升宛
借家卅七軒
七升宛
家守弐軒

一北堀江壱丁目
一白米弐石壱斗
一同　七升
但、奥原屋平兵衛辞退ニ付相除之
〆弐石壱斗七升
五升宛
借家四拾弐軒
七升宛
家守弐軒

一橘通弐丁目
一白米弐石四斗五升
一同　壱斗四升
〆弐石五斗九升
五升宛
借家四拾九軒
七升宛
家守弐軒

一南堀江壱丁目
一白米六斗
一同　七升
〆六斗七升
五升宛
借家拾弐軒
家守壱軒

一大宝寺町
一白米七斗
一同　七升
〆七斗七升
五升宛
借家拾四軒
家守壱軒

一本町三丁目
一白米三斗五升　五升宛　借家拾七軒
一同　壱斗四升　七升宛　家守弐軒
〆四斗九升

一南本町
一白米弐斗五升　五升宛　借家五軒
一同　七升　家守壱軒
〆三斗弐升

一備後町三丁目
一白米四斗　五升宛　借家八軒
一(同脱)　七升　家守壱軒
〆四斗七升

一湊橋町
一白米七斗五升　五升宛　借家十五軒
一同　七升　家守壱軒
〆八斗弐升

一太郎左衛門町
一白米弐斗　五升ツヽ　借家四軒
一同　七升　家守壱軒
〆弐斗七升

一順慶町三丁目
一白米五升　借家壱軒
一同　七升　家守壱軒
〆壱斗弐升

一 浄国寺町
一白米五升　　　借家壱軒
一同　七升　　　家守壱軒
〆壱斗弐升

一 富嶋弐丁目
三ケ所
一白米壱石五斗　　五升ツヽ　借家三拾軒
一同　壱斗四升　　七升ツヽ　家守弐軒
〆壱石六斗四升

一 高間町
一白米七斗五升　　五升ツヽ　借家拾五軒
一同（アキママ）　　家守壱軒
但、家守雑喉屋弥太郎辞退ニ付相除之
〆

一 錦町弐丁目
一白米弐斗五升　　五升ツヽ　借家五軒
一同　七升　　家守壱軒
〆三斗弐升

〆拾八石八斗三升
三百六拾五軒分
此代銀弐貫四百三拾九匁七分三り五毛
内
一三百三拾六軒　　借家分
此米拾六石八斗
一弐拾九軒　　家守分
此米弐石三斗

一本家出入方・吹所裏方大工手伝、并ニ町内会所下役其外懸り之者左ニ

一出入方　白米七升宛

一部屋頭藤七　一同見習市兵衛　一日雇藤兵衛　一髪結新蔵

一日雇清助　一植木屋庄右衛門　一そで　一さと

〆八人

五斗六升

一出入方　白米五升宛

一丹波屋卯兵衛　一泉屋仁平　一船屋平兵衛

一尾才八兵衛　一山田屋太兵衛　一八百屋卯兵衛

一丸栖屋源次郎　一駕ノ小市　一駕ノ安蔵

一延岡仲仕清五郎　一同清兵衛　一同兵蔵

一延岡仲仕巳之助　一銅仲仕八人　一今宮市右衛門

一天王寺次兵衛　一宇田屋亀之助　一奈良屋平兵衛

一家根屋伝右衛門　一左官勘兵衛　一石工甚兵衛

一利倉屋喜右衛門　一まつ屋善兵衛　一杓屋甚兵衛

一加賀屋次右衛門　一堺屋太助　一嵯峨屋忠兵衛

一樽屋喜右衛門　一米屋和助　一指物屋利助

一八百屋伊助　一大工平七　一手伝林兵衛

一手伝正五郎

〆　四拾壱人
此米弐石五升

一吹屋大工手伝方　　白米五升宛

一与三七　一伊兵衛　一忠兵衛　一惣七
一市蔵　一治助　一十兵衛　一善蔵
一為七　一藤七　一太四郎　一茂兵衛
一八郎兵衛　一伊八　一太助　一弥助
〆　拾六人
一勘七　一七兵衛　一清七　一与兵衛
一平治　一長兵衛　一与助　一善助
一利助　一藤兵衛　一和助　一喜右衛門
一喜六　一金助　一嘉兵衛　一辰蔵
一半治郎　一幸次郎　一ふさ　一つな
一八重　一忠七　一亀蔵　一喜四郎
一喜兵衛　一勝蔵　一栄助　一佐兵衛
一清次　一吟兵衛　一嘉助　一市兵衛
一孝七　一喜助　一善助　一作兵衛
一久蔵　一茂八　一作八　一喜八

一治　八　　　一つし〆　四拾弐人

合　五拾八人

此米弐石九斗

吹屋出入方

一吹屋出入方中　　　白米五升宛

一田中平七　　一箱屋新兵衛　　一土屋平兵衛

〆　三軒

此米壱斗五升

五升宛 町代 義平 豊治

下役 両人

髪結 弐人

〆

垣外 壱人

〆

一茂左衛門町

一饋谷壱丁目

五升宛 髪結壱人

垣外壱人

但、町代下役者借屋人之内ニ而遣ス

本家垣外
善　助
与兵衛
喜　助
〆

網嶋守
利助
同大工
三右衛門
同手伝
七兵衛
〆

網嶋
〆　拾弐人
此米六斗

一白米五升宛

〆六石四斗壱升　　百廿五軒分
此代銀八百三拾目四り五毛
一五石八斗五升　五升宛 百拾七人分
一五斗六升　七升宛 八人分
〆

合弐拾五石弐斗四升
平均百廿九匁五分四り弐毛替
此代銀三貫弐百六拾九匁七分八厘 *1 *2

内
一七百六拾弐匁八分八り　　奈良屋佐兵衛
此米五石九斗六升代　　買入
一五百七拾四匁九分七り　　大和屋伊右衛門
此米四石四斗六升代　　買入
一壱貫九百拾九匁四分六り　　家守方ニ而
此米拾四石七斗弐升代　　買入
一拾弐匁四分七り　　網嶋ニ而
此米壱斗代　　買入
〆如高

○＊1の箇所に「改正」方印、＊2の箇所に「合」丸印が捺されている。

人別合四百九拾人
此米廿五石弐斗四升
一拾六石八斗　　五升宛　借家三百三拾六軒分
一弐石三斗　　七升宛　家守廿九軒分
一五斗六升　　七升宛　本家定出入八人
一弐石九斗　　五升宛　吹所裏大工手伝　五拾八人
一弐石九斗五升　　五升宛　出入方町内役々共　垣外下屋鋪守へ　五拾九人
〆

山本新田
一山本新田抱百性中

立石町
一林兵衛　卯　助　七右衛門　利　助　清　八
一喜兵衛　重　蔵　太兵衛　伝兵衛　兵　助
一藤右衛門　松右衛門　十兵衛　新　助　つ　ね
〆　拾五人へ鳥目三百文ツヽ
一篤兵衛　長兵衛　常　七　利右衛門　久兵衛
一清兵衛　新兵衛　〆　七人へ鳥目弐百文ツヽ
三百文
一清兵衛　弐百文 又兵衛　百五拾文 利　同 巳之助　同 源兵衛
〆　五人
一宗右衛門　仁左衛門　藤右衛門　武兵衛
〆　四人へ鳥目三百文ツヽ
一登　助　文右衛門　和　助　政右衛門　善右衛門
一い　し　甚右衛門　嘉兵衛　寅　松
〆　九人へ鳥目弐百文ツヽ
百五拾文
一市兵衛
十三町
一平兵衛　一伊兵衛　一篤　蔵　一金兵衛
一助左衛門　一勘　助　一喜　助
〆　七人へ鳥目三百文ツヽ
一豊　松　一長右衛門　一佐　助

〆　三人へ鳥目弐百文ツ、

三百文
一嘉　助　同 浅右衛門　同 六右衛門　同 惣兵衛

三百文
一平　蔵　同 新兵衛　一源　助　一佐　七

弐百文
一ゆ　き　同 太郎兵衛　同 甚兵衛　同 義右衛門

弐百文
一条右衛門　一和　助

〆

肝煎
一友右衛門　庄兵衛　弥兵衛　小兵衛

〆　四人へ鳥目五百文ツ、

肝煎加役
一義兵衛　加賀屋茂兵衛　〆　弐人へ鳥目四百文ツ、

下男飯炊
一喜　八　髪結 三　治　番人 半　七

〆　三人へ鳥目弐百文ツ、

立石町番家
一安次郎　〆　壱人へ百五拾文ツ、

合銭拾九貫八百五拾文　此人数七拾五人

代銀＊1百八拾壱匁六分五り＊2

一四人　五百文ツ、　一弐人　四百文ツ、

一三拾五人　三百文ツ、　一廿九人　弐百文ツ、

一五人　百五拾文ツ、

〆　但、平均壱人前弐百六拾五文宛

惣銀高三貫四百五拾壱匁四分三厘
全出銀高也

○＊1の箇所に「改正」方印、＊2の箇所に「合」丸印が捺されている。

諸方掛屋敷町中ゟ借屋人中へ施行致候割方左ニ、当方出高

掛屋敷町中より施行分担高

一銭六貫三百八文　鱣谷壱丁目
代五拾九匁九分三り
但、借屋中四拾壱軒并町役人五人、〆四拾六軒へ白米三升ツヽ差遣候割

一三拾弐匁四分弐り　南米屋町
金弐歩、銭百文
但、表借家三拾八軒へ焚炭壱俵宛、裏借家三拾八軒へ白米四升ツヽ差遣候割、弐顔分

一六拾九匁七分五り　九之助町
此銭七貫五百文
但、施行米割方、三顔分

一廿八匁弐分　茂左衛門町
此銭三貫文

一三拾九匁六り　大宝寺町
此銭四貫弐百文
但、町内裏借家中へ鳥目六百文ツヽ、施行之割

一三拾弐匁弐分七り　高間町
此銭三貫四百七拾文
但、町内借家中へ壱軒ニ付米四升ツヽ遣し候割
一三拾七匁六分八り　南堀江
一九匁五分　順慶町壱丁目
此銭壱貫文
一九匁壱分四り　安堂寺町三丁目
此銭九百六拾弐文
一四拾三匁五分七り　富嶋弐丁目
一四拾六匁　安堂寺町五丁目
此銭五貫文
但、町内借家中へ施行米遣し候段申参り候得共、当方者先頃借家之者へ遣し候ニ付、及断候処、左候ハヽ多少ニ限らず心持次第出銀致呉候様、旁頼来り、無拠如高出銀致ス、尤町中も心持次第ゆへ各不同有之

一五四　大坂市中の難渋人への施銭上納

十月中旬ゟ米直段高価ニ付、従御公儀段々御苦労被成下候ニ付、追々下落ニ趣候得共、元来世上米払底ニ可有之、市中難渋人多く、従御公儀御救米之御沙汰有之候ニ付而者、拾人方并融通方銘々ゟ施銀銭之儀専相聞へ候ニ付、当方も鳥目千貫文施度、相談之上十一月廿二日勇右衛門を以、

左之通西御町奉行　矢部駿河守様地方御役所江御届申上書付、左之通

口上之覚

当年東国筋不作之場所も有之趣ニ而、米直段高直ニ相成、末々之者及難儀候哉ニ被為思召、此度市中極難渋之者へ御救被為遣候御趣意、御慈憐之程乍恐難有奉存候、依之私ゟ左之通

一銭千貫文

右之通困窮之方江為合力施度奉存候、宜御差図奉願上候、少分ニも奉存候得共、私請負仕居候予州銅山方近年稼六ケ敷難渋仕居候間、存意通り行届不申、前書之員数を以奉申上候間、宜奉願上候、已上

巳十一月廿二日　　　　住友吉次郎（実印）

先宛名なし

右之通西之内半切ニ相認、調印之上、勇右衛門持参致候処、地方御与力永田察右衛門様、吉田勝右衛門様御請取、早速其段御奉行様へ被仰上候処、寄特（奇）ニ被思召、書付差置可申よし、追而御沙汰可被仰付、尚一応惣年寄詰所へ其段申入置候様可致様ニ御座候処、最早御引取ニ付御与力衆ゟ其段申入置遣シ可申段被仰渡候

一天満組惣会所ゟ勇右衛門御呼出シ、十一月廿四日出勤仕候処、薩摩屋仁兵衛様、永瀬七郎右衛門様被仰候、此度為御施鳥目千貫文御差出之趣、吉田様ゟ被仰聞候、誠ニ御寄特成義ニ御座候、扨十人両替、融通方ゟも同様之儀ニ付、右銀銭一集ニ致し、来ル廿九日三郷借家人中へ割渡可申存候間、千貫文之儀者鴻池屋伴兵衛方へ御噂被成候ハ丶、取繕ひ、書付ニいたし、当方へ申出

候間、相談可致様、伝馬方江も釣合致度、尚亦来ル廿九日ニ者貴様外ニ両人計り手代中出勤之
儀被仰聞候、右ニ付鴻池屋方へ委細頼置

銭は馬にて惣会所へ運ぶ

一十一月廿九日勇右衛門幷ニ両人召連、早朝ゟ出勤致ス、銭之義者当方ゟ馬ニ而七拾貫文宛積、
惣会処江相運ひ候事

惣会所椽側にて各町に渡す

一当日十人両替、融通方ゟも両人又者三人宛各出勤有之、惣会所椽側ニおゐて諸町内へ夫々鳥目
相渡候事、借家壱軒前銭弐百廿壱文ツヽ、暮半時無滞相済、尚亦引取候節惣年寄井岡左五郎様・
金谷実太郎様共御立合ニ而厚御挨拶有之、請取書御渡し有之、直様一統引取候事

覚

＊1一　銭千貫文＊2

右之通請取候、以上

巳十一月廿九日　南組掛り惣年寄㊞

住友吉次郎殿

右之通御請取書御渡し持帰り候事

一銭三貫六拾九文　右銭千貫文南組惣会所迄運ひ馬駄賃
＊1代廿八匁六分四り＊2

○＊1の箇所に「改正」方印、＊2の箇所に「合」丸印が捺されている。

『大阪市史』第四上補達五三七

御演舌

一銀三拾貫目　鴻池屋善右衛門

一同三拾貫目　加嶋屋久右衛門

一同弐拾壱貫五百目　銀五百枚分　加嶋屋作兵衛
一同弐拾貫目　米屋平右衛門
一銭百貫文　鴻池屋新十郎
一銀八貫六百目　銀弐百枚分　鴻池屋他次郎
一銭五百五拾貫文　辰巳屋久左衛門
一同五百五拾貫文　近江屋休兵衛
一同五百貫文　炭屋安兵衛
一同五百五拾貫文　三井八郎右衛門
一同三百貫文　平野屋五兵衛
一同弐百五拾貫文　枡屋平右衛門
一同百五拾貫文　嶋屋市兵衛
一銭百貫文　炭屋善五郎
一同弐百貫文　米屋喜兵衛
一同百貫文　天王寺屋忠次郎
〆銀百拾貫百目
銭三千三百五拾貫文
一銭三百貫文　近江屋半左衛門
一同三百貫文　鴻池屋庄兵衛

一同弐百貫文　泉屋甚次郎
一同弐百貫文　枡屋伝兵衛
一同三百貫文　炭屋彦五郎
〆銭千三百貫文
一銭千貫文　住友吉次郎
〆

町々借家軒数に応じ遣す

米高直ニ付前書弐拾弐人ゟ困窮之者へ右銀銭差遣度旨申出候処、銀銭高之儀ニ付、町々借家軒数ニ応し差遣候方可然旨、此方共ゟ申上、御聞済有之、右銀高も銭ニ両替いたし、壱軒分弐百廿壱文宛差遣候間、左之頭書之銭高請取可申、尤右軒数之内ニ者右銭申請ルニ不及身柄之者も可有之、此分者存寄次第困窮之ものへ差遣候様取計可被申候、此旨町々借家人之向へ演説可有之事

巳十一月廿九日

覚

一高七万八千五百九拾五軒
一弐万七千四百三拾四軒　北組借家分
一三万五千六百三拾三軒　南組借家分
一壱万五千五百弐拾八軒　天満組借家分
〆
一銀百拾貫百目

此銭壱万千八百三拾八貫七百九文
又銭三千三百五拾貫文
又銭千貫文
〆銭壱万七千四百八拾八貫七百九文
借家壱軒前銭弐百弐拾壱文宛
入用銭壱万七千四百三拾八貫弐百六拾三文
内
一六千八拾六貫九百拾八文　北組分
一七千九百六貫六拾九文　南組分
一三千四百四拾五貫弐百七拾弐文　天満組分
〆
引残銭五拾四貫四百四拾弐文　過上銭ニ成
平野屋五兵衛より米の施行
一十一月廿七日今橋壱丁目平野屋五兵衛殿方より施行米左之通之よし
三郷惣借家人壱軒前
白米壱升宛
但、搗料壱部減ニして
黒米壱升壱合四勺宛渡
右黒米〆八百九拾五石九斗八升三合

右之通難波橋北詰蔵所ニおゐて町々江相渡し候事

口上之覚

当秋新穀追々致入津候得共、東国筋不作之場所も可有之、米直段高直ニ相成、末々之者及難儀候哉ニ被為思召、此度御触渡之御趣ニ而者、市中極難渋之ものへ御囲米之内ゟ御救被為遣候御趣意、御慈憐之程乍恐難有奉存候、依之私共ゟ別紙之通聊宛困窮之方へ施遣度心組ニ御座候得共、迚も行届不申と奉存候之間、乍恐御役所江奉差上度候、何卒各様方之御賢慮ヲ以可然様御執計被成下候者難有仕合奉存候、右之段御伺奉申上候、已上

巳十一月廿日　十人両替屋共

宛なし

廻章之写

施銭を受けた町名控三冊

甚寒之節御座候処、愈御安静被成御座珍重之義奉存候、然者此間三郷御出張御取計御座候施銭町名前書控三冊御廻し申上候間、夫々御扣相済候上、御順達被成下、御廻り止ゟ御返却可被下候、まつハ右之段申上度如此御座候、已上

十二月五日　米屋義助

鴻　伴兵衛様　加　権兵衛様　加　要　助様　鴻　貞　助様
鴻　彦　市様　辰　義　助様　近　周　助様　炭　幸　七様
平　安兵衛様　升　善四郎様　三　半右衛門様　鴻　小　助様
炭　源　蔵様　泉　勇右衛門様　近　只　七様　泉　卯三郎様

升　平兵衛様　炭　甚兵衛様　天　佐兵衛様　米　由兵衛様

北組借家中へ遣し候町名前左ニ

一銭四拾五貫三拾九文　両国町
一同拾弐貫弐百三文　北渡辺町
一同拾六貫百九拾三文　船町
一同拾五貫八拾四文　中船場町
一同弐拾四貫百八拾壱文　釘屋町
一同七貫七百六拾三文　安土町壱丁目
一同三拾弐貫百六拾九文　新靭町
一同弐拾壱貫五百廿壱文　折屋町
一同弐貫弐百拾八文　久保嶋町
一同弐拾六貫六百廿四文　嶋町弐丁目
一同弐拾壱貫七百四拾弐文　尼崎町弐丁目
一同弐百廿壱文　将基(棋)嶋蔵番
一同八百八拾四文　中之嶋上之鼻新築地
一同八貫八百三拾文　土佐堀弐丁目
一同弐拾貫四百拾弐文　肥後嶋町
一同弐拾七貫六拾六文　雑候(喉)庭町

一同三拾弐貫六百拾五文　平野町三丁目
一同拾五貫七百五拾壱文　土佐堀壱丁目
一同弐貫六百六拾文　築嶋町
一同弐拾九貫七百三拾文　上中之嶋町
一同三貫七百六拾九文　白子嶋町
一同拾六貫百九拾三文　宗是町
一同八貫八百七拾弐文　小右衛門町
一同拾四貫四百廿壱文　石津町
一同九貫五百三拾九文　兵庫町
一同拾三貫八拾七文　道修町弐丁目
一同三拾壱貫六拾文　元伏見坂町
一同三拾五貫五拾四文　日本橋弐丁目
一同拾六貫六百三拾九文　北新町壱丁目
一同五拾三貫六百九拾文　内骨屋町
一同三拾八貫六百六文　五幸町
一同弐拾弐貫百八拾四文　瓦町弐丁目
一同拾壱貫三百拾五文　高麗橋三丁目
一同七貫三百三拾壱文　玉水町

一同廿弐貫四百九文　大沢町
一同三拾六貫三百八拾四文　安土町三丁目
一同三拾五貫五拾四文　江之子嶋西町
一同拾三貫七百五拾四文　御堂前町
一同三拾三貫弐百七拾八文　三右衛門町
一同五拾壱貫六百九拾三文　北堀江五丁目
一同四拾七貫三拾六文　同　四丁目
一同六貫四百三拾三文　錦町弐丁目
一同四拾九貫三拾三文　木津川町
一同拾五貫七百五拾壱文　本天満町
一同五貫百三文　本靭町
一同弐拾九貫七百三拾文　橘通五丁目
一同三拾壱貫九百四拾八文　本相生町
一同拾八貫六百三拾六文　南浜町
一同拾弐貫八百六拾六文　京橋六丁目
一同廿五貫九百五拾七文　本京橋町
一同拾三貫九百七拾五文　本堺町
一同五拾壱貫弐百五拾壱文　江戸堀四丁目

一同廿弐貫八百五拾壱文　近江町
一同四貫六百五拾七文　京橋五丁目
一同廿三貫弐百九拾壱文　釣鐘上之町
一同廿五貫五百拾五文　豊嶋町
一同拾八貫八百五拾七文　京橋四丁目
一同拾三貫五百三拾三文　内両替町
一同五拾貫五百八拾四文　升屋町
一同三拾七貫四百九拾三文　箱屋町
一同三拾壱貫七百廿七文　日本橋五丁目
一同廿四貫四百六文　同　三丁目
一同廿弐貫八百五拾壱文　布屋町
一同七拾七貫弐百拾弐文　江戸堀三丁目
一同廿三貫五百拾八文　道修町四丁目
一同四拾五貫四百八拾壱文　北堀江三丁目
一同廿六貫八百四拾五文　石町
一同廿四貫四百六文　上魚屋町
一同七貫七百六拾三文　椹木町
一同拾七貫五百廿七文　津村北之町

一同拾壱貫三百拾五文　九条村町
一同三拾五貫五拾四文　橘通六丁目
一同九貫九百八拾壱文　京橋三丁目
一同廿六貫六百廿四文　備前嶋町
一同五拾弐貫八百六文　北鍋屋町
一同五貫五百四拾五文　伏見町
一同廿五貫九百五拾七文　北革屋町壱丁目
一同拾九貫七拾八文　船越町
一同拾九貫五百廿四文　道修町三丁目
一同六拾弐貫三百四拾五文　北堀江弐丁目
一同四拾壱貫四拾五文　油掛町
一同三拾壱貫七百廿七文　呉服町
一同四拾四貫八百拾八文　京町堀壱丁目
一同拾八貫四百拾五文　平野町弐丁目
一同廿貫百八拾七文　道修町五丁目
一同廿貫百八拾七文　尼ケ崎町壱丁目
一同拾七貫七百四拾八文　新堀町
一同三拾三貫弐百七拾八文　弥兵衛町

一同十五貫七百五拾壱文　和泉町
一同五拾貫五百八拾四文　亀井町
一同五拾壱貫弐百五拾壱文　長町七丁目
一同十八貫百九拾文　安土町弐丁目
一同弐貫六百六拾文　網嶋町
一同十三貫九百七拾五文　上人町
一同廿三貫七拾弐文　内淡路町弐丁目
一同十九貫三百三文　三郎右衛門町
一同廿六貫四百三文　四軒町
一同三拾貫八百三拾九文　北浜弐丁目
一同六拾三貫弐百三拾三文　常安裏町
一同拾六貫百九拾三文　内淡路町壱丁目
一同拾八貫四百十五文　備後町四丁目
一同四拾五貫七百六文　京町堀四丁目
一同五拾貫八百九文　信濃町
一同廿貫六百三拾三文　長浜町
一同十六貫四百拾八文　北革屋町弐丁目
一同八拾貫三百拾八文　江戸堀弐丁目

一同十貫弐百六文　津村南之町
一同廿五貫五百拾五文　岡山町
一同三拾五貫五百文　船坂町
一同廿壱貫三百文　山田町
一同拾八貫百九拾文　浄覚寺町
一同三拾五貫五拾四文　聚楽町
一同廿四貫百八拾壱文　釣鐘町
一同壱貫九百九拾三文　六左衛門町
一同廿貫百八拾七文　古手町
一同拾六貫百九拾三文　善左衛門町
一同拾九貫七百四拾五文　錦町壱丁目
一同廿貫百八拾七文　津村東之町
一同廿八貫八百四拾弐文　相生東町
一同三拾八貫三百八拾壱文　谷町弐丁目
一同三拾四貫百六拾六文　津村中之町
一同廿弐貫六百三拾文　長町八丁目
一同三拾壱貫七百廿七文　過書町
一同拾五貫八拾四文　谷町壱丁目

一同廿壱貫三百文　津村西之町
一同廿三貫弐百九拾三文　道修町壱丁目
一同七貫九百八拾四文　野田町
一同八貫弐百九文　長町九丁目
一同拾四貫四百廿一文　松尾町
一同拾弐貫六百四拾五文　相生西町
一同廿三貫弐百九拾三文　吉原町
一同三拾三貫弐百七拾八文　新吉原町
一同廿六貫百七拾八文　櫂屋町
一同弐貫八百八拾壱文　丸葉町
一同九貫七百六拾文　越中町弐丁目
一同廿貫百八拾七文　同　三丁目
一同廿一貫五百廿一文　松本町
一同五拾三貫六百九拾文　南鍋屋町
一同拾七貫七百四拾八文　粉川町
一同廿八貫六百廿一文　北浜壱丁目
一同廿弐貫八百五拾壱文　宮川町
一同十三貫七百五拾四文　玉手町

一同十四貫六百四拾弐文　京橋弐丁目
一同七貫七百六拾三文　伏見両替町四丁目
一同九貫九拾三文　神崎町
一同拾三貫八拾四文　常盤町四丁目
一同廿八貫四百文　玉沢町
一同三拾九貫七百十五文　谷町三丁目
一同七貫五百四拾弐文　岡崎町
一同拾八貫百九拾文　海部町
一同六拾壱貫四百五拾七文　長町六丁目
一同拾六貫四百拾八文　伏見両替町壱丁目
一同拾八貫六百三拾六文　平野町壱丁目
一同廿六貫六百廿四文　内淡路町三丁目
一同拾七貫九百六拾九文　瀬戸物町
一同廿四貫四百六文　淡路町弐丁目
一同三拾壱貫五百六文　徳井町
一同廿壱貫九百六拾三文　橘通七丁目
一同拾七貫三百六文　内平野町弐丁目
一同十四貫八百六拾三文　南革屋町

一同三拾壱貫五百六文　江戸堀壱丁目
一同六拾七貫六文　日本橋四丁目
一同三拾四貫八百三拾三文　大川町
一同拾三貫七百五拾四文　今橋壱丁目
一同拾四貫八百六拾三文　同　弐丁目
一同拾貫八百六拾九文　伏見両替町三丁目
一同三拾六貫百六拾三文　弐本松町
一同六拾四貫七百八拾四文　橘通弐丁目
一同七貫七百六拾三文　菱屋町
一同五貫九百七拾八文　紀伊国町
一同七拾六貫七百六拾六文　道空町
一同三拾壱〆弐百八拾壱文　戎島町
一同拾貫六百四拾八文　淡路町切町
一同八貫弐百九文　備後町壱丁目
一同三貫九百九拾文　上博苦（労）町
一同拾弐貫四百弐拾四文　籠屋町
一同拾貫八百六拾九文　福井町
一同弐拾貫四百拾弐文　撞木町

一同五拾八貫五百七拾弐文　新淡路町
一同四拾五貫九百弐拾七文　橘通三丁目
一同四拾弐貫八百弐拾壱文　遠(奈)良屋町
一同拾四貫六百四拾弐文　西伊勢町
一同三貫三百弐拾七文　西信町
一同三拾壱貫五百六文　衽町
一同拾壱貫九百七拾八文　東堀川上新築地
一同拾七貫三百六文　仁右衛門町
一同九貫七百六拾文　桑名町
一同拾壱貫九拾文　葭屋町
一同四拾九貫四百七拾五文　江ノ子島東町
一同拾七貫八拾壱文　常盤町三丁目
一同弐拾七貫九百五拾四文　橘通四丁目
一同六貫七百五拾四文　西浜町
一同弐拾四貫六百弐拾七文　海部堀川町
一同拾五貫三百九文　釼先町
一同弐拾六貫百七拾八文　寺島町
一同四拾貫三百四拾八文　江戸町

一同拾八貫百九拾文　枴屋町
一同三貫九百九拾文　半入町
一同拾壱貫九拾文　八尾町
一同六貫六百五拾四文　国分町
一同拾壱貫三百拾五文　備後町三丁目
一同三拾三〆五百三文　鋪屋町
一同三拾三〆五百三文　下博(労)苦町
一同拾九貫三百三文　四郎兵衛町
一同九貫九百八拾壱文　備後町弐丁目
一同拾三貫九百七拾五文　瓦町壱丁目
一同拾七貫三百六文　七郎右衛門町壱丁目
一同三拾六貫六百九文　同弐丁目
一同拾八貫六百三拾六文　浜町
一同拾壱貫九拾文　内平野町
一同拾壱〆九百七拾八文　伏見両替町弐丁目
一同五貫百三文　仁兵衛町
一同拾貫四百廿七文　常盤町弐丁目
一同拾五貫三百九文　同　壱丁目

一同六拾五〆八百九拾三文　江戸堀五丁目
一同弐拾五〆七百三拾六文　湊橋町
一同拾八貫四拾五文　西笹町
一同拾壱貫三百拾五文　豆葉町
一同拾壱〆三百拾五文　亀山町
一同拾貫四百廿七文　崎吉町
一同五拾三貫四百六拾九文　北堀江壱丁目
一同弐拾三〆弐百九拾三文　淡路町壱丁目
一同弐拾弐貫六百卅文　南渡辺町
一同弐拾五〆弐百九拾文　浚(駿)河町
一同三拾貫六百拾八文　豊後町
一同弐拾九〆弐百八拾四文　坂本町
一同拾四貫六百四拾弐文　茶染屋町
一同拾四貫八百六拾三文　家根屋町
一同弐拾〆四百拾弐文　高麗橋二丁目
一同三拾四〆百六拾六文　梶木町
一同四拾三〆四拾弐文　麹町
一同三拾九〆九百卅六文　常安町

一同五貫三百弐拾四文　新四郎町
一同拾三〆三百拾弐文　北新町二丁目
一同拾八〆百九拾文　油町三丁目
一同六拾弐〆五百六拾六文　新天満町
一同三拾弐〆百六拾九文　京町堀弐丁目
一同三拾五〆五拾四文　京町堀三丁目
一同拾弐貫八百六拾六文　日本橋壱丁目
一同三拾弐〆三百九拾文　備後町五丁目
一同拾貫六百四十八文　京町堀六丁目
一同三拾五〆弐百七拾五文　同五丁目
一同拾七貫三百六文　油町壱丁目
一同拾弐〆四百廿四文　同弐丁目
一同五貫百三文　白子町
一同拾貫四百廿七文　同裏町
一同四拾六〆百四拾八文　斎藤町
一同弐百弐拾壱文　永代堀上町
一同拾六〆四百拾八文　百貫町
一同弐拾六〆四百拾八文　高麗橋一丁目

一同七拾七〆六百五拾四文　阿波町
一同四拾四貫三百七拾弐文　嶋町壱丁目
〆六千八拾六貫九百拾八文
右北組

天満組

従是天満組
一銭三拾〆八百三拾九文　天満壱丁目
一同三拾壱貫六拾文　的（臼カ）屋町
一同拾三〆七百五拾四文　天満弐丁目
一同弐拾六〆八百四拾五文　今井町
一同拾三〆三百拾弐文　天満三丁目
一同三拾九〆四百九拾文　金屋町
一同拾四〆四百廿壱文　天満四丁目
一同五拾壱〆弐百五拾壱文　信保町
一同五拾壱〆四百七拾弐文　天満五丁目
一同四拾四〆百五拾壱文　龍田町
一同三拾七〆七百拾八文　天満六丁目
一同三拾五〆七百弐拾一文　同七丁目
一同三拾四〆百六拾六文　瀧川町

一同弐拾四〆四百六文　天満八丁目
一同拾七〆五百弐拾七文　市之町
一同弐拾三〆九百六拾文　天満九丁目
一同三拾弐〆百六拾九文　同拾丁目
一同五拾弐〆百三拾九文　菅原町
一同六拾九〆弐百廿四文　樋ノ上町
一同四拾七〆三拾六文　天満拾一丁目
一同拾九〆五百廿四文　下半町
一同拾七〆七百四拾文　西樽屋町
一同九〆九百八拾壱文　東樽屋町
一同弐拾四〆百八拾一文　鳴尾町
一同弐拾四〆八百四拾八文　天神筋町
一同七〆百文　地下町
一同拾三〆三百拾弐文　宮ノ前町
一同九〆五百三拾九文　長柄町
一同三拾九〆九百卅六文　鈴鹿町
一同拾〆六百四十八文　友古町
一同四〆六百五拾七文　源八町

一同四拾九〆九百廿一文　空心町
一同拾五〆八拾四文　板橋町
一同三拾三〆弐百七拾八文　岩井町
一同弐拾七〆五百拾弐文　典薬町
一同拾三〆三百拾弐文　唐崎町
一同拾七〆五百廿七文　壺屋町
一同弐拾五〆七百三拾六文　高島町
一同拾四〆八百六拾三文　河内町
一同拾八〆四百拾五文　農人町
一同拾三〆三百拾弐文　椋橋町
一同拾九〆三百三文　大工町
一同四拾〆百五拾七文　又次郎町
一同五拾三〆廿七文　摂津国町
一同三拾四〆三百八十四文　綿屋町
一同拾四〆六百四拾弐文　夫婦町
一同三拾三〆五百三文　池田町
一同拾六〆六百卅九文　北森町
一同拾四〆八百六拾三文　南森町

一同三拾六〆六百九文　魚屋町
一同四〆六百五拾七文　旅籠町
一同八〆四百三拾文　越後町
一同拾弐〆弐百三文　有馬町
一同拾八〆百九拾文　堀川町
一同五拾五〆四百六拾六文　イセ町
一同四拾壱〆四十五文　北富田町
一同拾七〆三百六文　南富田町
一同三拾八〆百六拾文　北木幡町
一同拾六〆六百卅五文　源蔵町
一同三拾七〆弐百七拾弐文　小島町
一同三拾八〆八百廿七文　老松町
一同三拾九〆九百卅六文　天満船大工町
一同弐拾五〆七百卅六文　砂原屋敷
一同三拾六〆三百八十四文　堂嶋船大工町
一同弐拾四〆六百廿七文　同裏壱丁目
一同弐拾六〆四百三文　同弐丁目
一同四拾三〆弐百六拾三文　永来町

一同五拾三〆弐百四拾八文　弥左衛門町
一同七〆九百八拾四文　新船町
一同三拾五〆五百文　堂島新地一丁目
一同三拾〆八百卅九文　同弐丁目
一同拾弐〆四百廿四文　同三丁目
一同拾三〆七百五拾四文　同四丁目
一同四〆弐百拾五文　同五丁目
一同五拾壱〆四百七拾弐文　同中一丁目
一同五拾四〆三百五拾七文　同中弐丁目
一同三拾五〆九百四拾弐文　同中三丁目
一同四拾九〆七百文　同新地北ノ町
一同八拾七〆八百六拾文　同浦町
一同三拾五〆九百四拾弐文　曾根崎一丁目
一同三拾八〆三百八拾壱文　曾根崎二丁目
一同五拾九〆九百六文　同三丁目
一同三〆百六文　同三丁目中持場助成屋鋪
一同四拾壱〆弐百六拾六文　安治川上一丁目
一同四拾七〆七百三文　同上弐丁目

一同弐拾四〆八百四拾八文　同北壱丁目
一同拾五〆八拾四文　同弐丁目
一同三拾五〆九百四拾弐文　同三丁目
一同四拾壱〆九百卅三文　同南一丁目
一同三拾九〆九百卅六文　同弐丁目
一同四拾五〆四百八十一文　同三丁目
一同四拾〆三百七拾八文　同四丁目
一同弐拾〆六百卅三文　富島一丁目
一同四拾六〆三百六十九文　同弐丁目
一同三貫百六文　古川壱丁目
一同三拾七〆七百拾八文　同弐丁目
一同四拾七〆七百三文　御池通一丁目
一同五拾五〆弐拾四文　同弐丁目
一同四拾六〆八百拾五文　同三丁目
一同四拾六〆五百九拾文　同四丁目
一同四拾四〆八百拾八文　同五丁目
一同弐拾壱〆九百六拾三文　同六丁目
一同七拾九〆弐百九文　橘通り一丁目

一同拾八〆四百拾五文　勘助島三丁目
一同三拾弐〆百六拾九文　難波新地一丁目
一同六拾壱〆六百七拾八文　同弐丁目
一同三拾六〆八百卅文　同三丁目
一同七〆七百六拾三文　猶村屋敷
一同三〆七百六拾九文　観音寺屋敷
一同五〆九百八拾七文　杵ケ鼻
一同弐〆八百八拾壱文　曾根崎川ノ口
一同九〆九百八拾壱文　東寺町前御鉄炮御屋敷御跡
一同弐拾七〆八拾七文　東寺町前
一同四〆四百三拾六文　大鏡寺前
一同三〆七百六拾九文　堀川堤
一拾〆六百四拾八文　天神社地
〆銭三千四百四拾五貫弐百七拾弐文

南組

従是南組左ニ
一銭弐拾七〆六拾六文　本町壱丁目
一同拾四〆弐百文　同弐丁目
一同拾五〆五百卅文　同三丁目

一同弐拾九〆五百九文　同四丁目
一同拾弐〆六百四十五文　同五丁目
一同拾七〆七百四十八文　南本町上半
一同九〆九拾三文　南本町壱丁目下半
一同弐拾壱〆三百文　同弐丁目
一同弐拾九〆六拾三文　同三丁目
一同弐拾五〆五百拾五文　同四丁目
一同三拾四〆百六拾六文　同五丁目
一同拾〆六百四拾八文　唐物町一丁目
一同四〆四百三拾六文　同下半
一同五〆五百四拾五文　同弐丁目上半
一同六〆弐百拾弐文　同三丁目上半
一同四〆八百七拾八文　同下半
一同拾〆八百六拾九文　同四丁目
一同拾七〆三百六文　雛屋町
一同弐拾八〆八百四拾弐文　北久太郎町一丁目
一同拾五〆七百五拾壱文　同弐丁目
一同拾五〆九百七拾弐文　同三丁目

一同三拾弐〆百六十九文　同四丁目
一同三拾三〆弐百七拾八文　同五丁目
一同四拾壱〆四百八十七文　南久太郎町壱丁目
一同拾六〆六百卅九文　同弐丁目
一同拾八〆八百五拾七文　同三丁目
一同三拾六〆六百九文　同四丁目
一同拾弐〆八百六拾六文　同五丁目
一同拾八〆六百三拾六文　同六丁目
一同三拾八〆八百廿七文　北久宝寺町一丁目
一同弐拾弐〆百八拾四文　同弐丁目
一同弐拾九〆九百五拾壱文　同三丁目
一同三拾八〆三百八拾壱文　同五丁目
一同三拾壱〆九百四拾八文　南同壱丁目
一同拾壱〆九百七拾八文　同弐丁目
一同拾四〆八百六拾三文　同三丁目
一同弐拾八〆八百四拾弐文　同四丁目
一同拾壱〆五百卅六文　同五丁目
一同弐拾九〆六百拾三文　博(伝)馬町

一同弐〆四百卅九文　源左衛門町
一同三拾八〆百六拾文　金沢町
一同弐拾八〆六百廿一文　金田町
一同三拾九〆四百九拾文　茨木町
一同五拾四〆八百三文　伝苦（博労）町
一同八拾五〆弐百文　上難波町
一同五拾〆三百六拾三文　順慶町壱丁目
一同三拾四〆六百拾弐文　同弐丁目
一同弐拾六〆八百四拾五文　同三丁目
一同四拾六〆八百拾五文　同四丁目
一同弐拾六〆四百三文　同五丁目
一同拾三〆八拾七文　浄国寺町
一同八〆六百五拾壱文　初瀬町
一同三拾弐〆八百卅六文　安堂寺町壱丁目
一同拾八〆六百卅六文　同弐丁目
一同拾四〆八百六拾三文　同下半
一同弐拾〆八百五拾四文　同三丁目
一同三拾七〆四百九十三文　同四丁目

一同弐拾七〆五百拾弐文　同五丁目
一同四拾壱〆弐百六拾六文　北勘四(郎脱)町
一同三拾九〆四百九拾文　南勘四郎町
一同弐拾九〆弐百八十四文　塩町一丁目
一同拾七〆八拾壱文　同弐丁目
一同拾四〆弐百文　同三丁目
一同七〆九百八拾四文　同四丁目
一同拾七〆三百六文　車町
一同弐拾八〆百七拾五文　長堀橋本町
一同弐拾弐〆六百卅文　茂左衛門町
一同弐拾九〆九百五拾一文　次郎兵衛町
一同三拾九〆九百卅六文　心斎町
一同三拾九〆四拾八文　長堀拾丁目
一同四拾〆六百三文　平右衛門町
一同拾三〆七百五拾四文　宇和島町
一同弐拾五〆七百卅六文　富田屋町
一同六拾弐〆百廿四文　白髪町
一同四拾九〆三拾三文　立花町

一同拾四〆八百六拾三文　　高橋町
一同拾三〆七百五拾四文　　清兵衛町
一同三拾四〆八百三拾三文　　新平野町
一同拾九〆九百六拾六文　　出口町
一同三拾〆八百卅九文　　小浜町
一同八拾七〆四百拾八文　　山本町
一同拾五〆七百五拾壱文　　吉田町
一同拾八〆四百拾五文　　西国町
一同弐〆八百八拾壱文　　百軒町
一同八〆弐百九文　　薩广（摩）堀納屋町
一同三拾〆百七拾弐文　　中筋町
一同拾四〆四百廿一文　　同阿波座堀町
一同弐拾壱〆七百四拾弐文　　同東町
一同三拾四〆三百八拾七文　　立売堀壱丁目
一同弐拾七〆弐百八拾七文　　同二丁目
一同拾九〆七百四拾五文　　同三丁目
一同弐拾四〆四百六文　　立売堀四丁目
一同拾五〆八拾四文　　同西ノ町

一同五拾三〆六百九拾文　同南裏町
一同四拾五〆九百廿七文　同中ノ町
一同三拾三〆弐百七拾八文　同鉄町
一同弐拾七〆五百拾弐文　同中橋町
一同弐拾七〆九百五拾四文　阿波橋町
一同三拾〆八百卅九文　同古金町
一同三拾〆八百卅九文　帯屋町
一同五拾〆百四拾弐文　助右衛門町
一同九拾弐〆三百文　日向町
一同三拾弐〆八百卅六文　伊連(達)町
一同五拾四〆八百三文　讃岐町
一同弐拾壱〆七百四十弐文　神田町
一同弐拾四〆六百廿七文　権左衛門町
一同拾三〆八拾七文　孫左衛門町
一同弐拾三〆七拾弐文　藤右衛門町
一同九〆七百六拾文　鱣谷壱丁目
一同弐拾五〆五百拾五文　同弐丁目
一同弐拾壱〆七百四拾弐文　高間町

一同拾九〆五百廿四文　尾上町
一同三拾四〆百六拾六文　九之助町壱丁目
一同拾六〆八百六拾文　同弐丁目
一同拾五〆七百五拾壱文　錺屋町
一同四拾壱〆七百拾弐文　大宝寺町
一同百四〆五拾七文　炭屋町
一同拾〆六百四拾八文　よしの屋町
一同三拾三〆五百三文　松原町
一同拾九〆三百三文　柳町
一同七拾壱〆弐百廿一文　周防町
一同五拾四〆百三拾六文　南毛綿町
一同五拾五〆四百六拾六文　三寺町
一同弐拾八〆六百廿壱文　菊屋町
一同拾六〆六百卅九文　関町
一同拾七〆九百六拾九文　南米屋町
一同八〆八百七拾弐文　白銀町
一同弐拾八〆百七拾五文　山崎町
一同弐拾七〆九百五拾四文　南紺屋町

一同八〆弐百九文　木挽北ノ町
一同七〆九百八拾四文　同中ノ町
一同拾六〆四百拾八文　同南ノ町
一同三拾九〆九百卅六文　南ぬし屋町
一同三拾四〆百六拾六文　南畳屋町
一同三拾四〆八百卅三文　南笠屋町
一同弐拾三〆九百六拾文　綿袋町
一同三拾四〆百六拾六文　岩田町
一同三拾三〆九百四拾五文　中津町
一同弐拾五〆七百卅六文　常珍町
一同三拾四〆三百八拾七文　南綿屋町
一同弐拾五〆九百五拾七文　酒辺町
一同三拾弐〆八百卅六文　鍛(治脱)屋町壱丁目
一同七拾壱貫文　同弐丁目
一同拾弐〆弐百三文　石灰町
一同弐拾九〆五百九文　道仁町
一同弐拾弐〆六百卅文　高津町
一同四拾六〆五百九拾文　卜半町

一同拾九〆九百六拾六文　小西町
一同三拾六〆六百九文　玉屋町
一同六拾五〆九文　南竹屋町
一同弐拾〆八百五拾四文　南問屋町
一同四拾〆百五拾七文　高津五右衛門町
一同百三〆百六拾九文　西高津町
一同四拾九〆九百廿一文　大和町
一同五拾七〆四百六拾三文　道頓堀　惣右衛門町
一同弐拾壱〆六百卅文　同御前町
一同三拾四〆百六拾六文　道頓堀布袋町
一同八拾五〆八百六拾三文　同久左衛門町
一同四拾三〆七百九文　同立慶町
一同拾四〆六百四拾弐文　同吉左衛門町
一同六拾弐〆七百八拾七文　同九郎右衛門町
一同拾七〆三百六文　同湊町
一同五〆五百四拾五文　釜屋町
一同拾三〆七百五拾四文　新難波東ノ町
一同五〆三百弐拾四文　同中ノ町

一同拾五〆八拾四文　西ノ町
一同五〆百三文　徳寿町
一同拾壱〆三百拾五文　新戎町
一同八〆四百三拾文　新大黒町
一同五拾八〆三百五拾壱文　内本町橋詰町
一同八〆四百三拾文　西下宿（請所）清町
一同三拾弐〆百六拾九文　内本町弐丁目
一同三拾弐〆八百卅六文　太郎左衛門町
一同七拾三〆八百八拾壱文　同中ノ町
一同拾壱〆三百拾五文　北新町三丁目
一同拾四〆六百四拾弐文　南新町壱丁目
一同拾九〆三百三文　同弐丁目
一同拾弐〆弐百三文　同三丁目
一同拾六〆百九拾三文　大津町
一同拾五〆三百九文　与左衛門町
一同弐拾四〆六百廿七文　松江町
一同弐拾七〆七百卅三文　小倉町
一同弐拾五〆六十九文　鎗屋町

一同弐拾弐〆六百卅文　錫屋町
一同四拾六〆百四拾八文　北谷町
一同四拾壱〆弐百六拾六文　南谷町
一同五拾五〆六百八十七文　濃人橋壱丁目
一同三拾弐〆六百十五文　同弐丁目
一同弐拾壱〆七拾五文　同橋詰町
一同拾九〆九百六拾六文　同材木町
一同三拾四〆三百八十七文　南農人町
一同六拾壱〆弐百卅六文　同弐丁目
一同弐拾三〆七百卅九文　藤の森町
一同弐拾五〆九百五十七文　大平町
一同弐拾壱〆三百文　住よしや町
一同三拾壱〆六拾文　松屋町表町
一同四拾壱〆四拾五文　内久宝寺町
一同拾五〆九百七拾弐文　松屋町裏町
一同拾七〆五百廿七文　具足屋町
一同拾四〆六百四拾弐文　松山町
一同弐拾壱〆七百四拾弐文　丹波屋町

一同百九拾四〆八百六文　南瓦屋町
一同弐拾九〆六拾三文　尾張坂町
一同弐拾弐〆六百卅文　播广(磨)町
一同弐拾三〆七百卅九文　内安堂寺町
一同弐拾〆八百五拾四文　坂田屋町
一同弐拾八〆四百文　玉木町
一同弐拾三〆七百卅九文　万手町
一同弐拾四〆百八拾壱文　立平(半)町
一同三拾壱〆七百廿七文　柏原町
一同弐拾七〆弐百八拾七文　生駒町
一同三拾九〆九百卅六文　田島町
一同弐拾七〆九百五拾四文　宮崎町
一同弐拾弐〆百八拾四文　龍蔵寺町
一同弐拾五〆五百拾五文　桜町
一同三拾九〆九百卅六文　鈴木町
一同四拾九〆弐百五十四文　上堺町
一同弐拾五〆五百拾五文　上本町壱丁目
一同四拾三〆九百三拾文　同弐丁目

一同弐拾九〆七百卅文　同三丁目
一同弐拾八〆六百廿一文　同四丁目北半
一同弐拾八〆六百廿一文　上本町四丁目上半
一同四拾七〆弐百五拾七文　札ノ辻町
一同三拾〆百七拾弐文　山家屋町
一同拾五〆三百九文　玉造上清水町
一同弐拾弐〆八百五拾壱文　上木綿町
一同六〆弐百拾弐文　稲荷新町
一同拾八〆六百卅六文　祢宜町
一同八〆弐百九文　門前町
一同三〆五百四十八文　栢木町
一同拾五〆五百三拾文　左官町
一同拾壱〆三百拾五文　中町
一同拾八〆四百拾五文　平野江町
一同拾七〆八拾壱文　下清水町
一同拾三〆八拾七文　大和橋町
一同弐〆四百卅九文　伏見坂町
一同四〆六百五拾七文　森町

一同三拾〆三百九拾三文　南堀江壱丁目
一同四拾〆六百三文　同二丁目
一同五拾七〆九百九文　同三丁目
一同三拾三〆五拾七文　同四丁目
一同三拾六〆八百卅文　橘通八丁目
一同八〆六百五拾壱文　幸町壱丁目
一同拾弐〆弐百三文　同弐丁目
一同八〆六百五拾壱文　同三丁目
一同拾三〆五百卅三文　同四丁目
一同四拾四〆八百拾八文　同五丁目
一同六拾三〆拾弐文　西高津新地壱丁目
一同六拾七〆八百九拾文　同弐丁目
一同九拾壱〆百八拾七文　同三丁目
一同五拾五〆弐百四拾五文　同四丁目
一同五拾七〆九百九文　同六丁目
一同四拾八〆五百八十七文　同七丁目
一同五拾五〆廿四文　同五丁目
一同九拾壱〆六百卅三文　同八丁目

一同七拾弐〆七百七拾弐文　同九丁目
一同七〆三百弐拾壱文　佐渡屋町
一同弐〆六百六拾文　九軒町
一同四拾五〆三拾九文　瓢単町
一同四拾三〆弐百六拾三文　佐渡島町
一同拾壱〆三百拾五文　薩（摩）広堀 教寺門前
一同拾三〆八拾七文　天王寺御蔵跡 地面住居之者
一同八〆四百三拾文　難波入堀請地 住居之者
一同七〆九百八拾四文　農人橋弐丁目 伊せ慶光院 懸屋敷之者
〆七千九百六貫六拾九文

一五五　浅草店支配人交代大払方

天保五年年三月江戸浅草支配人是迄半兵衛為相勤置候処、此度清兵衛江転役、同所名前人ニ申付候ニ付、左之通一札取置、本紙大払方ニ有之事

一札之事

一貴殿方江従幼年相勤候清兵衛義、此度江戸浅艸諏訪町御蔵前御札指被成候甚左衛門殿と申御名前之御出店清兵衛江御預ケ被成、御店一件差配被成御申付、御定法・御申渡之通委細承届申候、然ル上者　御屋敷様方出金明白、御證文取之、帳面ニ記置可申候、尤御対談筋失礼無御座候様、

大切ニ可為相勤候事

一御公儀様御法度之儀者不及申上、御蔵前御役所御掟等少しも為相背申間敷候、大切ニ可為相勤候、幷御仲ケ間御定等少も為致違背間敷候、其外御店ニ付候而如何様之出入六ケ敷義御座候共、遠国之御出店預り相勤候上者、急度引請埒明、貴殿へ少も御難儀懸ケ申間敷候事

一清兵衛義御暇被遣候歟、又者如何様之儀ニて勤方引退候義有之候ハヽ、御差図次第少しも違背不仕、御仲間江申届、御店跡之差障無御座候様御差図之者江一式引渡可申候事

右之外不依何事清兵衛引請相勤候上者、万端貴殿へ懸御難儀申間敷候、勿論御店諸勘定毎年明白ニ相立、御店御利益御座候様可致勘弁候、尤為登金銀御差図次第無遅滞為差登可申候、此外先年差入置候請状之通ニ御座候、為後證差入置候一札依如件

天保五午年三月

御店預り主江戸在勤
泉屋清兵衛印

證人江戸末家
泉屋平右衛門印

住友吉次郎殿

一五六　末家八郎右衛門名跡相続願

御末家八郎右衛門義久々病気之処、終養生不相叶死去仕候処、其後内間相続難出来、依之御末家義助幷勘七世話ヲ以、左之通り相済候事、尤死去後同人ゟ借付證文等一旦本家へ相預り置候処、此度相改、左之通り決定之上相渡し候事

乍恐以書附奉願上候

一悴八郎右衛門義久々病気ニ而引籠り候ニ付、色々薬用為致候得共、終養生不相叶、去四月四日

死去仕、老年私残念至極奉存候、然ル処死跡相続人之義先達而喜八郎悴八三郎養子貰ひ請、行々相続為致度旨奉願上候処、御聞済被仰付難有仕合奉存候、其後八三郎義不縁ニ付弟喜八郎相談之上、去巳九月離縁仕候義ニ在之、此義早速御届可申上之処、折節病気ニ取合、無其義打過、及延引候段幾重ニも御高免被成下度奉願上候、右ニ付当春同人存命中御願奉申上、御聞済ニ相成候妻まつ連子両人之内六才之末子松之助兼而相続為致度由申居候得共、是以病中故別段御願不申上、死去仕候義ニ御座候、依之八郎右衛門名跡之義前書松之介江被仰付被下度奉願上候、尤同人未幼少之義ニ付、町内表代判之義者親類紀伊国屋与市為相勤相続仕、御本家向之処者私義追々老年ニも相成候ニ付、乍自由多分後家まつを以是迄之通御窺、出勤為致度奉存候、右願之趣御聞済被仰付被下置候ハヽ、重々難有仕合奉存候、何卒御序之刻御前可然様御執成之程偏奉願上候、已上

天保五午年六月

後家まつ
母きく

右之通無相違も御座候ニ付、宜敷御聞済被仰付候様奉願上候、依之奥印仕候

御末家
義助

御本家様
御老分
大橋貞助殿
御支配人
鈴江伊右衛門殿

覚

一銀弐拾貫六百目
金弐拾両

松之助
後家
まつ江

此證文拾三通、帳面類五冊、実印形壱ツ
外ニ居宅古涉《(沽券)》證文壱通、七貫目家質ニ入有之
〆
右貸附銀利足家賃等ニ而八郎右衛門名跡相続可致旨、利足取立方幷諸事世話之義者まつ身
寄之親類ゟ取扱候事
一銀拾貫目　八郎右衛門母　きく江
但、御末家勘七預り證文弐通ニ而、右利銀ヲ以隠居候はづ、菊相果候後者本家へ利足積置、
松之助生長相応之者ニ候ハヽ、其節元利共松之助江遣し候筈也、利足銀之義者勘七ゟ本家へ
差出し、菊へ遣し候定、元證文者大払方預り有之事
右之通前書八郎右衛門名跡松之助江被仰付候ニ付、兼而家督銀九貫六百目預り之分、利足を以是
迄之通り年賦返納相済候ハヽ、是また利足松之助へ被下候筈也、本家年賦相納、残り有之分者、
北御店ニ而年賦借用之内江可差入筈、其段義介・勘七ゟ後家まつ江申渡し有之事

大払方

一五七　天保五年夏
御張紙・御蔵相場

一諸国米高直ニ付、江戸浅艸表より申来候相庭左ニ

覚

当午年夏御請米弐百俵有余已下共、分限高四分一、御役料者三分一之積、渡方之儀者御請米御役
所共米金半分宛可相渡候
一御奉公勤候百俵以下者　五月朔日ゟ同四日迄

一同　　　百俵有余者　　五月五日ゟ同八日迄
一御奉公不勤百俵以下者　五月九日ゟ同十一日迄
一同　　　百俵有余者　　五月十二日ゟ同十四日迄
一御役料弐百俵有余以下者　五月十五日ゟ同十六日迄
右日限之通金田靭負・岩田本五郎裏判取之、米金請取候儀者、五月五日ゟ六月廿九日迄可限之、
但米金請取方之儀も右ケ条ニ准し可相心得、直段之儀者百俵ニ付四拾三両之積可為事
以上
午四月廿七日
覚
一五月廿五日　御蔵庭相場
一上米百俵ニ付　金九拾四両弐歩かへ
但（アキママ）
一中米同　　金八拾八両弐歩かへ
一下米同　　金八拾六両弐歩かへ
同　廿八日
一上米百俵ニ付　金九拾九両弐歩かへ
一中米同　　金九拾七両弐歩かへ

一下米同　金九拾六両　替

六月朔日

一上米百俵ニ付　金百弐両　替

一中米同　金百両　替

一下米同　金九拾八両替

〆

六月二日

一上米　金百七両弐歩替

右者追々高直と噂有之、玄米石ニ付百九拾六匁六分弐り

天保五午七月江戸浅草店方ゟ此節同所御蔵庭相場左之通り申来ル

六月七日

上米百俵ニ付　金百拾五両替

但、百俵ニ付三拾五石立

中米同　金百拾三両替

下米同　金百七両替

六月十五日

上米百俵ニ付　金八拾六両替

中米同　金八拾五両替

下米同　金七拾八両替

七月朔日

上米百俵ニ付　金六拾四両替

中米同　金六拾弐両替

下米同　金五拾弐両替

七月二日

上米百俵ニ付　金七拾四両替

中米同　金六拾八両替

下米同　金六拾六両かへ

七月四日
上米就百俵　金六拾五両替
中米同　金六拾三両替
下米同　金六拾弐両替
右之通御座候、已上

一五八　大坂堂島大火

一天保五年年七月十一日寅ノ上刻、堂嶋北町辺ゟ出火、折節南西風強、追々大火ニ相成、左之通り焼出す
当出火ニ付町御奉行所ゟ江戸表江御差出しニ相成候書付之写左ニ
家数　八百九拾八軒
竈数　七千五百五拾八軒
土蔵　八拾ケ所
穴蔵　九ケ所
町数　三拾九丁
寺　三拾ケ寺
社数　四ケ所
納屋　三拾四ケ所
神主屋敷三ケ所

○この箇所には、刊行大坂図（文政八年播磨屋九兵衛版「文政新改摂州大阪全図」と推定される）の北北東部分（淀川の西北側）を切り抜いて類焼部分を朱色の合羽刷で塗り潰したものを、見開き一丁に二分して貼り付けている。次頁に類焼範囲を太線で囲い網かけして示した。

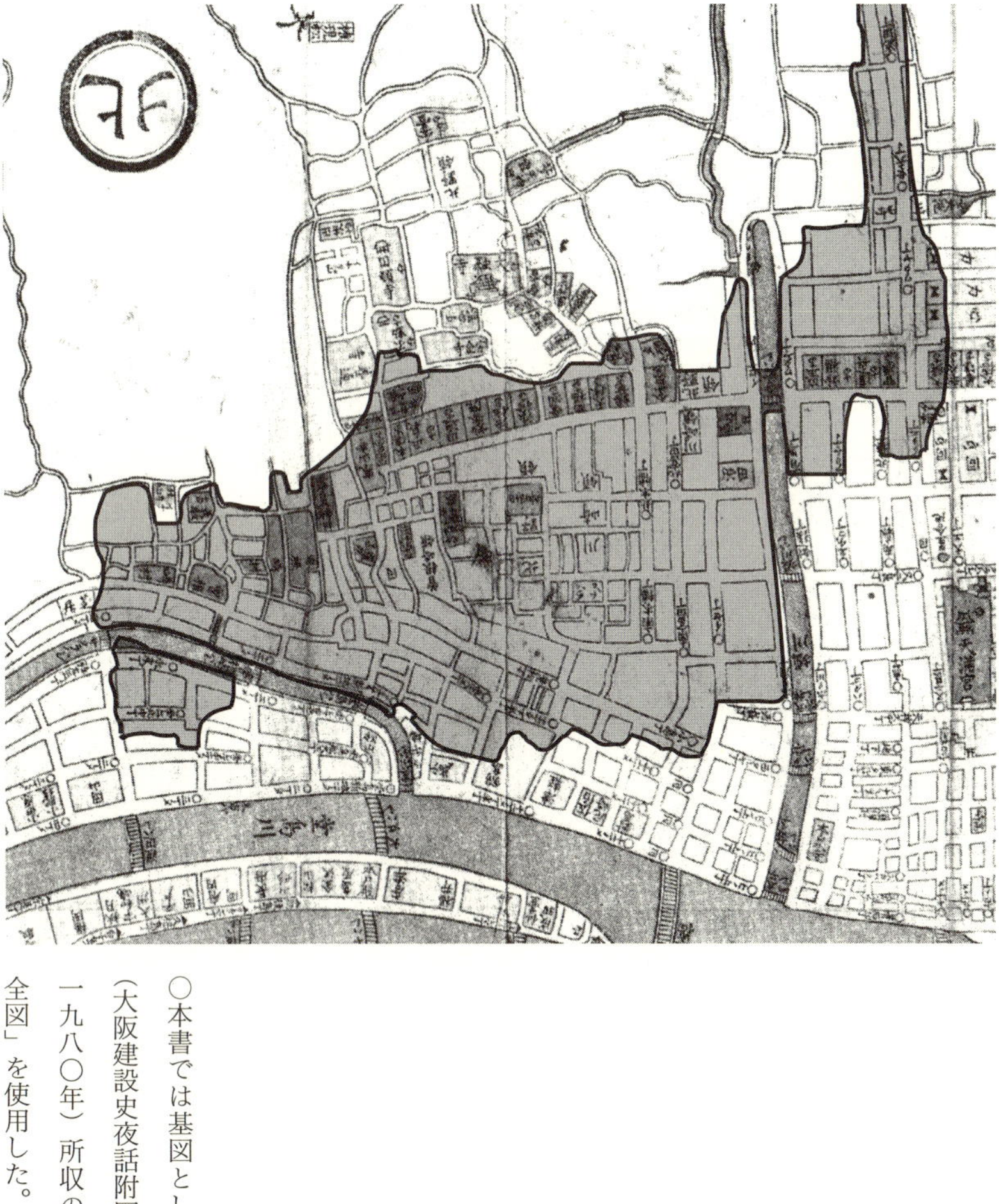

○本書では基図として『大阪古地図集成（大阪建設史夜話附図）』（大阪都市協会、一九八〇年）所収の「文政新改摂州大阪全図」を使用した。

西町奉行組与力壱軒
東町奉行組同心八軒
蔵屋敷四ヶ所
紀伊殿家来
青山二万之助屋敷
町橋　壱ヶ所
〆

難渋人を道頓堀芝居小屋にて施行

右之通焼失、漸十二日巳刻慎(鎮)火、殊之外大火ニ相成、素ゟ諸色高直之折柄旁以難渋人夥敷出来、誠痛敷次第ニ而、難渋人之分道頓堀両芝居小屋江御引取ありて、食物御あたへ、御救遣在之、此事広く諸方へきこへ、右御助小屋江施行抔もいたす者有之、当家ゟも廿貫文ツ、施遣し候事

右出火諸方江見舞送り候分左ニ

一酒三升　堺屋善之助殿
一同五升　堂嶋中弐丁目鴻池様家守　綿屋庄兵衛殿
一同三升ツ、　松山堂嶋御屋鋪　高須賀宗八殿
　西川伝吾殿
一四斗込壱挺　平野屋五兵衛殿
　代（アキママ）
一弁当壱荷
一酒五升　平野屋郁三郎殿

一酒三升　花屋善太郎殿
一酒三升　惣年寄　伊勢村小左衛門殿
一松魚一箱（十）　岩井屋仁兵衛殿
一酒五升
一大堺重飯　対州御留主居　阿比留喜左衛門殿
一にしめ一重
〆

一酒弐升　池田屋太兵衛
一同三升　堂嶋壱丁目今橋様家守　平野屋重郎兵衛
一同三升　梅枝新地今橋様家守　河内屋平八
一酒弐升ツ、　今津屋文左衛門
　京屋九右衛門
一同三升　西条御屋鋪　田口安左衛門殿

一図板五拾束
〆　但、類焼ニ付如斯

一酒三升ツ、　沼田御屋鋪　渡辺三保右衛門殿

一干鮪三拾五枚ツ、平尾郷左衛門殿
　但、類焼ニ付如此

一酒五升　天満九丁目北側掛家敷　伊賀屋徳右衛門殿

一同三升ツ、　御与力衆　大森十次兵衛殿
　関根彦九郎殿
　安東丈之助殿
　桑原信五郎殿
〆

一同弐升　朝羽藤太郎殿
〆

右本家ゟ送り候分

一酒三升ツ、　藤小治助殿
　陶山只八郎殿
　中川小十郎殿
　三好稲之助殿
　高井芝太郎殿
　田中左源治殿
〆

一松魚十　代六匁　懸川御屋鋪　西川曾部右衛門殿

一鰹節壱連ツ、　代六匁替　田坂勇作殿
　永田察右衛門殿
　磯矢与一兵衛殿
　朝岡助之丞殿
　小泉淵治郎殿
　葛山潤吉郎殿
　田中良右衛門殿
　八田軍平殿

一酒三升　難波屋今橋掛屋敷　荒物屋惣吉

一同三升　堀川同所掛家敷　綿屋長兵衛

一同三升ツ、　銅座掛り　早川安左衛門殿
　西田杢太夫殿
〆

一同弐升ツ、　同心　横河兵右衛門殿
　中村門治殿
　吉見勇三郎殿
　小野八郎殿
〆吹所ゟ送り候分

前書火事ニ付諸方江人足等差向候ニ付左之通り為挨拶至来

一海魚五種　手代中江
一鳥目拾五貫文　人足中江　高木五兵衛殿
一金弐百疋　同断
一銭弐〆五百文　同断　松山御留主居 森左源太殿
一金弐百疋　同断
一銭五貫文　同断　対州御留主居 阿比留喜左衛門殿

一鰹一連ツヽ代六匁　大西善之丞殿
内山藤三郎殿
服部益治郎殿
田坂源左衛門殿
大西与五郎殿
吉田勝右衛門殿
松井金治郎殿
内山彦治郎殿
寺西文八郎殿
吉田百助殿
寺西為三郎殿
服部平右衛門殿
成瀬九郎右衛門殿
〆廿壱人

一五九　大坂市中の難渋人への施銭追加上納
町ごとに渡すのでは混雑するので宗旨頭町へ組合ごとに渡す

天保五年五月
再施行一条

米高直ニ而身軽キ者共及難渋候ニ付、此度御救米被下候趣、此間申聞置候、右米渡方之儀町毎役人共罷出候而者、却而可及混雑候ニ付、宗旨頭町へ組合町々之分も可渡遣間、北組者明廿二日、南組者廿三日、天満組者廿四日、川崎御蔵庭へ町役人共受取ニ可罷出候、尤一町江三斗俵五俵ツヽ之積ヲ以可被下候間、其心得ニ而積船等用意可致事、右之通従御役所御触

口上之覚

当節米穀直段高直ニ相成、末々之もの及難儀候哉ニ被為　思召、此度三郷町中難渋之者江御救被

為遣候御趣意　御慈隣（憐）之程乍恐難有奉存候、依之少分ニ者御座候得共、私ゟ左之通

一　銭七百貫文

右之通困窮之方江為合力施シ度奉存候、昨年之通宜奉願上候、以上

午

五月廿四日　　住友吉次郎㊞

右書附西地方御与力松井金次郎様差上候処、吉田勝右衛門様御出浮、御上役儀ニ付、御同人様ゟ

御渡御座候処、御読取之上被仰候者、書附之趣至極尤成事ニ候、併先達而と申、又此度も施シ之

心志至極寄（奇）特成事ニ候、此段早々可申上候間、追而可及沙汰と被仰付、右書附者又松井様江御渡、

御同人様ゟも厚御挨拶被仰候

但、右書附之余、口達ヲ以此度者甚少分至恐入奉候得共、兼而御承知被成下候通、御銅山方

銅山稼人飯米も高値

拵人共多人数之儀ニ付、右飯米調方甚高直ニ而夥敷入用下銀と仕候ゆへ、近来内間甚困窮

仕居申候儀ニ御座候、依而甚少数之段乍恐宜敷御断奉申上候

又申上候者、一昨年同様之書附奉差上候節、惣御年寄中へ届置候様被仰付御座候、此度者如何可

仕哉と申上候処、夫ニ者不及段吉田様被仰付候

一五月廿四日融通御用方幷拾人両替共昨年連名ヲ以御役所表江申上方左ニ

一　銭弐千七百貫文　天満組　鴻池善右衛門

一　銭弐千七百貫文　北組　加嶋屋久右衛門

一　銭弐千三百貫文　南組　加嶋屋作兵衛

一銭弐千貫文　同　米屋平右衛門
一銭千五百貫文　南組　辰巳屋弥吉
一銭五百貫文　南組　鴻池新十郎
一銭八百貫文之内
　七百五拾貫文　天満組ゟ南組　鴻池善五郎
一銭五百貫文　北組　三井八郎右衛門
一銭五百貫文　南組　近江屋休兵衛
一同三百貫文　北組　平野屋五兵衛
一同弐百五拾貫文　北組　升屋平右衛門
一同百五拾貫文　北組　嶋屋市兵衛
一同五百貫文　南組　炭屋安兵衛
一同百貫文　北組　炭屋善五郎
一同弐百貫文
　内百五拾三〆文　北組残南組　米屋喜兵衛
一同百貫文　北組　天王寺屋忠次郎
〆壱万五千百貫文
一銭三百貫文　南組　近江屋半左衛門
一同三百貫文　同　鴻池庄兵衛
一同三百貫文　同　泉屋甚次郎

一同弐百貫文　同　升屋伝兵衛
一同三百貫文　同　炭屋彦五郎
〆千四百貫文
一銭七百貫文　南組　住友吉次郎
三口〆
銭壱万七千弐百貫文
午七月二日鴻池伴兵衛殿ゟ廻章
廻章
大暑之節御座候所、各様愈御壮栄可被成御座奉賀寿候、然者先達而御届奉申上候施銭之儀、此度惣年寄用所ゟ呼出し在之、罷出候処、来ル九日六ツ半時郷々江差出し可申様被仰聞候、則昨年之振合ヲ以左之通配分仕候
一四千弐百五拾三〆文　北組
一九千四百六拾弐〆文　南組
一三千四百八拾五〆文　天満組
〆
右之通御座候
鴻池伴兵衛
住友吉次郎
手代勇右衛門
右者明四日四ツ時西地方御役所江可被罷出候事

一同四日、勇右衛門上京中ニ付真兵衛罷出候処、先達而施銭来ル九日惣会所江持参可致旨、西地方御与力吉田勝右衛門様地方ニおゐて被仰渡候事

一七月九日早朝、施銭七百貫文、先例之通馬士早朝より馬拾疋ヲ以惣会所江運送、尤男藤七相添、壱駄ツヽ小さしさゝせ候事

施銭渡しの手伝として手代派遣

一同日五ツ時、南組惣会所へ施銭手伝見配勇右衛門・武介、男藤七・清助、〆四人出勤、外融通方十人両替施主名代若手代ニて、外男三人程召連出ル、尤四ツ九ツ時両度之時刻致候得共、多町数之儀ニ付、彼是七ツ時ニ無滞相済

一右施銭相渡済後、惣会所井岡佐五郎殿・金屋実太郎殿、御両人ゟ厚挨拶有之

一施銭七百貫文受取、左ニ

覚

一銭七百貫文

右之通差出、慥ニ受取申候、以上

掛り惣年寄

住友吉次郎殿

勘定庭

右受取書勘定庭へ納置

一五月廿四日認有之候得共、其余ニ写

一銭百五拾貫文　鴻池伊兵衛

一同百五拾貫文　同　市兵衛

一同百五拾貫文　同　伊　介
一同百貫文　同　篤　兵　衛
一同三百貫文　千艸屋芳兵衛
一同三百貫文　平野屋仁兵衛
一銭弐百貫文　加嶋屋市郎兵衛
一同百五拾貫文　土佐堀壱丁目　町中
一同弐百五拾貫文　尼崎町弐丁目　町中
一同三百貫文　加嶋屋作五郎
一同百貫文　伏見町丁人中之内　四人
〆弐千七百貫文
一銭弐百貫文　銭屋佐兵衛
一同百貫文　近江屋権兵衛
一同弐百貫文　鎊屋六兵衛
〆五百貫文
一銭百貫文　伊賀屋半兵衛
一同百貫文　同　宗　七
一同百貫文　同　儀　平
一同三拾貫文　同　又兵衛

一同七拾貫文　藤田屋源七

一同三拾貫文　炭屋幸七

一同三拾貫文　百〆文　深江屋市兵衛
　　　　　　　廿拾〆文　近江屋平兵衛

一同拾貫五百文　椋橋町丁中

〆五百貫五百文

但、右者当日惣会所へ申出、追施銭ニ相成候事

惣合弐万九百貫五百文

一六〇　新居浜へ飛脚差下す

天保五午年八月十五日銅代銀之儀ニ付、与州新居浜江日雇利助ヲ以書状遣し候ニ付、人足帳左之通

此帳面之内江

覚

（押切）一人足弐人　飛脚
　　　　　　　　　　利助

〆
右者銅方就御用、予州新居郡新居浜浦迄差遣し候条、万一途中旅労等有之節申出候ハヽ、
御定之賃銭御請取、無差支前書之人足御差出し可給候、已上

午八月十五日

銅山御用達
住友吉次郎○
（此印形延岡切手裏印）

摂州大坂ゟ与州
新居浜浦迄
宿々
問屋御衆中

一六一　大坂堂島大火難渋人へ施行

一午七月十一日堂嶋幷北新地天満焼失ニ付、焼出され、難渋人多、道頓堀角中両芝居へ相集り、従公儀御救有之候ニ付、諸方ゟ施行いたし候ゆへ当方ゟ施行、左之通遣ス

＊1一銭四拾貫文＊2　但、銭弐拾貫文宛両芝居へ為持遣ス

七月十五日

○＊1の箇所に「改正」丸印、＊2の箇所に「合」丸印が捺されている。

一六二　大坂市中の難渋人への町別施銭高

再施行廻章之写

以廻文申上候、残暑之節御座候所、各様愈御壮健奉賀候、誠ニ先日者御苦労之御儀、其節施方町々名前書抜帳面御廻シ申上候間、御面倒御順達可被下候様奉頼上候、已上

加嶋屋
授兵衛

北組借家中江遣し申名前左ニ

一銭壱貫三拾弐文　内淡路町弐丁目
一同三貫弐百廿八文　岡山町
一同百廿八文　阿波町
一同壱貫六百七拾弐文　西伊勢町
一同三貫百文　八尾町
一同弐貫四百五拾弐文　国分町
一同百廿八文　内両替町
一銭五貫九百四拾文　長町八丁目
一同弐貫五百八拾文　同　七丁目
一同弐百五拾六文　弥兵衛町
一同弐百五拾六文　常安町
一同弐百五拾六文　南革屋町
一同六百四拾四文　玉手町
一同弐百五拾六文　伏見両替町弐丁目
一同五百拾六文　船坂町
一同百廿八文　新天満町
一同三貫三百五拾六文　枴屋町

一同六百四拾四文　半入町
一同弐貫六拾六文　日本橋弐丁目
一同百廿八文　橘通弐丁目
一同五百拾六文　菱屋町
一同壱貫百六十文　紀伊国町
一同七百七拾弐文　仁右衛門町
一銭五貫五百五拾弐文　長町六丁目
一同三百八十四文　橘通七町目
一同三貫七百四拾四文　日本橋四丁目
一同弐貫百九十弐文　撞木町
一同壱貫弐百八十八文　橘通三丁目
一同壱貫百六十文　長町九丁目
一同壱貫弐百八十八文　江戸町
一同弐百五拾六文　北堀江壱町目
一同七百七拾弐文　弐本町（松脱カ）
一同百廿八文　京橋四丁目
一同壱貫百六拾文　丸葉町
一同弐貫五百八十文　越中町弐丁目

一同百廿八文　玉沢町
一同四貫九百八文　越中町三丁目
一同壱貫六百七拾六文　相生東町
一同百廿八文　九条村町
一銭三百八十四文　木津川町
一同弐百五拾六文　嶋町壱丁目
一同三百八拾四文　南渡辺町
一同百廿八文　安土町三丁目
一同弐百五拾六文　聚楽町
一同弐百五拾六文　嶋町弐町目
一同弐百五拾六文　駿河町
一同三百八十四文　粉川町
一同弐百五拾六文　衽町
一同百廿八文　日本橋三町目
一同壱貫三拾弐文　釣鐘上之町
一同百廿八文　麴町
一同拾弐貫弐百廿四文　嶋町弐丁目
一同拾七貫三百十八文　道修町三丁目

一同七貫四百五拾六文　同　弐町目
一同七拾六貫六十四文　江戸堀五丁目
一同四拾壱貫四百廿八文　湊はし町
一同拾貫八百六十四文　崎吉町
一同五拾九貫四百廿六文　油懸町
一銭拾六貫九百七拾弐文　南浜町
一同六拾三貫五百弐文　北堀江三町目
一同三貫三百九拾弐文　道修町四丁目
一同弐拾九貫八百八十三文　山田町
一同六拾壱貫八百四文　谷町三丁目
一同三百卅八文　中之嶋上之鼻
一同八貫四百八十六文　東横堀川上之口
一同四拾三貫百廿六文　駿河町
一同廿貫三百七拾弐文　北新地壱丁目
一同三拾貫弐百廿弐文　四軒町
一同廿六貫百四拾六文　粉川町
一同廿貫三百七拾弐文　船町
一同三拾九貫五拾文　櫂屋町

一同廿八貫百八十弐文　道修町五町目
一同六十四貫八百五拾八文　奈良屋町
一同廿三貫八十八文　呉服町
一同五拾壱貫九百五拾四文　亀井町
一同四拾六貫八百六拾文　衽町
一同六拾六貫弐百十八文　北鍋屋町
一銭三拾貫弐百廿弐文　京町堀五町目
一同拾弐貫五百六十弐文　同　六丁目
一同四拾五貫八百四十弐文　日本橋三丁目
一同廿三貫四百卅文　道修町壱丁目
一同廿八貫五百廿四文　折屋町
一同拾五貫九百五拾八文　浄覚町
一同五貫九十文　錦町弐丁目
一同廿貫七百拾四文　相生西町
一同拾壱貫八百八十弐文　北渡辺町
一同九拾壱貫六百八十四文　道空町
一同五拾五貫十弐文　麹町
一同拾七貫六百五拾六文　釣鐘上之町

一同九貫八百四十六文　日本橋壱丁目
一同拾壱貫八百八十弐文　宗是町
一同五貫九拾文　上中之嶋町
一同四貫四百十四文　築嶋町
一同廿五貫八百八文　内平野町弐丁目
一同四拾八貫弐百廿文　南鍋屋町
一同六貫七百八十八文　網嶋町
一同廿六貫四百八十四文　備前嶋町
一銭六拾五貫五百卅八文　京町堀壱丁目
一同七拾弐貫三百卅文　内骨屋町
一同四拾貫六拾八文　平野町三丁目
一同拾四貫九百四十文　長浜町
一同拾七貫三百拾八文　油町壱丁目
一同五貫七百七拾文　上博労町
一同拾三貫九百廿弐文　油町弐丁目
一同廿壱貫三百九十文　釼先町
一同廿七貫五百六文　海部堀川町
一同七貫八百拾文　伏見両替町三丁目

一同拾七貫九百九十四文　西笹町
一同六拾五貫五百卅八文　信濃町
一同拾弐貫弐百廿四文　京橋弐丁目
一同七拾壱貫六百五拾文　江之子嶋東町
一同拾七貫六百五拾六文　桑名町
一同拾六貫九百七拾六文　葭屋町
一同拾五貫弐百七拾八文　瀬戸物町
一同四拾貫七百四十八文　橘通五丁目
一同拾三貫五百八十文　菱(屋脱カ)町
一同八貫八百廿八文　紀伊国町
一銭廿壱貫五拾弐文　仁右衛門町
一同拾八貫六百七拾四文　高麗橋弐丁目
一同壱貫三百五拾六文　土佐堀弐丁目
一同五貫九十文　備後町四丁目
一同拾四貫六百四文　常盤町弐丁目
一同廿壱貫五拾弐文　同　壱丁目
一同拾八貫三百卅六文　備後町三丁目
一同四貫七拾弐文　七郎右衛門町壱丁目

一同九貫八百四十六文　同　弐丁目
一同拾六貫三百文　北浜弐丁目
一同三貫五拾四文　高麗橋三丁目
一同廿壱貫七百卅弐文　神崎町
一同八拾五貫五百七拾弐文　長町六丁目
一同三貫七百卅四文　平野町壱丁目
一同三拾九貫三百八十八文　橘通壱町目
一同百弐貫五百五拾弐文　日本橋四丁目
一同九拾八貫八百拾八文　北堀江弐丁目
一同六拾五貫五百卅八文　同　四町目
一同五拾六貫七百拾文　三右衛門町
一同廿六貫四百八十四文　淡路町壱丁目
一銭廿五貫百廿八文　撞木町
一同五拾七貫四拾八文　江戸堀四町目
一同四拾八貫九百文　坂本町
一同廿貫三拾四文　茶染屋町
一同九貫百六十六文　玉水町
一同拾四貫六百弐文　常盤町三丁目

一同廿弐貫七拾文　伏見両替町弐丁目
一同廿弐貫七百五拾文　油町三丁目
一同五拾四貫三百卅弐文　石町
一同廿三貫七百六十八文　宮川町
一同七貫百三拾文　西浜町
一同六拾九貫六百拾四文　橘通三町目
一同拾壱貫弐百六文　内平野町
一同卅五貫六百五拾四文　北革屋町壱丁目
一同七拾貫弐百九十文　谷町弐丁目
一同廿弐貫四百十弐文　同　壱町目
一同四拾貫四百十文　江之子嶋西町
一同壱貫十八文　中船庭町
一同拾弐貫弐百廿四文　津邑中之町
一同拾七貫九百九十四文　同　西之丁
一同六貫七百八十八文　同　東之町
一銭六貫七百八十八文　平野町弐丁目
一同三拾壱貫弐百四十文　淡路町弐丁目
一同拾九貫三百五拾四文　瓦町壱丁目

一同拾四貫弐百六十文　備後丁弐町目
一同四拾三貫四百六十四文　升屋町
一同六貫四百五拾文　長町九丁目
一同六拾壱貫四百六拾弐文　江戸町
一同五貫四百三拾弐文　津村南之町
一同七拾四貫三百六十六文　北堀江壱丁目
一同三拾三貫七百六十四文　日本橋弐丁目
一同五拾九貫七百六十四文　二本松町
一同四拾七貫弐百弐文　江戸堀壱町目
一同七貫四百六十八文　御堂前町
一同廿貫三百七拾弐文　京橋四丁目
一同拾九貫六百九十弐文　上人町
一同拾七貫三百十八文　北新地弐丁目
一同拾七貫九百九十四文　亀山町
一同四拾七貫五百四十文　安土町三丁目
一同四貫七百五拾弐文　丸葉町
一同拾八貫六百七拾四文　越中町弐丁目
一銭三拾弐貫弐百五拾八文　玉沢町

一同卅壱貫弐百四十文　越中町三町目
一同廿弐貫七拾文　大沢町
一同四十四貫百四十四文　相生東町
一同弐貫七拾四文　東京橋町
一同三貫五拾四文　東相生町
一同九貫八百四十六文　雑候(喉)庭町
一同拾五貫九百五拾八文　九条村町
一同六拾三貫五百弐文　木津川町
一同三拾八貫三百七拾文　寺嶋町
一同五拾七貫四十八文　嶋町壱町目
一同四貫七百弐文　大豆葉町
一同六百七拾八文　尼崎町弐丁目
一同廿弐貫四百十弐文　備後町五丁目
一同四十八貫弐百廿文　吉原町
一同卅貫五百六十文　南渡辺町
一同五拾六貫七百拾文　新京橋町
一同九拾壱貫八文　江戸堀三丁目
一同廿弐貫七百五拾文　京町堀四町目

一同拾壱貫八百八十弐文　古手町
一銭廿貫三拾四文　善左衛門町
一同拾七貫六百五拾六文　家根屋町
一同四貫四百拾四文　京橋六町目
一同六百七拾六文　久保嶋町
一同四十九貫弐百卅八文　敷屋町
一同六十九貫六百十四文　西国町
一同五拾弐貫九百七拾弐文　聚楽町
一同六貫百拾弐文　高麗橋壱丁目
一同五貫七百七拾文　内両替町
一同三拾貫弐百廿弐文　長町八丁目
一同五拾六貫七百拾文　同　七町目
一同拾弐貫九百四文　今橋弐丁目
一同拾四貫弐百六十文　同　壱町目
一同四拾九貫弐百卅弐文　弥兵衛町
一同廿三貫八十八文　南革屋町
一同八貫百四十八文　庄村新四郎町
一同五拾七貫四十八文　常安町

一同廿五貫四百六十六文　船越町
一同廿壱貫五拾弐文　安土町弐丁目
一同廿弐貫七百五拾文　瓦町弐丁目
一銭廿五貫四百六十六文　伏見屋四郎兵衛町
一同三拾壱貫九百廿文　下博労町
一同六貫七百八十八文　備後町壱丁目
一同四拾六貫百八十文　斎藤町
一同拾五貫弐百七拾八文　白子裏町
一同五貫四百卅弐文　白子町
一同四貫七百五拾弐文　三郎右衛門町
一同拾七貫九百九十四文　玉手町
一同廿弐貫七拾文　まつ本町
一同拾四貫弐百六十文　本天満町
一同七貫百三拾文　本靭町
一同拾九貫六百九十弐文　籃（籠屋）町
一同拾八貫六百七拾四文　伏見両替丁弐丁目
一同弐貫七百六文　塩屋六左衛門町
一同八貫四百八十六文　尼崎町壱丁目

一同三拾四貫弐百九十四文　内淡路町弐丁目
一同五貫七百七拾文　土佐堀壱町目
一同拾貫五百廿五文　兵庫町
一同三拾八貫三百七拾文　新堀町
一同廿四貫七百八十六文　内淡路町三丁目
一銭七拾六貫七百四十四文　北堀江五丁目
一同三貫五拾四文　西浜町
一同卅四貫六百卅六文　岡山町
一同六貫四百五拾文　淡路町切町
一同百拾壱貫七百廿弐文　阿波町
一同百拾七貫八百卅四文　江戸堀弐丁目
一同八貫八百廿八文　大川町
一同拾貫五百廿六文　野田町
一同拾弐貫弐百廿四文　豊後町
一同拾弐貫九百四文　安土町壱丁目
一同七貫八百拾文　小倉屋仁平町
一同五拾貫弐百五拾六文　橘通六町目
一同拾六貫九百七拾六文　浜町

一同廿九貫五百四十弐文　新靭町
一同廿貫三拾四文　和泉町
一同八拾七貫六百十弐文　常安裏町
一同弐貫七百拾六文　椹木町
一同拾六貫六百卅八文　内淡路町壱丁目
一同三拾壱貫弐百四十文　上魚屋町
一同廿七貫五百六文　西伊勢町
一銭拾九貫六百九十弐文　八尾町
一同拾五貫九百五拾八文　玉分町(国カ)
一同四貫七百五拾弐文　松尾町
一同拾四貫六百弐文　錦町壱丁目
一同四拾弐貫四百四十六文　橘通四丁目
一同拾五貫六百廿文　小右衛門町
一同廿貫七百十四文　石津町
一同廿四貫七百八十六文　海部町
一同拾三貫弐百四拾弐文　岡崎町
一同拾六貫六百卅八文　布屋町
一同廿六貫八百廿六文　釘屋町

一同四十八貫五百五拾八文　船坂町
一同拾四貫弐百六十文　福井町
一同八十六貫九百卅弐文　新淡路町
一同壱貫六百九十四文　京橋五丁目
一同廿壱貫七百卅弐文　百貫町
一同廿弐貫七百五拾文　徳井町
一同四拾六貫八百六拾文　戎嶋町
一同五拾七貫四十八文　五幸町
一同拾貫五百廿六文　津邑北之町
一銭六拾七貫九百拾六文　新天満町
一同三拾弐貫六百文　楞屋町
一同七貫八百十文　半入町
一同弐拾八貫百八十弐文　箱屋町
一同廿六貫八百廿六文　豊嶋町
一同三貫五拾四文　京橋三町目
一同四拾七貫五百四十文　日本橋五丁目
一同廿四貫七百八十六文　近江町
一同九貫五百八文　伏見両替町四丁目

一同拾六貫九百七拾六文　常盤町四丁目
一同百貫五百十六文　橘通弐丁目
一同廿七貫百六十四文　釣鐘町
一同拾七貫五百四十四文　北革屋町弐丁目
一同弐貫卅六文　梶木町
一同拾四貫六百弐文　肥後じま町
一同四十八貫弐百廿文　京町堀三丁目
一同三拾九貫七百卅文　同　弐丁目
〆
惣〆高七千拾五貫八百卅八文

天保五午八月施銭一件ニ付廻章到来、文面左ニ
以廻章得御意候、各様弥御壮健可被成御座、珍重御儀奉存候、然者施行一件ニ付而者、御苦労之御儀奉存候、則天満組帳面一冊御廻し申上候間、早々御順達可被成候様奉頼上候、右申上度如此御座候、已上

鴻池伴兵衛
彦一

加　授兵衛様　三　常次郎様　平　太兵衛様
炭　幸　七様　住　勇右衛門様　炭　甚兵衛様
炭　源　蔵様　近　只　七様　島　貞　蔵様

天　佐兵衛様　加　九八郎様　近　周　助様
升　平兵衛様　辰　儀　助様　島　小　助様
米　儀　助様　升　善四郎様　米　由兵衛様
泉　卯三郎様　島　十兵衛様

天満組之部

一銭五拾壱貫九百五拾四文　天満壱丁目
一同四拾七貫弐百弐文　臼屋町
一同拾八貫三百三拾六文　天満弐丁目
一同四拾壱貫八拾六文　今井町
一同弐拾四貫四百四拾八文　天満三丁目
一同四拾八貫九百文　金屋町
一同弐拾五貫四百六拾六文　天満四丁目
一同六拾六貫八百九拾四文　信保町
一同七拾五貫四拾六文　天満五丁目
一同七拾弐貫三百三拾文　たつた町
一同五拾三貫三百拾四文　天満六丁目
一同四拾四貫四百八拾弐文　同　七丁目
一同四拾貫七百四拾八文　瀧川町

一同四拾弐貫百八文　天満八丁目
一同拾九貫六百九拾弐文　市之町
一同弐拾七貫五百六文　天満九丁目
一銭三拾八貫七百拾弐文　天満拾丁目
一同四拾貫四百拾文　菅原町
一同弐拾八貫八百六拾弐文　樋之上町
一同三拾九貫三百八拾八文　天満拾一丁目
一同弐拾四貫四百四拾八文　下半町
一同弐拾六貫八百弐拾六文　西樽屋町
一同拾貫百八拾四文　東同町
一同三拾貫九百弐文　鳴尾町
一同拾六貫六百三拾八文　天神筋町
一同壱貫三百五拾六文　地下町
一同三貫七百三拾四文　宮之前町
一同拾壱貫九百弐拾弐文　長柄町
一同五拾貫弐百五拾六文　鈴鹿町
一同拾六貫六百卅八文　友古町
一同七貫百三拾文　源八町

一同七拾四貫三百卅六文　空心町
一同拾弐貫九百四文　板橋町
一同四拾七貫五百四拾文　岩(井)ヲ町
一同四拾六貫八百六拾文　典薬町
一銭弐拾壱貫五拾弐文　唐崎町
一同弐拾弐貫四百拾弐文　壺屋町
一同四拾貫六拾八文　高嶋町
一同弐拾貫三拾四文　河内町
一同弐拾五貫四百六拾六文　農人町
一同拾四貫弐百六拾文　椋橋町
一同弐拾八貫百八拾弐文　大工町
一同四拾五貫八百四拾弐文　又次郎町
一同六拾三貫八百四拾文　摂津国町
一同五拾七貫三百八拾六文　綿屋町
一同廿八貫百八拾弐文　夫婦町
一同六拾五貫八百七拾六文　池田町
一同三拾弐貫九百三拾八文　北森町
一同廿壱貫三百九拾文　南森町

一同四拾五貫百六拾弐文　魚屋町
一同四貫七百五拾弐文　旅籠町
一同九貫八百四拾六文　越後町
○見開き一丁分の空白がある。
一銭弐拾四貫四百四拾八文　在（有）馬町
一同九貫五百八文　堀川町
一同六拾六貫弐百拾八文　伊勢町
一同六拾壱貫八百四文　北富田町
一同弐拾貫百四拾六文　南同町
一同五拾弐貫九百七拾弐文　北木幡町
一同拾九貫三百五拾四文　南同町
一同拾三貫弐百四拾弐文　源蔵町
一同九貫百六拾六文　小島町
一同五拾貫九百三拾六文　老松町
一同四拾三貫百弐拾六文　天満船大工町
一同弐拾八貫五百弐拾四文　砂原屋敷
一同拾三貫九百弐拾弐文　堂嶋裏丁（ママ）一目
一同拾弐貫五百六拾弐文　同弐丁目

一同三拾貫九百弐文　永来町
一同弐拾九貫五百四拾弐文　弥左衛門町
一同四貫七拾弐文　新船町
一同三拾九貫五拾文　堂嶋新地一丁目
一同拾三〆五百八拾文　同弐丁目
一同三貫七百三拾四文　同三丁目
一銭七貫八百拾文　堂嶋新地五丁目
一同五拾貫九百卅六文　同中壱丁目
一同四拾九〆弐百卅八文　同中弐丁目
一同三拾壱〆九百廿文　同三丁目
一同五拾八〆四百八文　同新地北町
一同六拾九〆六百拾四文　同裏町
一同拾五貫九百五拾八文　曾根崎壱丁目
一同廿六貫四百八拾四文　同弐丁目
一同六拾五〆弐百文　同三丁目
一同四拾七貫八百七拾八文　安治川上壱丁目
一同五拾壱〆六百拾弐文　同上弐丁目
一同三拾弐〆弐百五拾八文　同北壱丁目

一同廿壱〆五拾弐文　同北二丁目
一同四拾七〆五百四拾文　同北三丁目
一同六拾〆四百四拾四文　同南壱丁目
一同六拾貫百六文　同弐丁目
一同五拾六貫三拾文　同三丁目
一同拾四貫九百四拾文　同四丁目
一同廿五貫百廿八文　富島一丁目
一同五拾三〆九百九拾文　同弐丁目
一同弐貫三拾六文　古川壱丁目
一銭三拾四貫六百卅六文　古川弐丁目
一同廿八〆五百廿四文　御池通一丁目
一同八拾三〆五百卅六文　同弐丁目
一同七拾七〆七百六拾弐文　同三丁目
一同八拾三〆五百卅六文　同四丁目
一同六拾八〆五百九拾弐文　同五丁目
一同三拾四〆六百卅六文　同六丁目
一同百八〆六百六拾四文　橘通壱丁目
一同四拾六〆八百六拾文　勘助島三丁目

一同七拾九〆八百弐文　難波新地一丁目
一同拾壱〆八百八拾弐文　楢村屋しき
一同八〆四百八拾六文　枠ケ鼻
一同七貫百三拾文　大鏡寺まい
一同弐貫三拾六文　曾根崎川上一丁目
一同四拾六〆八百六拾文　東寺町まい
一同拾四貫弐百六拾文　御鉄炮下同心屋敷跡
一同四貫四百拾四文　堀川堤
一同四貫七拾弐文　観音寺屋敷
一同拾四貫弐百六拾文　家請引取小家
一同拾六〆三百文　天神社地
一同三貫七百三拾四文　曾根崎三町目助成屋敷

竈合壱万千七百三拾四軒

銭三千九百八拾四貫六百六拾八文

此度も廻章至来仕候得共、前々文面と同用ニ付不認置事

加嶋屋
九八郎

従是南組之部

南組

一銭三拾三貫弐百七拾六文　本町壱丁目

一同拾五貫六百廿文　　同　三丁目
一同廿壱貫七百卅弐文　　同　四丁目
一同三貫七百三拾四文　　同　五丁目
一同拾六貫九百七拾六文　　南本町壱丁目上半
一同九貫八百四十六文　　同　壱丁目下半
一同五貫九十文　　同　弐丁目
一同拾九貫三百五十四文　　南本町三丁目
一同廿弐貫七百五十文　　同　四丁目
一同四十三貫八百六文　　同　五丁目
一同拾壱貫八百八十九文　　唐物町壱丁目
一同七貫百卅文　　同弐丁目上半
一同五貫九十文　　同　下半
一同三貫三百九拾弐文　　唐物町三丁目上半
一同弐貫七百十六文　　同三町目下半
一同八貫百四十八文　　離（雛）屋町
一同拾六貫六百三拾八文　　北久太郎町壱丁目
一同拾弐貫五百六十弐文　　同　弐町目
一同八貫百四十八文　　同　三丁目

一同拾壱貫八百八十弐文　同　四丁目
一同廿五貫八百八文　同　五丁目
一同五十八貫七百四十六文　南久太郎町壱丁目
一同廿壱貫七百卅弐文　同　弐丁目
一同廿四貫四百四十八文　同　三丁目
一同四十六貫百八十文　同　四丁目
一同拾九貫九百四文　同　五丁目
一同九貫五百八文　同　六丁目
一同五十四貫六百七十文　北久宝寺町壱丁目
一同三拾壱貫九百廿文　同　弐丁目
一同四十貫七百四十八文　同　三丁目
一同三拾七貫六百九十文　同　四丁目
一同十三〆(衍カ)貫弐百四十弐文　同　五丁目
一同(ママ)　〆竈千九百卅六軒
銭六百五十七貫四百三十弐文
一銭四拾三貫四百六十四文　南久宝寺町壱丁目
一同拾四貫九百四十文　同　弐丁目
一同廿弐貫七十文　同　三丁目

一同四十六貫八百六十文　同　四丁目
一同弐貫三十六文　同　五丁目
一同廿七貫五百六文　伝馬町
一同壱貫三百五十六文　源右衛門町
一同五十九貫八十四文　金沢町
一同三拾七貫三百五十弐文　同町
一同廿八貫八百六十弐文　茨木町
一同六拾九貫六百十四文　博労町
一同九十壱貫三百四十六文　上難波町
一同四十九貫弐百卅八文　順慶町壱丁目
一同四十四貫四百八十弐文　同　弐丁目
一同四十壱貫七百六十六文　同　三丁目
一同五拾九貫七百六十四文　同　四丁目
一同卅四貫弐百九十四文　同　五丁目
一同拾九貫拾六文　浄国寺町
一同拾四貫弐百六十文　初瀬町
一同三拾六〆三百卅四文　安堂寺町壱丁目
一同拾九貫六百九十弐文　安堂寺町弐丁目上半

一同廿壱貫七百三拾弐文　同　下半
一同拾五貫弐百七拾八文　同　三丁目
一同四十六貫八百六十文　同　四丁目
一同廿六貫四百八十四文　同　五丁目
一同五十六貫三百六十八文　北勘四郎町
一同三拾八貫七百拾弐文　南同町
一同五十四貫六百七十文　塩町壱丁目
一同拾九貫三百五十四文　同　弐丁目
一同拾四貫弐百六十文　同　三丁目
一同七貫四百六十八文　同　四丁目
一同拾六貫九百七拾六文　車町

〆

竈三千百八拾五軒
　銭千八十壱貫五百七拾文
二口合五千廿壱軒
　銭千七百三拾九貫六文

一同廿弐貫四百十弐文　長堀橋本町
一同卅三貫六百十八文　同　茂左衛門町

一同三拾六貫三百卅四文　同　次郎兵衛町
一同五十三貫六百五十弐文　同　心斎町
一同四十九貫九百十八文　同　十一（十丁目カ）町
一同五拾貫九百卅六文　平右衛門町
一同拾六貫九百七拾六文　卯（宇）和嶋町
一同卅弐貫弐百五十八文　富田屋町
一同八十壱〆百五十八文　白髪町
一同六拾四貫八百五十八文　橘町
一同弐十弐貫七拾文　高橋町
一同九貫五百八文　清兵衛町
一同五拾壱貫弐百七拾四文　新平野町
一同廿八貫八百六十弐文　出口町
一同三拾九貫七百卅文　小浜町
一同百廿弐貫弐百四十弐文　山本町
一同十八貫六百七十四文　吉田町
一同拾九貫三百五十四文　西国町
一同弐貫七百十六文　百軒町
一同拾弐貫弐百廿四文　薩摩堀納屋町

一銭拾六貫九百七拾六文　薩摩堀中筋丁
一同拾六貫三百文　阿波座堀町
一同拾八貫六百七拾四文　立売堀壱丁目
一同卅七貫三百五十弐文　同　弐丁目
一同廿六貫百四十六文　同　三丁目
一同廿八〆八百六十弐文　同　四丁目
一同拾弐貫九百四文　同　西之町
一同七十九貫八百弐文　立売堀南裏町
一同四十九貫九百十八文　同　中之町
一同五十貫九百三十六文　鉄町
一同三拾六貫六百七拾弐文　中橋町
一同廿八〆八百六十弐文　阿波橋町
一同四十三貫四百六十四文　古金町
一同四十四貫百四十四文　帯屋町
一同六十四貫百七十八文　助右衛門町
一同九十九貫八百卅六文　日向町
一同八十五貫弐百七十弐文　讃岐屋町
一同四十弐貫四百四十六文　伊達町

一同三拾弐貫弐百五十八文　神田町
一同廿三貫四百三拾文　権右衛門町
一銭廿弐貫四百十弐文　孫左衛門町
一同廿五貫百廿八文　藤右衛門町
一同拾弐貫五百六十弐文　鱣谷壱丁目
一同卅九貫五十文　同　弐丁目
一同三拾貫弐百廿弐文　高間町
一同四貫四百十四文　尾上町
一同六十貫百六文　九之助町壱丁目
一同廿三貫八十八文　同　弐丁目
一同七貫八百十文　鎊屋町
一同廿八貫五百廿四文　大宝寺町
一同百四十弐貫九百六十弐文　炭屋町
一同七貫四百六十八文　吉野屋町
一同四十四貫百四十四文　松原町
一同十八貫六百七拾弐文　柳町
一同六十九貫六百十四文　周防町
一同五十六貫三十文　南木綿屋町

一同五十五貫三百五十文　三ツ寺町
一同廿貫三百七十弐文　菊屋町
一同廿六貫百四十六文　関町
一同廿貫七百拾四文　南米屋町
一銭拾壱〆弐百六文　白銀町
一同三拾六貫六百七十弐文　山崎町
一同拾五貫六百廿文　南紺屋町
一同九貫百六十六文　木挽北町
一同七貫百三拾文　同　中町
一同拾七貫九百九十四文　同　南町
一同五拾四貫六百七拾文　南塗師屋町
一同三十四貫弐百九十四文　南畳屋町
一同五拾貫五百九十四文　南笠屋町
一同廿八貫八百六十弐文　錦袋町
一同三拾三貫六百十八文　岩田町
一同拾六貫九百七拾六文　中津町
一同廿九貫八百八十文　常珍町
一同四拾九貫弐百卅八文　南綿屋町

一同三拾七貫十四文　酒辺町
一同四十七貫五百四十文　鍛次(冶)屋町
一同廿三貫七百六十八文　同弐丁目
一同拾四〆九百四十文　石灰町
一同三拾七貫六百九十文　道仁町
一同卅〆九百弐文　高津町
一同六拾六貫弐百十八文　卜半町
一同廿八貫五百廿四文　小西町
一同四拾四貫百四十四文　玉屋町
一同八十三〆百九十四文　南竹屋町
一同廿弐貫七拾文　南問屋町
一同七拾四貫七百八文　高津五右衛門町
一同百五十三〆八百卅文　西高津町
一同廿八貫五百廿四文　道頓堀惣右衛門町
一同六十九〆弐百七拾弐文　大和町
一同廿七貫五百六文　御前町
一同拾九貫六百九十弐文　道頓堀布袋町
一同百拾七貫百五十四文　久左衛門町

一同拾三貫弐百四十弐文　立慶町
一同廿四貫百十文　吉左衛門町
一同七拾貫弐百九十文　九郎右衛門町
一同廿〆三百七拾弐文　道頓堀俵（湊）丁
一同拾貫五百廿六文　釜屋町
一同廿壱〆五拾弐文　新難波東町
一同八貫八百廿八文　同　中町
一同拾三貫五百八十文　同　西町
一同四貫四百十四文　篤（徳）寿町
一同拾弐〆弐百廿四文　新戎町
一同拾貫百八十四文　同大黒町
〆竈三千四百八十九軒
　銭千百八十四貫八百六文
一同八拾貫四百七十八文　内本町橋衛（詰）町
一同四十八貫九百文　同　弐丁目
一同四拾弐〆七百八十四文　同太郎左衛門町
一同九十六貫七百七十八文　内本町上三町
一同七貫四百六十八文　北新町三丁目

一同拾六貫九百七十六文　南同町壱丁目
一同十九貫六百九十弐文　同　弐丁目
一同十七貫三百十八文　南新町三丁目
一同拾三貫五百八十文　大津町
一同六貫四百五十文　与右衛門町
一同廿貫三百四文　松江町
一同三十五貫九百九十弐文　小倉町
一同卅七〆三百五十弐文　鎗屋町
一同三拾九貫五十文　錫屋町
一銭八拾六貫五百九十文　北谷町
一同六十六貫八百九十四文　南谷町
一同七拾壱〆三百拾弐文　農人橋丁壱丁目
一同四十六貫五百廿弐文　同　弐町目
一同廿八貫百八十弐文　同　詰町
一同廿四貫七百八十六文　材木町
一同四十貫七百四十八文　南農人丁壱町目
一同九十壱貫八文　同　弐丁目
一同四十五貫八百四十弐文　藤ノ森丁

一同三拾九貫七百三十文　追手町
一同廿六貫百四十六文　住吉屋町
一同四十六貫八百六十文　内久宝寺町
一同四拾弐貫百八文　松屋表町
一同廿弐〆七百五十文　具貝(足)屋町
一同廿弐貫七十文　松屋町裏町
一同廿八貫百八十弐文　松屋町
一同廿三〆四百三拾文　丹波屋町
一同四百八貫百七十六文　南瓦屋町
一同四拾弐貫四百四十六文　尾張坂町
一同三拾三貫弐百七拾六文　天満(伝馬カ)町
一銭三拾弐貫九百卅八文　内安堂寺町
一同廿三貫八十八文　坂田町
一同四十貫四百拾文　玉木町
一同三拾九貫五十文　万年町
一同三拾三〆六百十八文　立半町
一同四十八〆九百文　柏原町
一同四十九貫弐百卅八文　生駒町

一同三拾九貫七百三十文　宮崎町
一同六十六貫弐百十八文　田辺町
一同三拾七貫六百九十文　竜蔵寺町
一同三拾八貫三十弐文　桜町
一同六十貫七百八十弐文　鈴木町
一同八十貫百四十文　上堺町
一同三拾九貫三百八十八文　上本町壱町目
一同五十六貫卅文　同　弐町目
一同五十〆五百九十四文　上本町三丁目
一同五拾貫弐百五十六文　同　四丁目北半
一同五十貫五百九十四文　同　四丁目下半
一同八十壱〆五百文　札之辻町
一同四十三貫八百六文　山家屋町
一同廿七貫八百四十四文　玉造上清水町
一同卅七〆三百五十弐文　同上木綿町
一同拾貫五百廿六文　同稲荷新町
一同卅壱貫九百廿文　同祢宜町
一同拾壱〆八百八十弐文　同門前町

一同五貫七百七十文　同柏木町
一同廿五貫弐百六十六文　同左官町
一同拾貫五百廿六文　同中町
一同三拾貫五百六十文　同平野口町
一同廿六貫四百八十四文　同上清水町
一同拾九貫十六文　同大和橋町
一同五拾貫九十文　同伏見坂町
一同三貫七百卅四文　同森町
一同廿四貫四百四十八文　南堀江壱丁目
一同六十貫七百八十弐文　同　弐丁目
一同六十三〆五百弐文　同　三丁目
一同五十貫九百卅六文　同　四丁目
一同五十貫弐百五十六文　同　五丁目
一同五十弐貫弐百九十弐文　橘通八丁目
一同九貫百六十六文　幸町壱丁目
一銭拾八貫六百七拾四文　幸町弐丁目
一同拾三貫弐百四十弐文　同　三丁目
一同拾四貫弐百六十文　同　四丁目

一同十九貫三百五十四文　薩广（摩）堀 門前町

一同五貫四百卅弐文　農人橋弐丁目 伊勢慶光院屋敷

一同十六貫三百文　天王寺 御蔵跡請負人

〆　〆

六千九百八十八軒

錢弐千三百八拾九貫弐百卅六文

〆改 壱万弐千八百拾弐軒

錢四千三百五十貫七百四十文

惣竈数合弐万九千三百卅八軒

錢〆九千九百六十弐貫六百九十弐文

町数弐百六十弐町

一六三　御救大浚冥加金上納につき褒美下賜

（朱書）「御救大浚一件
五　　　　　　　　」

天保五年甲午正月十九日、去卯年御救大浚之節、冥加金差上候者共江於　西御役所　御褒美

御銀頂戴之一件左ニ

一正月十五日御奉行所式日御礼友賢出勤之処、西御役所ニ而惣年寄薩摩屋仁兵衛殿ゟ被申聞候者、

大浚一条ニ付江戸表ゟ御沙汰有之候義ニ付、内々御咄し申度義有之候間、勇右衛門呼ニ遣し候

様被申候故、早速呼ニ遣ス、名代勇右衛門西惣年寄衆寄合所江出候処、仁兵衛殿被見被申聞候者、大湊ニ付冥加銀差上候者共江従江戸表御褒美之御沙汰有之、来ル十九日於　西御役所　御奉行　御褒詞被仰渡候間、表向御達シ申候ハ、刻限無遅滞出勤在之候様、尤本人直ニ罷出候方可然被申聞、勇右衛門帰り、其段承り候処、当家之義者去卯年三月御奉行様ヨリ御褒之節も別段被　仰渡候事ニ付、十九日之処、席者如何ニ相成候哉難計ニ付、翌十六日西寄合所江勇右衛門出し、十九日御召之節吉次郎出勤可仕処、春来持病ニ而引籠居候ニ付、此度之処為名代悴万太郎出勤仕候、被　仰渡席之義先達而新見様御褒詞被　仰渡候節別段ニ相成候ニ付、此度之所も何卒先例之通り被成下度段申候処、仁兵衛殿被申候者、委細致承知候、此度者御用方十人両替と一同ニ被　仰渡候、天王寺屋十人両替行司近頃休ミ居候へ共、家柄之義ニ付十人方ニ続而出候故、其跡江其御方出勤候様被申ニ付、此方別段ニも被成下度様申候得共、市中一統多人数大混雑之事故、最早追々御調ニ相成、其手続キニ御手扣等出来有之間、一応者御掛り御組江も御談可申候へ共、多分其積りニ心得居候様被申聞

別段にての仰渡しを願うも多人数のため十人両替と一同となる

一十六日西惣年寄衆寄合所𠮷豊後町店江向ケ壱人罷出候様申来ニ付、手代彦蔵出候処、左之通り書付被相渡候

住友吉次郎

正月十九日暁七ツ時

麻上下ニ而

右之通刻限無遅滞西御役所江罷出候様被申聞候事

一十九日暁七ツ時ヨリ友賢、勇右衛門召連出勤、西御役所江出候処、未タ御門開キ不申ニ付、豊後町ニ而暫見合、明六ツ時過出候而御中之口扣居、勇右衛門を以御掛り内山藤三郎殿江席之義伺見候処、此度者市中不残之事故大御混雑ニ付、仁兵衛殿ゟ被達候通りニ心得候様御申、五ツ半時頃惣年寄衆ゟ御前江出候様一統江被申聞、御白洲之間江出候処被仰渡、左ニ

東御奉行
戸塚備前守様
西御奉行
矢部駿河守様
御演達

東御用人
鵜沢重郎左衛門殿
西御用人
早川半右衛門殿
東大浚御掛り
礒矢与一兵衛殿
西大浚御掛り
内山藤三郎殿
惣年寄
井岡佐五郎殿
薩摩屋仁兵衛殿

（朱書）
「銀五拾枚宛」

鴻池屋善右衛門
代伴兵衛
加島屋久右衛門（アキママ）
代
辰巳屋久左衛門（アキママ）
代
加島屋作兵衛（アキママ）
代
（朱書）
「〆」

米屋平右衛門
代（アキママ）
（朱書）「銀三拾枚宛」
三井八郎右衛門
代（アキママ）
枡屋平右衛門
（朱書）「〆」
炭屋安兵衛
（朱書）「銀弐拾枚宛」
鴻池屋他次郎
代（アキママ）
（朱書）「〆」
平野屋五兵衛
代七郎兵衛
近江屋休兵衛
（朱書）「銀拾五枚宛」
鴻池屋新十郎
代（アキママ）
島屋市兵衛
代（アキママ）
（朱書）「〆」
炭屋善五郎
（朱書）「銀三枚」
（朱書）「〆」
〆拾四軒
御用方

（朱書）「銀弐拾枚宛」　近江屋半左衛門
（朱書）「〆」　鴻池屋庄兵衛
（朱書）「銀拾枚宛」　泉屋甚次郎
（朱書）「〆」　升屋伝兵衛
（朱書）「銀弐拾枚」　炭屋彦五郎　〆五軒　十人両替
（朱書）「〆」
（朱書）「銀七枚」　天王寺屋五兵衛
代（アキママ）
（朱書）「〆」
（朱書）「銀弐拾五枚」　住友吉次郎
代万太郎
（朱書）「〆」

其方共儀淀川・神崎川・中津川、其外市中川々両海口御救大浚被　仰出候段、土地繁栄、諸民御救之儀と　御仁恵之程難有奉存、冥加之ためとて、夫々金銀差上、其外御手伝申上候段、奇特之儀ニ付善右衛門・久右衛門・久左衛門・作兵衛江銀五拾枚宛、平右衛門・八郎右衛門・平右衛門江銀三拾枚宛、安兵衛・他次郎江銀弐拾枚宛、五兵衛・休兵衛・新十郎・市兵衛江銀拾五枚宛、善五郎江銀三枚、半左衛門・庄兵衛江銀弐拾枚宛、甚次郎・伝兵衛江銀拾枚宛、彦五郎江銀弐拾枚、五兵衛江銀七枚、吉次郎江銀弐拾五枚為　御褒美被下之

右之趣従　江戸表依　御下知申渡ス

右之通矢部駿河守様御直々被　仰渡、御二方御入被遊、一統平伏、与力衆江御礼申上、銘々御銀台持、中之口江退出、御玄関江右御礼申上ル、東西様共御礼廻勤、御家中同断、天満辺名代真兵衛廻勤

御前席左ニ

御椽側

御床

西様　東様

矢嶋　山内

鵜沢　早川

此処
御銀台
ならぶ

住友　天五
泉甚　升伝
鴻庄　炭彦
近半
枡平　炭善
三井　島市
米平　鴻新
加作　近休
辰久　平五
加久　鴻他
鴻善　炭安

御廊下

井岡　薩仁

御礼手札左ニ　但し、鴻池ヨリ下書来ル

東西
御玄関

先般　御救大浚被為在候節
為冥加金奉差上候ニ付、此度為
御褒美御銀被為下置奉頂戴之、
誠ニ以冥加至極難有仕合奉存候、
乍恐右御礼奉申上候

住友吉次郎

大浚御掛り御与力
東
由比一郎助殿
礒矢与一兵衛殿
〆
西
内山藤三郎殿
安東三郎兵衛殿
〆

同御同心
佐川甚五右衛門殿
東
天野又左衛門殿
井上十次郎殿
市川滝右衛門殿
〆
森山岩三郎殿
西
市橋仁作殿
山田久左衛門殿
大橋駒之助殿
〆

東御家中　但、外諸向者御家中廻勤無之、当家者御勝手御館入之事故、薩仁殿ゟ内意も有之ニ付廻勤

御家老
中野弥惣左衛門殿
篠原市之進殿

御取次
二橋半右衛門殿
金田郡衛門殿

御用人
鵜沢重郎左衛門殿
荻原孫左衛門殿
〆
西御家中
御家老
桜井平太夫殿
中村順吉殿
御用人
早川半右衛門殿
加藤又三郎殿
〆

御目付
飯塚藤兵衛殿
御書翰
細矢龍左衛門殿
〆
御取次
寺田錠右衛門殿
斎藤加太夫殿
御目付
沼尻又左衛門殿
御書翰
高畑弥八郎殿
〆

一御褒美御銀者、翌廿日四ツ時勇右衛門出勤、於西川方御役所御掛り礒矢与一兵衛殿・内山藤三郎殿ゟ御渡シ、御帳面江御請印致シ持帰ル事

一此度外諸向町家御褒美頂戴之面々此処江記置

銀拾五枚宛＊
山家屋権兵衛
加島屋作之助
同　十郎兵衛
平野屋仁兵衛
大庭屋次郎右衛門
錺屋六兵衛
三臓図（園）五運
加島屋作五郎
雑喉屋三郎兵衛

銀七枚宛＊
天満屋市郎右衛門
平野屋新兵衛
伝法屋五左衛門
長崎屋平右衛門
吉野屋熊之助
米屋伊太郎
近江屋権兵衛
小橋屋伊右衛門
平野屋孫兵衛

銀拾枚
〆 日野屋茂兵衛
〆

平野屋四郎五郎
島屋市五郎
笹島屋勘左衛門
豊島屋安五郎
天王寺屋弥七
小山屋忠兵衛
銭屋長左衛門
浮田屋桂蔵
高池屋三郎兵衛
堺屋善兵衛
大和屋利兵衛
万屋小兵衛
伊丹屋四郎兵衛
平野屋宗兵衛
蒲島屋次郎吉
松屋伊兵衛
〆

銀五枚宛 ＊

鴻池屋善兵衛
同 善之助
代判次郎兵衛

島屋利右衛門
天王寺屋忠次郎
長崎屋与兵衛
米屋長兵衛
大坂屋吉兵衛
〆

加島屋市郎兵衛
鴻池屋伊兵衛
同 伊助
伏見屋孫兵衛
銭屋佐兵衛
油屋彦三郎
同 治兵衛
塩屋弥兵衛
加島屋次郎三郎
鴻池屋清兵衛
米屋吉右衛門
鴻池屋篤兵衛
小西屋佐兵衛
鍵屋利兵衛
備後屋徳兵衛
加島屋安兵衛
大和屋甚兵衛

銀三枚宛 ＊

〆
播摩(磨)屋九郎兵衛
大鶴屋九蔵
油屋清右衛門
信濃屋勘四郎
岩田屋市松
代判喜兵衛
天王寺屋伊太郎
大坂屋吉右衛門
升屋源右衛門
米屋武右衛門
辰巳屋省兵衛
万屋小兵衛
代判弥兵衛
具足屋七左衛門
加島屋甚三郎
代判市郎兵衛
〆

銀弐枚宛＊

銀五百枚　三郷町中江

○＊印の箇所の括弧は朱線で記されている。

加島屋藤七
大津屋吉兵衛
万屋伊太郎
井筒屋庄右衛門
紙屋市右衛門
〆
日野屋又兵衛
扇屋理兵衛
伊勢屋藤四郎
〆

銀壱枚宛＊

其外　諸株
諸仲間
諸問屋

御褒詞

御銀台之図
御銀者大払へ入置

一六四　天保五年冬御張紙

一　午九月廿六日浅艸状ニ左之通申来ル

覚

当午年又々(冬カ)御切米弐百俵有余以下幷御役料共受取高之内江四分一米、四分三金ニ而可相渡候

一　御奉公勤候者百俵以下者　九月廿八日ゟ十月二日迄

一　同　百俵有余者　十月三日ゟ　同　六日迄

一　御奉公不勤者百俵以下者　十月七日ゟ　同　九日迄

一　同　百俵有余者　十月十日ゟ　同　十二日迄

一　御役料者弐百俵有余以下共十月十三日ゟ同　十四日迄

右日限之通金田勤負(靱)・岩田本五郎裏判取之、米金受取候儀者十月三日ゟ十一月廿九日迄可限之、

但、米金受取方之儀も右ケ条ニ准シ可相心得、直段之儀者百俵ニ付四拾壱両之積たるへき事

以上

午九月廿五日

一六五　文化十年の御用金手当金高の届出

当十月十七日惣年寄ゟ差紙到来ニ付、手代彦一出勤之処、御用金江相懸り候三朱御手当金算用書来ル廿二日持参可致旨御達しニ付、則当方分仕訳左ニ

文化十酉年相納候御用金

元高金千両

此銀六拾四貫目　但、金壱両ニ付六拾四匁替

右元金天保元寅年ゟ三十三ヶ年ニ御割戻

金百弐拾壱両、永弐百八文壱分　　去ル寅卯辰巳四ヶ年分御下ケ戻奉請取候

此銀七貫七百五拾七匁三分弐厘

残元金八百七拾八両三分、永四拾壱文九分

此銀五拾六貫弐百四拾弐匁六分八厘

右元金江相掛候三朱御手当金当午年分

金弐拾六両壱分、永百拾三文七分余　　但、金壱両ニ付六拾四匁替

此銀壱貫六百八拾七匁弐分八厘四弗

右之通御座候ニ付、奉書上候、以上

天保五午年十月　　住友吉次郎印

御奉行所

但、三枚綴ニ而二冊、尤先振合之通、紙者惣会所ゟ相渡り候事、一冊者御奉行所、
一冊者宛なし、且又綴よふハ二所也

上書
御用金江相懸候三朱御手当金仕訳書

長堀茂左衛門町
住友吉次郎

一六六　鰻谷一丁目家屋敷買得

鱣谷壱丁目糀屋得兵衛居宅、今度拾六貫五百目ニ此方へ買請候応対致候ニ付、為手附銀壱貫

目相渡、左之通證文取置、来未年二月頃帳切致候由、其節残銀相渡、名前切替候事

手附銀請取一札

一合銀壱貫目也

右者我等居宅家屋敷、表口七間、裏行弐十間、二役、土蔵一ヶ所所持之処、此度其許殿へ右家屋敷銀拾四〆目、并居宅住居諸附物別紙帳面之通、銀子弐〆五百目、都合拾六貫五百目ニ永代売渡申候約定致候処実正也、依之書面之高為手附銀慥ニ受取申候、尤帳切之義者来未年四月晦日切ニ可致候、万一異変ニおよひ候ハヽ、此證文を以如何様共御申立可被成候、為後日一札仍如件

天保五午年十一月

鱣谷壱丁目
糀屋得兵衛印

右之通無相違慥ニ承知致候、依之奥印如件

年寄
金屋五郎右衛門印

泉屋藤右衛門殿

右ニ付此方ゟも約定一札相渡、左之通

約定一札

合銀壱貫目也

右者此度其元殿居宅家屋敷、表口七間、裏行廿間、二役、土蔵一ヶ所、我等方へ銀子拾四貫目、并住居附物別紙帳面之通、銀子弐貫五百目、都合拾六貫五百目ニ永代買受申候約定致候処実正也、依之書面之高為手附銀相渡申候、尤帳切之義者来未年四月晦日切ニ可被致旨致承知候、万一右買

請之義此方ゟ及異変候者、右手附銀流ニ相成候旨、是又致承知候、為後日一札仍如件

天保五午年十一月　泉屋藤右衛門印

右之通無相違慥承知致候、依之奥印如件

年寄
金屋五郎右衛門印

糀屋得兵衛殿

一六七　延岡藩廻米につき通達

天保五午年十一月十五日夜丁内会所より左之通

内藤右京亮蔵元
茂左衛門町
泉屋吉次郎
幷　年寄

但、延岡殿様内藤帯刀様と御改被遊候処、御番所ゟ御差紙ニ者矢張右京亮様と有之候ニ付如此控置

右之もの明十六日四ツ時可罷出者也

午十一月十五日　西番所

右之通御差紙参り候ニ付、裏書之義者丁内ニ而相済候由申来候間、則十六日延岡御屋鋪掛り伝兵衛・嘉右衛門出勤之処、左之通被仰渡

差上申一札

諸家御蔵屋鋪廻米之儀、国元津出シ致候ハヽ、石数、出帆之日限等、其度々御奉行所へ役人中ゟ御届申上、其分者海上ニ有之候共切手可致通用、右海上之米入津之度々、米引受候町人幷町役人、堂嶋米方年行司共見届、連印を以御断申上候ハヽ、先達御屋鋪ゟ断有之石数へ御

諸国津出し米の廻着改めが近年等閑になっている

引合、相違於無之而者、御停止之空米ニ無之段、宝暦十二午年諸家役人中并蔵元之町人居町年寄へも被仰渡候ニ付、右改方之ため米方年行司加人をも被仰付置候処、近来廻着改等之義等閑ニ相成有之、廻着高之御見合ニも差支候間、宝暦之度被　仰渡候通、入津之度毎夫々蔵元之丁人并年寄、米方年行司共改之上、連印書付を以御断可申上旨、諸家役人中へ者廻米出帆之石数日限等不洩様前広ニ御届可有之段蔵元丁人共ゟ通達可仕旨被仰渡承知奉畏候、以上

天保五午年十一月十六日

長堀茂左衛門町
内藤帯刀殿蔵元
住友吉次郎
病気ニ付
伝兵衛
月行司
銹屋茂兵衛

右之通被仰渡候間、宝暦之度被仰渡置候通、諸家廻米入津之度々、加人年行司共不障(隙)取様手分いたし、右高相改、蔵元之町人并居町年寄連印書付を以御断可申上旨被仰渡承知奉畏候、以上

米方
年行司
加人
年行司

右之通地方於御役所御与力吉田勝右衛門殿・永田察右衛門殿ゟ被仰渡、御請印形差上候事

但、当日丁内御年寄差支有之、月行司銹屋茂兵衛殿出勤被致相済候事

一六八　手代役替

一午十一月廿三日左之通被仰付候事

支配伊右衛門遠慮申付候ニ付、副役手馴候迄支配預り、万事心添可被致候
老分
連蔵
末家
芳兵衛

当時無人ニ付本家出勤申付、藤右衛門手馴候迄万端心添可致、依之老分格式申付
吹所差配人
藤右衛門

本家支配副役申付、吹所差配兼帯、本家へ相詰、日々吹所へ罷越差図可致、御屋敷方等之儀
大払方
源兵衛

源兵衛共談合入念相勤可申事
吹所銭払方
豊助

是迄役儀之上吟味役申付、御屋敷かた等之儀藤右衛門談合入念相勤可申事

吹所差配副役申付、尤近年御改正之事ニ付万事藤右衛門へ申談入念相勤可申事

一六九　南部藩より扶持加増

江戸南部御屋敷ゟ当十一月十七日金主中御呼出ニ付、当方中橋店名代又次郎出勤之処、御家老中ゟ被仰渡、左ニ

覚

住友吉次郎

一

一昨年以来違作打続、当表廻米も行届兼、勝手甚難渋之処格別深切之心付も被申出、是迄取続ニ相成、且国元田畑不仕付等之儀も無之、当年作合相応出来候義、万端厚用弁給候事

故之儀と被致満足候、依之是迄被相贈来候扶持方へ此度ゟ七人扶持増被相贈之

十一月十七日

外ニ名代又次郎へも弐人扶持御加増被仰渡候段江戸表ゟ申来候事

一七〇　網嶋領主松平乗寛上屋敷類焼見舞

松平和泉守様当春御類焼ニ付為御窺野田村家守次助名前ニ而金壱両弐歩差上候処、左ニ

但、外銘々ゟも差上物在之、尤塩孫当方同様也

覚

一蔦唐草御盃壱ツ宛

野田村

千　栄

駒次郎

き　く　塩孫

次　助　当方

勘　七　鍵屋

三右衛門　加賀作

〆

口達

当春御上屋鋪御類焼ニ付、為御見舞致上物候段達　御聴候処寄（奇）特之儀　御満足　思召候、依之
有合之御品頂戴申付候

午十二月

一七　火災　大坂瓦屋橋

天保五午歳十二月廿六日暁七ツ時ゟ瓦屋橋東詰浜納屋より出火、折節未申風烈敷く、不軽大火ニ
相成、翌日夜五ツ時火鎮、依之其方角江為見舞左之通

一酒五升　家守 豊田屋弥兵衛
一同五升　北側様御別荘
一同五升　土浦御屋敷 友木林平殿
一同弐升宛　同 木嶋与一郎殿
　　　　　篠原孫八殿
　　　　　亀田領平殿
　　　　　大□重兵衛殿

一同三升　久本寺
一同三升　丸屋新兵衛
一同三升宛　土浦 友木庄三郎殿
　　　　　中邑半之丞殿
一同三升　実相寺
一同三升　宝樹寺
〆

外ニ
一酒三升　今橋様御別荘
　但、至来之内配分致候事

一鮓五拾枚宛　土浦 友木林平殿
　但、籠ニ入　同 庄三郎殿
　　　　　中村半之丞殿

右出火場所ゟ者余程相隔候得共、北方角ゟ者右大火見添、追々見舞至来左之通

一酒五升　三井呉服店　一酒五升　泉屋甚次郎殿
一同五升　銹屋六兵衛殿　一同三升　助松屋忠兵衛殿
一同印紙拾枚　西吹仲間四軒　一同三升　堺屋善兵衛殿
一弁当壱荷　平野屋新兵衛　一同三升　泉屋理十郎殿
一鰹節双連　天満礒(矢)屋与一兵衛殿
一弁当
一酒　平野屋五兵衛殿

右之通至来致ス、尤御屋敷方ゟも水鉄炮幷ニ御人足等御手当被下、依之夫々為御礼左之通相送ル

浜田様　人足拾五人　対州様　御金弐人 人足拾人　延岡様　侍弐人 人足拾人
海肴一折 三種代拾匁　海肴一折 三種代九匁　海魚一折 三種九匁
*1銭弐貫文 *2　*1銭弐貫文 *2　*1銭弐貫文 *2
松山様　役人両人 人足拾人　川越　役人弐人 人足七人　明石　役人壱人 人足拾人
海魚三種代拾壱匁　*1肴料　銀弐両 *2　*1肴料　銀弐両 *2
*1銭弐貫文 *2　*1銭壱〆五百文 *2　*1銭弐〆文 *2
吉田御用場人足七人　西尾　人足七人　助松屋忠兵衛殿
*1肴料　銀弐両 *2　*1肴料　銀弐両 *2　*1金百疋 *2　*2人足廿人余
*1銭壱〆文 *2　*1銭壱〆五百文 *2　*1銭弐貫五百文 *2 水鉄炮
今橋様　人足廿人余 水鉄炮実相寺へも暫く手当在之　老松町様　人足五人

金百疋　但、右挨拶及候得ども内間之儀ニ付断申来ル　　南鐐壱片
◎三〆文　　銭壱〆文　但、是も断申来ル

右之外御屋敷御使幷ニ出入方ゟ至来之品も在之候得ども右挨拶者不致候事
一菰樽壱挺
一銭拾貫文　　鴻池善右衛門殿
右者瓦屋橋御別荘へ手当水鉄炮人足差出候所、御別条無之候ニ付、右為御挨拶至来之致ス

焼失難渋人へ施銭

*1
一百八拾八匁 *2　　施行
銭弐拾貫文
右類焼之節焼失難渋人へ施す、尤丁内会所へ為持遣す
○*1の箇所に「吟味済」小判型印、*2の箇所に「合」丸印が捺されている。

一七二　一橋家御用提灯返上

一橋様御用江戸表ニ而相勤候儀者、文化二丑歳十月、其節御同所　御紋付御高張等御免被仰付候手続ニ付、爰元ニ而も非常之節相用ひ申度段、猶彼地相願、御聞済之処、此度左ニ
一御紋付高張之儀、昨午年当地御役人之内御筆頭柏木平太郎様被仰付候者、此度御紋付之御挑灯一躰ニ御用張と御仕替ニ相成候間、早々持参候様被仰聞候処、勇右衛門申上候者、右御挑灯之儀者文化二丑年於江戸店方御用相勤候手続を以、当方へも相戴候儀ニて、此度被仰渡候段一応江戸表江申遣度段申上置、早々及掛合候処、上槇町も一昨巳年御用と御引替相成候由申来ル、依之今日御紋付弐張川口へ持参、柏木様へ直々差上候処、亦被仰候ニ者、

『年々諸用留十番』三二六頁参照

改御用高張弐張相渡可申候間、御挑灯御引替被下、慥ニ相受取之書物差上候様被仰付ニ付、又申上候者委細奉畏候得ども、江戸表者格別、於爰元ハ近来御用向も相勤不申、右御挑灯御渡可被下候段難有仕合奉存候得ども、右之次第ニて却而麁末ニ相成候而者甚以奉恐入候、此段一応御断奉申上候段申上候処、尤ニ御聞込、夫ニ付先達而御免之節者　御月番へ書附を以御届申上候義、此度返上仕候ニ付、又御届可申哉ニ申上候処、御考之上　御番所之処者又々追而此方ゟ可致沙汰よしニ付、右弐張者柏木様へ慥ニ御渡申上候而引取候事

天保六未歳正月廿七日

一七三　西条藩主松平頼渡入国につき大坂にて出迎え

一与州西条松平佐(左)京様享宝(保)十二(四)年酉年何月初而御入国、夫ゟ御定符(府)ニ被為在候処、当天保六未年三月迄凡百七ケ年余、御入国不被為在候処、此度御入国ニ付先例之儀旧記等相改、献上之品も調子候得共、年久相立候義ニ付難相調子、依而五本入扇子一箱献上之処、当地御屋鋪詰メ御役人方江不苦候哉、相伺ニ罷出候所、御役人方御返答ニ者兼而江戸表ゟ差出シ進物等者決而致し不申候様精々御申越し之趣、両度も罷出候得共、右之次第達而被仰立候ニ付、献上物何ニも不仕事、御道中者紀州様御同様之御振合、爰元御着三月廿八日、昨夜牧(枚)方御旅宿、今朝五ツ半之御着、則御名代伝兵衛義御出迎ニ出勤仕候、右相済、帰掛天神橋御役所江も恐悦申上候事

一翌廿九日御役所詰田口安左衛門様・三野兵吉様、御連名之御挨拶書面ニ相添、金百疋名代伝兵へへ相送り被下候、当人早速御礼参上致候事

于時天保六未年三月卅日

一七四 火災 大坂板屋橋

天保六未年四月二日丑中刻ゟ板屋橋北詰東角ゟ浜蔵出火、卯下刻鎮火、尤北東風ニ而先当家者無難候得共、近火之儀ニ付、御屋敷始町方ゟ段々水鉄炮人足幷見舞等至来、依之此方ゟ謝礼相送り候分、左之通記ス

薩广(摩)屋仁兵衛殿
一肴三種　代九匁
送ル

山中善右衛門殿
一肴五種　代三拾目
一酒壱挺　有合
一銭拾貫文
(朱書)「但、此銭差送候得共互之事故戻シ来ル」

鴻池市兵衛殿
一肴五種
一酒壱斗
一銭五〆文

平野屋仁兵衛殿

森本半左衛門殿
一肴五種　代(アキママ)
一金百疋
一酒壱斗
送ル
一銭五貫文

鴻池篤兵衛殿
一肴五種　代(アキママ)
一銭五〆文

雑雑(喉)屋三郎兵衛殿
一肴五種
一酒壱斗
一銭五〆文
(朱書)「但、此銭右同断」

山中新十郎殿

一肴五種
一銭五〆文

山中他次郎殿
一肴五種
一銭五〆文(朱書)「但、此分右同断」
一酒壱斗
近江屋休兵衛殿
一肴五種　代三拾目
高木五兵衛殿
一肴五種
一銭拾〆文
鴻池伊輔殿
一肴五種
一銭五〆文
平野屋新兵衛殿
一肴五種　代弐拾匁
一銭五〆文

一肴五種
一銭五〆文
一酒壱斗
鴻池庄兵衛殿
一肴五種
一酒壱斗
一銭五〆文
広岡久右衛門殿
一肴五種　代三拾匁
和田弥吉殿
一肴五種
一銭五〆文
(朱書)「但、此分も互ニ付戻シ来ル」
平野屋孫兵衛殿
一肴五種　代廿五匁
殿村平右衛門殿
一肴五種　代廿五匁
本町
山本屋　河六

本町
万屋　銭弐〆文　銭三〆文　銭三〆文
(朱書)「此分辞退ニて戻ル」

＊(付箋)
(付箋)「〆銭五拾五貫文
金百疋
〆
是ゟ奥ニ御屋敷方之分
有之　」＊

○＊の貼付部に「合」丸印が割印されている。

従是到来之分左ニ記ス

森本半左衛門殿
龍吐水　壱挺
酒　五升
弁当　壱荷
人足手代詰ル手伝

鴻池篤兵衛殿
一手代
一龍吐水　壱挺
一人足　三拾人

山中善右衛門殿
一龍吐水　弐挺
一弁当　壱荷
一酒　五升
一船　壱艘
一肴　壱折
一手代　八人
一人足　六拾人

鴻池市兵衛殿
一龍吐水　壱挺
一人足　三拾人
一弁当　壱荷
殿村平右衛門殿
一酒　五升
一人足　弐拾人
平野屋仁兵衛殿
一龍吐水　壱挺
一酒　五升
一人足　三拾人
山中新十郎殿
一龍吐水　壱挺
一弁当　壱荷
一酒　五升
一人足　三拾人
錺屋六兵衛殿
一酒　五升
一人足

雑雑(喉)屋三郎兵衛殿
一龍吐水　壱挺
一酒　五升
高池三郎兵衛殿
一酒　三升
一人足
播广(磨)屋仁兵衛殿
一酒　五升
一人足
岩井屋仁兵衛殿
一酒　三升
一肴　三種
一人足
高木五兵衛殿
一龍吐水　壱挺
一弁当　壱荷
一酒　五升
一肴　五種

和田弥吉殿
一酒　五升
一龍吐水　壱挺
一人足
泉屋甚次郎殿
一龍吐水　壱挺
一酒　五升
一弁当　壱荷
平野屋新兵衛殿
一龍吐水
一人足
鴻池庄兵衛殿
一龍吐水　弐
一人足　六拾人
一酒　五升
近江屋休兵衛殿
一酒　五升
一龍吐水　壱挺
一弁当　壱荷

一人足
平野屋都（郁）三郎殿
一酒　五升
一干物　壱籠
一にしめ
鴻池伊助殿
一龍吐水　一
一人足
平野屋孫兵衛殿
一龍吐水　一
一人足
広岡久右衛門殿
一龍吐水　一
一酒　三升
一人足
三井呉服店
一龍吐水　壱挺
一弁当　壱荷
一人足

一人足
千艸屋宗十郎殿
一酒　五升
一人足
炭屋安兵衛殿
一弁当　壱荷
一人足
銭屋おせい殿
一海魚　両種
一人足
一酒五升ツヽ
木津屋九兵衛
鴻池善兵衛
玉屋長兵衛
泉屋理十郎
千艸屋市五郎
久本寺
実相寺
合羽屋久兵衛

三井両替店
一酒　五升
一人足
山家屋権兵衛殿
一酒　五升
一人足
加嶋屋作兵衛殿
一酒　壱斗
一人足
大丸店
一龍吐水
一酒　三升
一人足
一酒三升ツヽ
薩广(摩)屋仁兵衛
堺屋善兵衛
河内屋治兵衛
銭屋弥助
同新兵衛
尾張屋吉兵衛
ふじや五兵衛
奥原屋平右衛門

一酒弐升ツヽ
〆米ノ大伊
狩野宗朴
伊豆蔵嘉右衛門
宝樹寺
小橋屋喜兵衛
〆
一舟弐艘
　酒五升
〆
　山本屋勘太郎
一舟壱艘
〆
　土屋仁兵衛
一同断　泉屋喜兵衛
一同断　河内屋六右衛門
一饅頭印紙十　とらや伊織
一弁当壱荷　久代屋徳次郎
一同断　瓦屋久右衛門
一酒五升
　かふら積(漬)壱重　永瀬七郎右衛門殿
是より御屋敷之分
吉田御用場　侍弐人
　人足

丸朝
岩城
表具屋安兵衛
高津屋七兵衛
伊丹屋治兵衛
〆瓦屋新兵衛
一鮓壱重　わた富
一舟壱艘　万屋
一酒四升　江戸屋平右衛門
家守
近江屋次右衛門
一同印紙七枚　姫路屋忠兵衛
同　弥兵衛
〆
一龍吐水　助松屋忠兵衛殿
一酒壱斗　吹仲間四軒
一饅頭印紙拾枚　与力
安東三郎兵衛殿

一御肴両種代拾五匁　送ル

延岡御屋敷　酒弐斗
侍弐人
人足拾弐人程

一御肴三種代拾五匁　送ル

一銭三〆文

土州御屋敷　侍三人
人足

一御肴三種代拾五匁　送ル

紀州御屋敷　侍三人
人足六人

一御肴壱折代拾五匁　送ル

一銭三〆文

津山御屋敷　酒壱斗
侍弐人　干物壱籠
人足五人

一御肴三種代拾五匁　送ル

一銭三〆文

川越御屋敷　酒五升
侍三人
人足七人

一 御肴三種 代拾五匁 送ル
一 銭弐〆文
西尾御屋敷 侍三人 人足廿人 龍吐水 酒壱斗五升
一 御肴三種 代拾匁八分 送ル
一 銭五〆文
宮津御屋敷 人足六人 酒五升
一 御肴三種 代拾五匁 送ル
一 銭弐〆文
薩州御屋敷 侍五人 人足廿人 龍吐水
一 御肴壱折 代拾五匁 送ル
一 銭五〆文
対州御屋敷 四斗樽壱丁 侍弐人 人足拾人
一 御肴五種 代三拾匁 送ル
一 銭三〆文

浜田御屋敷　酒壱斗
侍三人
人足五人

一　御肴両種　送ル
代拾匁八分

一　銭弐〆文

松山御屋敷　酒壱斗
肴五種
侍三人
人足廿人
龍吐水

一　御肴五種　送ル
代拾五匁

一　銭五〆文

明石御屋敷　侍弐人
人足八人

一　御肴三種　送ル
代拾五匁

一　銭弐〆文

（付箋）
＊1
＊1

（付箋）
「〆銭三拾五貫文

前之下ケ札とも
二口合銭九拾貫文＊3
＊2代八百三拾弐匁五分

金百疋　＊3
＊2代拾六匁三厘
〆如高」

西条御屋敷
姫路御屋敷
沼田御屋敷
土浦御屋敷
芸州御屋敷
南部御屋敷
秋田御屋敷

右者手札計り之分

是より鎮火歓到来之分

一大蒲鉾　弐枚　吉田屋喜左衛門
酒
一印紙　三枚　山田屋治助
一同　弐枚　山城屋喜八
一同　弐升　ふしミ　八百屋佐兵衛
一鯛　弐枚　富田屋久兵衛
一同　壱枚　尾才八兵衛

○＊1の貼付部に「合」丸印の割印、＊2の箇所に「吟味済」小判型印、＊3の箇所に「合」丸印が捺されている。

一奈良積(漬)壱桶
到来
紀州若山
御勘定役
御吟味役

新町
木本屋
泉屋甚次郎殿
岩田市郎左衛門殿
別　家　中
老　分　中
久代屋徳次郎
鴻池他次郎殿

一海魚三種ツヽ
〆

一松魚廿本入壱箱　天満磯矢与一兵衛殿
一練羊羹三本　さが蓮池院
　　　　　　　看松庵
一海魚両種ツ、　鴻池市兵衛
　　　　　　　　河内屋作兵衛
一松魚三拾本入
　玉椿印紙拾枚　近江屋半左衛門殿
一松魚双連　広岡久右衛門殿
一松魚三十入壱箱　平野屋新兵衛殿

一七五　湊橋町掛屋敷家守交代

一湊橋町家守大黒屋重兵衛儀、去冬致病死候ニ付、跡家守之義悴治助、重兵衛と改名為致、跡家守申付候事

一札

一御町内私掛屋敷壱ケ所代印家守、同町私借家大黒屋重兵衛病死ニ付、跡家守同人悴治助名改重兵衛へ為相勤候、然ル上者御公用・町用無滞為相勤、勿論御町格式諸事承合相勤候様申付置、諸出銀之義者是迄之通御差紙表無滞私方ゟ差出可申候、万一御相談万事一人立我儘申候歟、其外相滞義有之候ハ、、何時ニ而も家守差替可申候、為後日仍而如件

天保六未二月　住友吉次郎印

前書之通承知仕候、従　御公儀様被仰出候御法度之趣相守、御公用町用無滞相勤可申候、尤従先規在来り候御丁格式相背申間敷候、幷月並判形等無怠懈相勤、借家人別等入念相改可申候、御相談万事我儘申候歟、其外相滞義有之候ハ、、何時ニ而も家守御差替可被成候、其時一言之申分無御座候、為後日依而如件

大黒屋重兵衛印

年寄
塩飽屋理右衛門殿
町　人　中
右之通無滞相済、二月廿七日早天ゟ手代孝十郎印形持参之上於会所相済候事、家守替り出銀如左
一銀五両　町中へ祝義　一銭三百文　垣外へ祝儀
一同壱両　御年寄へ　一銀弐匁　髪結へ祝義
一同壱両　町代平介へ
一同三匁　下役へ
一同壱両　水帳惣代へ
一同三匁　若者へ
一同壱両 〆三ッ　人形猿曳 座頭仲間へ
一同四拾五匁　御年寄月行司 五人組年行司 振舞料
一同拾匁五分　同下々之者へ 膳料
一同壱両　当日会所 茶料
〆
惣合銀百拾七匁八分四厘

一七六　鰻谷一丁目家屋敷買得

一　鱣谷壱丁目糀屋得兵衛居宅、間口七間、裏行廿間、役弐ツ、土蔵一ヶ所、銀拾四貫目ニ而此方へ買請候事、帳切無滞相済、則左之通

一札之事

一　鱣谷壱丁目糀屋得兵衛家屋敷壱ヶ所、表口七間、裏行弐拾間、但弐役、幷土蔵壱ヶ所有之候所、此度我等銀子拾四貫目*1ニ買請、他町持*2ニ而所持仕候処実正也

一　従　御公儀前々被為　仰出候義者不及申、御触度毎幷御町儀先格之通急度相守可申候、猶又御公役万端其度毎無異義差出可申候、此外如何様之義出来候共、早速罷出埒明ケ可申候、幷代印家守之義者、則御町内ニ我等借家ニ罷在候泉屋半蔵ニ為相勤、勿論先格万端御町内作法急度為相守可申候、仍如件

天保六未年四月　住友吉次郎印

右之通私慥ニ承知仕候、代印家守之義者無滞相勤、則御町内先格万端御作法之通急度相守可申候、仍而如件

泉屋　半蔵印

年寄　金屋五郎右衛門殿
幷　五人組中

○＊1の箇所に「改正」丸印、＊2の箇所に「合」丸印が捺されている。

永代家屋鋪売券一札

一　鱣谷壱丁目我等家屋敷壱ヶ所、表口七間、裏行弐拾間、但弐役、幷土蔵壱ヶ所所持之処、此度

其許殿へ銀子拾四貫目ニ永代売渡、右銀子慥ニ請取申候処実正也、然ル上者右家屋鋪売渡候義ニ付、脇ゟ違乱妨申者一切無御座候、万一彼是申者出来候ハヽ、此印形之者何方迄も罷出、早速埒明、其元殿へ少しも御難儀等掛ケ申間敷候、為後日売券一札仍而如件

天保六未歳四月

売主　糀屋得兵衛印

住友吉次郎家守
五人組　泉屋清兵衛印

右同人家守
同　泉屋藤右衛門印

同　泉屋栄之助
代判　連蔵印

同　河内屋庄兵衛印

年寄　金屋五郎右衛門印

住友吉次郎殿

住友吉次郎〇

張紙三枚

住友吉次郎〇 泉屋半蔵〇

張紙四枚

諸祝儀左之通

*1一銀七百目　*2五歩一銀
*1一弐役金六両　*2御振舞銀
*1一同同四両　*2御年寄へ
*1一同同弐両　*2町代江
*1一同同壱両　*2下役江
*1一同同弐百疋　*2髪結江
*1一鳥目四貫文 代三拾七匁　*2垣外江
〆
*1一銀弐匁　*2張紙之節 惣代へ
*1一同壱匁　*2同若キ者へ
*1一同六匁　*2人形仲間猿引 仲間へ
*1一同四匁　*2座頭仲間へ
〆
家守付諸祝儀之分

*1一役ニ不抱銀壱両　*2御年寄へ
*1一同同三匁　*2町代へ
*1一同同弐匁　*2下役へ

同
＊1一同壱匁五分　＊2　髪結へ

〆

外ニ
＊1金壱両三分　＊2　会所後見
勘蔵へ口入
世話料

〆

又

＊1銀弐貫五百目　＊2　附物代

右之通四月十五日取引無滞相済

○＊1の箇所に「改正」丸印、＊2の箇所に「合」丸印が捺されている。

一七七　無断登坂の手代孝十郎出勤許可願

乍恐以書附奉願上候

一先月歎上候浅草御店在勤仕居申候孝十郎儀、無拠私用御座候由ニ而風と存立、無御断先比登坂仕候得共、親治兵衛方へも不立寄、縁類之間柄ニ而私方へ罷越候ニ付、甚以不届千万之至申聞候得共、最早当着仕候義ニ付、乍心外逗留為致候、且又江戸御店江再三御詫申上候儀ニ御座候、一旦不了簡ニ而登坂仕候得共、外ニ格別之御咎ニ相成候筋無御座候ハヽ、何卒如何様之御役庭とも出勤仕候様重々奉願上候、御聞済ニも相成候ハヽ、乍不及励忠勤申度心底ニ申居候、何分年内余日も無御座候得共、格別之御憐愍ヲ以御聞済(被)罷為成下候ハヽ、当人者不及申、私親類之者迄も御高恩之程難有奉存候、此段宜御取成偏ニ奉願上候、已上

天保五午十二月　　　　　　　　　　　御末家
　　　　　　　　　　　　　　　　　　勘七
御支配
　連　蔵殿
　勇右衛門殿
　芳　兵　衛殿
　藤右衛門殿

一七八　手代孝十郎拝借金を小遣銀より返済願

乍恐書附ヲ以奉願上候

一　私義

江戸表御店在勤中、拝借金四拾六両壱歩御座候ニ付、早速返上納可仕筈ニ御座候処、誠ニ以難渋仕候間、当未年ゟ被下置候小遣銀之内ニ而季毎銀廿匁宛上納仕度、何卒御憐愍ヲ以此段御聞済被成下置候様御執成偏ニ奉願上、(候脱カ)以上

天保六未年三月　　　　　　　　　　孝十郎

高橋　連　蔵様
岡田勇右衛門様
長谷川芳兵衛様
田宮藤右衛門様

一七九　末家伊右衛門拝借銀を年賦返済願

乍恐以書附奉願上候

一　私義

先般結構休息被為　仰付冥加至極難有仕合奉存候、然ル所在勤中無拠儀御座候而、其時々奉願上、御恩借銀上納相残り候分銀八貫九百目相成御座候、依而此度被為下置候御目録銀之内ヲ以難有返上納可仕筈ニ御座候処、兎角不仕合ニ而内外厄介之者多難渋仕居候間、甚以恐多御儀ニ者御座候得共、何卒当未年ゟ向一ヶ年ニ銀五百目宛御引取被為　成下候様奉願上候、御時節柄誠ニ以奉恐入候得共、前書次第無拠御歎願奉申上候、格別之以御憐愍願之通御聞済被為　仰付被下置候ハヽ、広太之御慈悲難有仕合奉存候、此段御序之節宜敷御執成之程重畳奉願上候、以上

天保六未年三月　　　　御末家　伊右衛門

御本家様御支配人
藤右衛門殿
御老分詰
連　蔵殿
勇右衛門殿
芳　兵　衛殿

一八〇　末家伊右衛門家督銀預金願

乍恐以書附奉願上候

一　私義

先般結構休息被為　仰付冥加至極難有仕合奉存候、就右　被為下置候家督銀弐百五拾枚、何卒

以御憐愍相応御利息ニ御預り被為　成下候候〔衍〕ハヽ、広太之御慈悲重畳難有仕合奉存候、乍恐此段奉願上候、御序之節宜敷御執成之程偏ニ奉願上候、以上

御末家
伊右衛門

天保六未年三月

御本家様御支配人
藤右衛門殿

御老分詰
連　蔵殿
勇右衛門殿
芳　兵　衛殿

【八】末家卯兵衛予州にて養生願

乍恐以書附奉願上候

豊後町店詰

私義

一　幼少ゟ御高恩罷成、先達而結構休息被為　仰付、冥加至極難有仕合奉存候、其上予州表引払後、豊後町様御店詰被仰付難有仕合奉存候、然ル処近年病身ニ罷成、先達より豊後町様於御店結構養生被仰付、重々難有仕合奉存候、腫物等も追々平愈〔癒〕ニ相趣候処、先日以来惣身手足等相痛、可成者用弁仕候得共、此節者立居夜分寝起等筋引仕、甚難渋仕候、御医師も追々全快仕候趣被仰下候得共、能々相考候処何れ長引可申、殊ニ者老年中々前躰ニ相成候儀無覚束奉存、心細罷成、右ニ付下宿被仰付、気長ニ養生仕度、予州表ニ者由縁之ものも御座候ニ付、助抱〔介〕等も為致申度、且者先年私大病相煩候節、合医師も御座候ニ付、夫等共相談仕、今一度本快仕度奉存候、

先達而ゟ此儀御願奉申上度相含居候得共、御無人中之義ニ付差扣、可相成丈ケ相勤居申候得とも、此頃ニ至実々難渋相迫、無拠右之趣奉願上候、何卒格別之以御憐愍願之通御聞済御座候様御執成之程偏ニ奉願上候、已上

御末家
卯兵衛

天保五午年十二月

御末家詰御老分御支配役御預り（本）
高橋連蔵殿

御本家
御老分
岡田勇右衛門殿

同
御老分格
長谷川芳兵衛殿

同
御支配御副役
田宮藤右衛門殿

一八二 借銀願 出入久兵衛

返済は節季ごとの新代にて

私義

乍恐以書附奉願上候

一

御本家様江　御奉公ニ罷出候而ゟ長々御召遣之上、御憐愍ヲ以御出入被為　仰付、広太之御慈悲重々難有仕合奉存候、然ル処私国元ニ親共壱人御座候処、当夏以来ゟ病気ニ而大ニ困窮難渋至極ニ御座候、右ニ付外方ニ少々之借用も仕候得共、未全快も不仕、当惑仕居申候、夫ニ付御時節柄奉恐入候得共、何卒銀三百目御恩借被為　仰付候様奉願上候、尤返上納之儀者節季毎ニ奉売上候新代之内ニ而五拾目宛御引取被下候様奉願上候、何卒御憐愍之御沙汰被為成下候様宜

御執成偏ニ奉願上候、以上

天保五午歳十二月　　御出入　久兵衛

御本家様
　御台所

一八三　浄国寺町掛屋敷を末家義助買得願

乍恐以書附奉願上候

一　私義

一昨年奉願上、御聞済之上順慶町江出店仕、御蔭ヲ以追々繁昌仕、難有仕合ニ奉存候、然ル処是迄借宅ニ御座候得者、節角為仕似付候共不安気ニ奉存候得者、以甚奉恐入候得共、浄国寺町御掛屋鋪名前ニ被仰付、乍恐数年来相勤メ来り候処、右御屋鋪相応之直段ヲ以御譲り被為成下度奉願上候、行々養子仕、伯父義右衛門住宅と相定、名跡永続仕候ハヽ、於私安心仕、冥加至極如何計御高恩之程悴共迄も重々難有仕合奉存候、何卒宜御取成偏ニ奉願上候、已上

天保六未四月　　御末家　義助

年行司　仁兵衛

前書之通相違無御座候ニ付、乍恐奥印仕候

勘七

右聞済、銀拾弐貫[*1]目[*2]ニ売渡候事

御本家
高橋連蔵殿
岡田勇右衛門殿
長谷川芳兵衛殿

田宮藤右衛門殿

○＊1の箇所に「改正」丸印、＊2の箇所に「合」丸印が捺されている。

一八四 末家卯兵衛養子願

乍恐以書附奉願上候

私義

一 近来病身罷成候ニ付、下宿養生無拠御願奉申上候処、格別之御憐愍ヲ以結構 御聞済被仰付、千万難有仕合奉存候、此度下宿仕候ニ付而者、先年親類之者ゟ娘一人申請相養、当年十八才ニ相成候ニ付、相応養子仕、家名相続為仕申度奉存候、右ニ付先達而ゟ色々聞繕申候処、予州在勤御手代作兵衛年柄も相応、生立も宜敷相見え候ニ付、仲人を以同人宿元等江も相談仕候処、御本庭向御聞済御座候ハヽ、何時ニ而も差遣し候様仕呉候筈決定仕罷在候、右作兵衛養子ニ被下置候ハヽ、難有仕合奉存候、尤同人義矢張是迄通り御召遣被成下、往々者私方へ引取候様可仕、私義老年多病ニ相成、心細御座候、何卒安心仕度奉存候、右之段御憐愍ヲ以願之通御聞済御座候様、宜敷御執成之程偏ニ奉願上候、以上

御末家
卯兵衛

天保六未年三月

御本家詰御老分
高 橋 連 蔵殿
同
岡田勇右衛門殿
同格
長谷川芳兵衛殿
同御支配
田宮藤右衛門殿

一八五　借銀願　末家卯兵衛

一

乍恐以書附奉願上候
私儀
久々病気ニ付、無拠下宿養生之儀御願奉申上候処、結構　御聞済被仰付難有仕合奉存候、然者
予州表借財年賦御聞済ニ相成候分、左ニ
一銀九貫三百五拾目
但、銀高拾壱貫目之処壱〆六百五拾目
辰巳年《(午カ)》三ケ年五百五十目差入、残り如高
一銀八貫六百五拾目
但、此処別段御拝借御願奉申上度候分
尤御返納之儀者、当暮より差入候様可仕候
二口〆銀拾八貫目
但、壱ケ年壱貫弐百目宛毎暮ニ御返納可仕候事
右御願之儀誠ニ以御時節柄難奉申上奉存候得共、私義此度下宿養生仕候ニ付、他借筋訳立幷ニ
少々相調候品も御座候ニ付、何角と差湊、大ニ心配仕候、何様此分ニ而者往々之処如何敷奉存
候得とも、先差懸り候分御願奉申上候、何卒格別之御憐愍ヲ以願之通御聞済被成下候様偏ニ宜
敷御執成之程奉願上候、以上
天保六未年四月
御末家
卯兵衛
御本家
高　橋　連　蔵殿

岡田勇右衛門殿
長谷川芳兵衛殿
田宮藤右衛門殿

一八六　樺坂銅山観音寺再建寄附依頼を断る

山方も中絶

未得尊顔之候得共、時候向寒之節、先以　御主公様益御機嫌能被為成御渡、恐悦之至ニ奉存候、次ニ各々様御壮栄ニ御勤行候条珍重之御儀奉存候、然者卒示(爾)之申上事ニ御座候得共、当所金山盛山之砌者於野院長日之御祈被仰付、依之別紙之通り御尊牌幷御手代御衆中之御位牌も数本御納被成下、長久霊龕御廻向可申上旨被為仰付、依右莫大之御寄附実々御篤情之至ニ奉存候、然ル処於只今者追々経星霜、山方も及中絶、就夫当院殊之外破壊仕、何共歎ヶ敷事ニ御座候、夫故拙僧致住職候ゟ以来多年再建之企雖有之、纔之貧檀候故、何分不能微力、無拠打過罷在候、乍併余り歎ヶ敷儀ニ付、尊家様江御歎キ申上呉候様村方一統申候、依之今般安龍寺隠居出坂被致候ニ付、其御表御窺被成下度頼上候間、何卒演舌之趣御聞取被成下候上、追々御勘考之程奉頼上候、猶委細之儀生来陽御問訊可申上候間、宜敷御勘弁被成置被成度偏ニ奉頼上候、恐惶謹言

観音寺
常真(花押)

霜月三日

泉屋様
御手代御衆中

尚々、軽少之至ニ御座候得共、麁菓子壱箱呈上之仕候、宜鋪御披露之程奉願上候、以上

未拝尊顔候得共、益御機嫌能被為遊御座候条、珍重目出度奉存候、然者当地観音寺方殊之外及荒

撥《（廃）》ニ候ニ付、院主再建之思召御座候得共、何分貧檀之銘々候故、不及力ニ候ニ付、今般安龍寺隠居様御出坂之節尊家様方へ御問尋之上、右御歎キ願御申入被下候様御頼申上、則自院主書状被差上候間、何卒依御執成大願成就仕候様偏ニ御願被下度、依而旦中ゟ為惣代愚札差添御願書如斯御座候、恐惶謹言

霜月三日

庄屋　岩太夫
年寄　忠右衛門
惣代　清兵衛
同　忠左衛門

大坂
泉屋様
御手代御衆中
尊下

御尊牌幷御寄附之品々

引

御尊牌之高サ二尺　但シ五重座
名泉院仙応斉本達良山居士　覚位
享保四巳癸歳十二月廿五日

藤兵衛
願主椛坂銅山支配
市良右衛門
金右衛門

外ニ
御手代衆御位牌数本
但シ
年号月日俗名等明證ナリ略之不記

一当院境内之石垣高サ凡ソ六尺、長サ凡ソ二町余
一釈尊涅槃像壱軸、幅六尺五寸、長サ九尺余
一金台両界之御曼荼羅　弐軸　但シ金襴表相附
上々極彩色
一孔雀明王尊　一軸　上々極彩色ナリ
一古筆ノ不動尊　一軸　大ニ破損ス
一十二天善神　十二幅　大ニ破損ス
一法華経　八軸　箱入
一本尊前唐金之三ツ具足　壱面
一祈禱壇幷仏具　壱面
一鐃幷鉢　壱対
以上

播州多賀郡観音寺邑
観音寺現住法印常真
記之

此書面寄附頼来候節菓子一折被相送候事

然者先年御国元銅山稼中於貴寺御祈禱御申上頼申上、猶又位牌幷ニ寄附品も有之処、久々及中絶居候、然ル処所々大破及ニ付、御再建思召も御座候処、少檀ニ付難御行届、依之右由縁も在之候ニ付、御寄進可仕旨被仰聞、旧記相調子可申処、最早年数も相立候事、且者月廻仕り居候故、明春得と相調可申と奉存候、何分時候柄之事故御寄附仕候途も中々以不行届御儀ニ御座候得者、此

段前以御断申上置候、猶今便者結構之御菓子一折御恵贈被成下千万難有拝受仕候

天保五午十二月　住友店
支配人

観音寺様
御知事

尚々、御檀中ゟ御状被下候得共、御同様之御義御座候間、御返事不仕候、御序之節可然奉頼
上候、已上

旧冬寄附頼参り候播州錵（椛）坂銅山観音寺、和尚幷講中壱人被致登坂段々被相頼候ニ付、当地旧記等相調候得共、当地ニ者錵坂銅山稼候事共相見へ不申候、併右様良山様御位牌上ケ有之候事ニ候得共、夫者右銅山方支配致候者ゟ寄附致候事ニ而、当方寄附致候訳ニ而も無之ニ付、右等之訳合申聞、寄進之儀一切難出来趣相断候処、先方ニも遠方之処春々被致出坂、大キニ当惑之様子、且者旧冬も干菓子壱折、此度扇子壱箱、杉原五帖被相贈候ニ付、餞別旅用為手当、左之通

*1一金　千疋　*2

右之通贈遣し候事、尤已来何等之事申出候共一切取合不申段堅く申聞置候事

天保六未年五月

○*1の箇所に「改正」丸印、*2の箇所に「合」丸印が捺されている。

一八七　鰻谷一丁目　家屋敷名前替

一札之事

一於御町内ニ我等所持家屋敷、表口六間、裏行弐拾間、弐役、幷浜地、坪数帳面之通、其儘我等

親類徳井町泉屋理十郎江譲り渡、直様引移住宅仕、所持ニ相成候処実正也、然ル上者　御公儀様水帳絵図共御切替可被下候、尤右譲り渡ニ付、脇ゟ違乱妨ヶ申者一切無御座候、万一故障申者出来候ハヽ、我等何方迄も罷出、早速埒明御町内江少シも御難儀等掛ヶ申間敷候、為後日譲り一札如件

天保六未年五月　　泉屋栄之助
代判連蔵

年寄
金屋五郎右衛門殿

幷五人組中

請負一札

一鱣谷壱丁目泉屋栄之助代判連蔵所持之家屋敷壱ヶ所、表口六間、裏行弐拾間、弐役、幷浜地面、其儘此度徳井町泉屋理十郎譲り請、直様引移住宅、所持ニ相成候所実正也、然ル上者我等諸事請負ニ相立候儀相違無之、勿論御町法先格万端堅為相守可申候事

一従　御公儀前々被　仰出候儀者不及申、御触度毎急度為相守可申候、其外如何様之六ヶ敷儀出来候共、我等何方迄も罷出、急度埒明御町内江少シも御難儀等掛ヶ申間敷候、為後日諸事請負一札如件

天保六未年五月　　請負人
住友吉次郎

右之通我等慥ニ承知仕候、然ル上者御町内先格万端諸事相守可申候、且亦御一統御相談之義者多分ニ相洩申間敷候、為後日御町儀承知一札如件

泉屋理十郎

年寄
金屋五郎右衛門殿
并　五人組中

頼一札之事

一御町内ニ我等所持之家屋敷壱ヶ所有之候処、此節疝(疝)痛病ニ付、代判我等借家泉屋連蔵ニ為相勤度段御願被下候様御頼申入候、右ニ付代判連蔵ニ為相勤候上者月行司ニ相当り候節者御公用町用共御差図之通無滞為相勤、尤他国等仕候ハヽ、其段前広ニ為相届可申候、為後日頼一札仍如件

天保六未年五月　　泉屋理十郎

右之通私慥ニ承知仕候、右代判之義者無滞相勤、則御町内先格万端御作法之通相守可申候、仍而如件

泉屋
連蔵

金屋五郎右衛門殿

一八八　本町三丁目掛屋敷家守交代

一本町三丁目南側借家代印家守、是迄柏屋彦兵衛相勤来り候処、同人義先達而致病死、跡家守之儀此度町内川崎屋忠兵衛借家高三屋治兵衛へ申付候事

一札

一御町内我等掛屋敷壱ヶ所所持仕、是迄代印家守柏屋彦兵衛相勤罷在候処病死仕候ニ付、此度跡代印家守御町内川崎屋忠兵衛支配借屋高三屋治兵衛江為相勤候処実正也、然ル上者従　御公儀様被為　仰出候御法度之趣急度為相守、御町内先年ゟ諸事申合通り為相背申間敷候、若家守之

儀ニ付不行届之儀も有之候ハヽ、何時ニ而も相退ケ、代り家守相立可申候、為其家守一札仍而如件

天保六未年九月

他町持
長堀茂左衛門町住宅
住友吉次郎印

代印家守
高三屋治兵衛印

前書之通無相違承知仕候、以上

本町三丁目
年寄
柏屋久兵衛殿

五人組中

家守請状

家守請状之事

一本町三丁目南側御懸屋敷家守高三屋治兵衛相勤候様被　仰付承知仕候、依之我等諸事請負ニ相立申処実正也、則同人寺請状丁内江相納置候事

一従　御公儀様被為　仰出候御法度之義者不及申、御触書之趣其度毎ニ借家中江不洩様申渡、大切ニ為相守可申事

一家貸付之節者先々身元相糺、慥成者ニ貸付可申候、勿論家賃銀之義者毎月晦日限ニ取集、其時々持参可仕候

一町内家売買之節、歩一銀其時々無相違差入可申候、勿論不正ケ間敷義決而為致申間敷候

一其許殿御勝手ニ付、家代御仕替被成候節者、無違背退役為致可申候、幷其外如何様之六ケ敷義出来仕候共、我等何方迄も罷出致訳立、其許殿江少しも御難義相懸ケ申間敷候、為後日仍而如

件

天保六未年九月

家守
高三屋治兵衛　印
請人
泉屋伊右衛門　印

住友吉次郎殿

一八九　鰻谷一丁目家屋敷買得

鱣谷壱丁目河内屋庄兵衛殿居宅幷借家、表口六間、裏行弐拾間、役弐ツ、今度代銀弐拾貫五百目、附物代として銀拾壱貫目、都合銀三拾壱貫五百目ニ而当方へ譲り請候応対致、尤支配人藤右衛門名前ニ而買請候事、右ニ付手附銀壱貫目相渡、左之通り

一札

一此度其許殿居宅家屋敷一ヶ所幷浜地面共、銀子弐拾貫五百目、幷家内住居附物有姿之儘、銀子拾壱貫目、都合三拾壱貫五百目ニ我等方へ買請申候約定仕候処実正也、随而今日右手附銀として銀子壱貫目相渡、残り銀子者来ル廿五日帳切之節無異儀相渡可申候、為後日右約定為取替證文仍而如件

天保六未年十月十九日

泉屋
藤右衛門　印

右之通我等慥ニ承知仕候、仍而奥印如件

年寄
金屋
五郎右衛門　印

河内屋庄兵衛殿

一札

一此度我等居宅家屋敷壱ヶ所并浜地面共、同所住友吉次郎借家泉屋藤右衛門江銀子弐拾貫五百目、并家内住居附物有姿之儘銀子拾壱貫目、都合三拾壱貫五百目ニ永代売渡申候約定仕候処実正也、然ル処我等儀当時諸懸り請目安銀高四口ニ而、都合七貫三百弐匁六分七厘御座候、此義済切不仕候而者、帳切難成旨被　仰聞承知仕候、随而来ル廿三日迄ニ夫々早速掛合相済可申候、勿論右相済候迄者、右之銀高御丁内江御預ケ置御取計可被下候、尚又済方御取計之義ニ付而者、聊違変勝手ヶ間敷義者申間敷候、為後日右約定證文仍而如件

天保六未年

十月十九日

河内屋

庄兵衛印

年寄

金屋五郎右衛門殿

丁　人　中

一札

合銀壱貫目也

右者此度我等居宅家屋敷壱ヶ所并浜地面共、其許殿へ銀子弐拾貫五百目、并家内住居附物有姿之儘銀子拾壱貫目、都合三拾壱貫五百目ニ売渡申候約定仕候処実正也、然ル上者右銀子者為手附と請取申処明白也、随而帳切之義者来ル廿五日迄ニ急度可仕候、為後日右手附銀子慥ニ請取申候證文仍而如件

天保六未年十月十九日

河内屋

庄兵衛印

右之通我等慥ニ承知仕候、仍而奥印如件

年寄
金屋
五郎右衛門印

泉屋藤右衛門殿

但、右取引、年寄金五郎殿宅ニおゐて無滞相済、町人中立会、大和屋又兵衛殿・大和屋弥太郎殿両人、藤右衛門者不快ニ付本家ゟ代人差出シ、翌廿日同住居為見届半蔵・篤兵衛罷越、町代勘蔵立会申候事、廿五日帳切ニ候へ共廿六日ニ相延し候事

一九〇　田安家御用提灯・絵符引替

田安御用と記されたものと引替

乍恐以書附奉申上候

一私義従先歳　田安様上方御預り所御掛屋御用被　仰付候ニ付、御紋付御絵符弐枚・御紋付御挑灯弐張御渡被成下候処、右不残御引上ケニ相成、此度相改、田安御用と相記候御絵符弐枚、同様記高張御挑灯弐張御渡被成下候、尤田安御用之外決而私用ニ相用ひ申間敷候、乍恐此段以書附御届ケ奉申上候、以上

長堀茂左衛門町
住友吉次郎
病気ニ付代
徳兵衛

天保六未歳
十月

右之通相違無御座候ニ付、乍恐奥印仕候

年寄
泉屋理右衛門

御奉行様

一九一 久本寺祖師堂へ灯籠寄附

一久本寺祖師堂江真鍮燈籠寄附之儀頼来り候ニ付左之通、尤西理助殿方ゟ同様寄附ニ付旁以被頼出候事

一真鍮燈籠一対

油皿燈台下皿添
代銀四拾目

但、燈籠裏へ

天保六乙未年九月

上寺町久本寺什物

施主住友氏

右之通十月二日早天持参致候事

一九二 実相寺へ非常用長持寄附

一実相寺非常用長持弐棹寄附致ス、尤出火之節御本尊再（幷カ）位牌等相納候手当として寄附致候事

一長持　弐棹　棒添

代百五拾目

右之通十一月四日為持遣す

一九三 大坂安堂寺町火災

一天保六未十月廿日夜子ノ中刻より安堂寺町鍛冶屋町ゟ少し北へ入東かわゟ出火、折角西風大ニ烈敷追々大火相成、左之通焼出す

○四一六〜七頁に別掲の瓦版の焼場図が、天地を逆にして見開き一丁に二分して貼り付けてある。

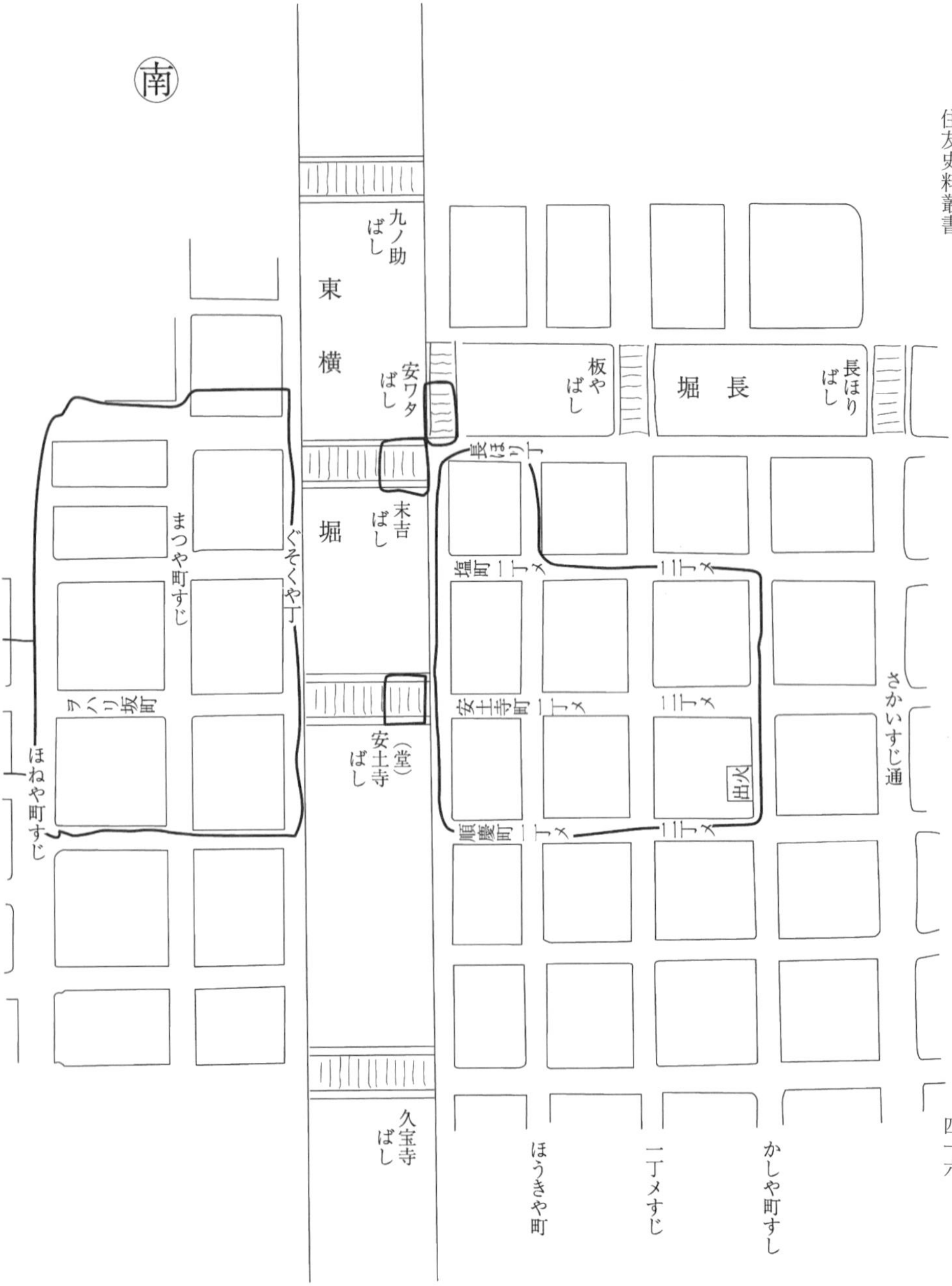
南
九ノ助ばし
東横堀
安ワタばし
末吉ばし
安土寺（堂）ばし
久宝寺ばし
板やばし
長堀
長ほりばし
長ほり丁
塩町一丁メ
二丁メ
安土寺町一丁メ
二丁メ
順慶町一丁メ
二丁メ
出火
さかいすじ通
ほうきや町
一丁メすじ
かしや町すし
ぐそくや丁
まつや町すじ
ワハリ坂町
ほねや町すじ

天保六年未ノ
十月廿日夜亥ノ中刻
かしや町通順慶町弐丁目
東側ゟ出火、折節西風大ニ
烈敷、東堀まて焼抜、南ハ
塩町ゟ東ニて長堀安綿ばし
焼落、東堀末吉橋・安堂寺ばし
やけ落、夫より安堂寺町ずし
東へ上本町前迄焼ぬける、
南ハから堀のはた辺迄焼失、
翌廿一日未ノ上刻火鎮る、
土蔵数五十戸前計焼失、
其上東十三小路へ飛火いたし
候事

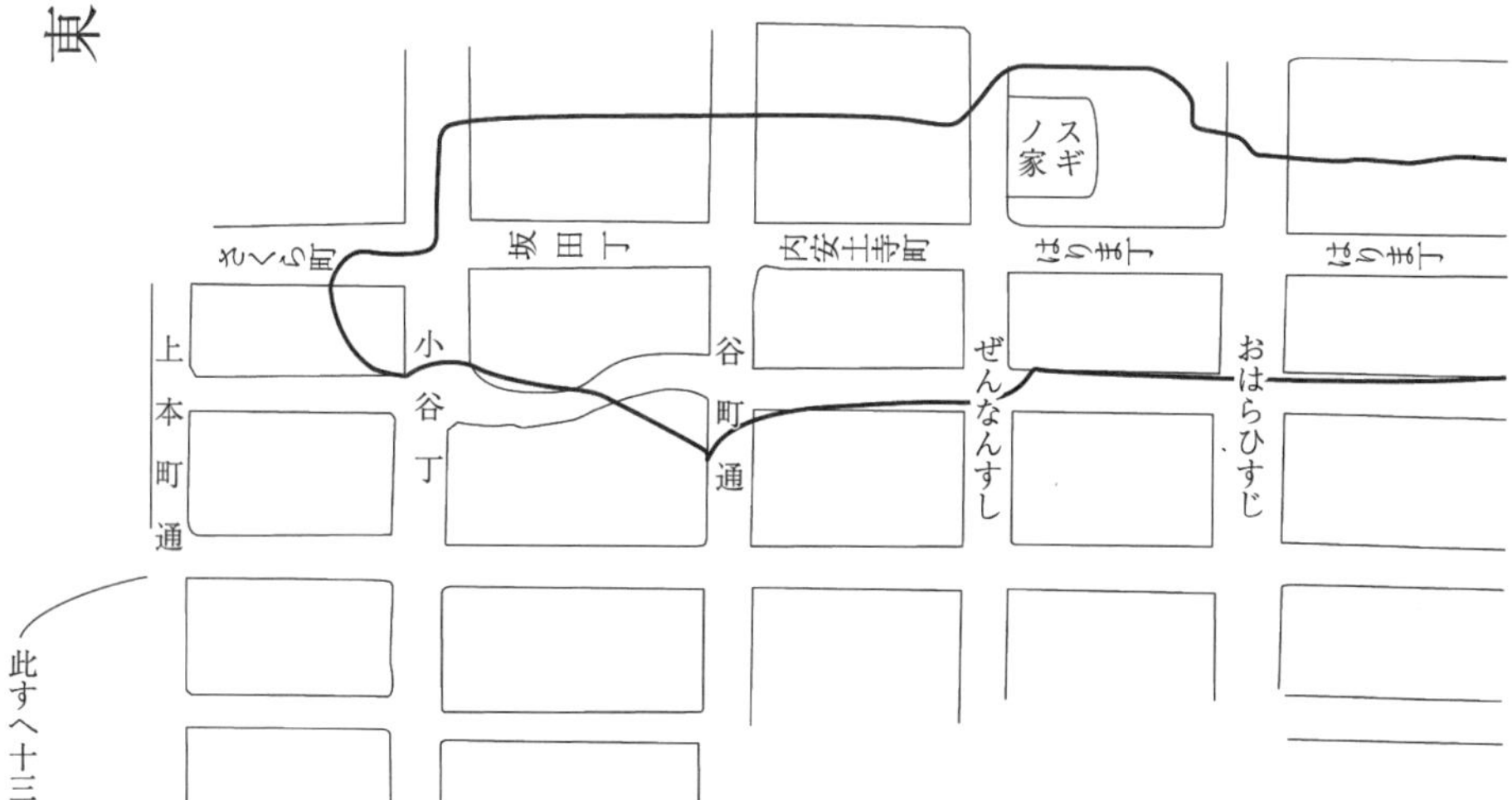

○太線内部の焼失部分は朱色の合羽刷で塗られている。

右之通焼失、漸翌廿一日昼七ツ時頃鎮火、殊之外大火ニ相成、尤西風ニ而当方者無難候得共、近火之儀ニ付、御屋鋪方始町方ゟ龍吐水人足幷見舞等到来、依之此方より謝礼相送り分、左之通記ス、幷到来物

松山様
一 至来 龍吐水・人足・堺重二重・弁当片荷
〆

対州様
一 同 龍吐水・人足・□榼壱挺

浜田様
一 同 人足・酒壱斗

西尾様
一 同 人足・酒壱斗五升

一 進物 海魚 五種 代拾八匁
鳥目三〆文
〆
一 外ニ 同両種　高田氏江
一 同 海魚 五種 代三拾匁
鳥目五貫文
一 外ニ 海魚三種　陶山氏江 高井氏
一 同 海魚 三種 代拾五匁
鳥目弐〆文
一 同 同 三種 代拾五匁
同 弐〆文

一同
人足・酒五升　川越様

一同
人足・酒壱斗・蒲鉾五枚　津山様

一至来物
人足・酒壱斗　明石様

一同
龍吐水・人足・酒弐斗　延岡様

一同
人足・酒壱斗　宮津様

一同
人足　吉田様

紀州様

一同
海魚　代拾五匁　三種

一同
弐〆文

一同
同同　右同断

一進物
海魚　代拾五匁　三種

鳥目弐〆文

〆

一同
海魚　代拾八匁　三種

鳥目三〆文

一其外ニ
同　両種　松本氏へ

一同
同　代拾三匁　三種

一同
海魚　代拾五匁　両種

一同
海魚　代（アキママ）　三種

一同人足

秋田様　　一同同　三種　代拾五匁

一同人足酒壱斗

薩州様　　一同海魚　三種　代拾五匁

一同龍吐水人足　　一鳥目三〆文

〆

芸州様　　一同海魚　三種　代拾五匁

一同人足

土浦様　　一同海魚　三種　代拾五匁

一同人足

御勘定様　　一進物海魚　三種

御普請様二方　　一同海魚　両種宛

山中善右衛門殿　是迄相贈り候分者到来之肴ヲ以、価者見計ひ候事

一至来物龍吐水　弐挺　　一進物海魚　五種　＊1代廿九匁五分＊2

一弁当　　一鳥目七〆文

〆

高木五兵衛殿
一龍吐水
一手代
一人足
一酒五升
一肴五種
一弁当

一進物
　海魚　三種
　代廿九匁五分
一鳥目拾〆文
〆

森本半左衛門殿
一龍吐水
一弁当一荷
一酒五升
跡ゟ
一海魚三種
一酒五升
〆

一進物
　海魚　三種
　代十八匁九分五り
〆

泉屋甚次郎殿
到来物
一龍吐水
一人足
一酒五升
跡ゟ
一弁当三荷
一海魚五種
〆

一進物
　海魚　三種
　代拾五匁
一鳥目三〆文
一酒壱斗
〆

近江屋休兵衛殿
同
一龍吐水
一同
海魚　三種
代拾九匁八分五り
一人足
一酒

加嶋屋久右衛門殿
同
一龍吐水
一同
海魚　三種
代拾八匁九分五り
一人足
翌日
一松魚弐連
〆
〆

鴻池他次郎殿
到来物
一龍吐水
一人足
一酒五升
一同
同　三種
一ヒもの一籠
廿五日
一松魚弐連
〆

米屋平右衛門殿
到来
一酒五升
一進物
海魚　三種
代十六匁五分五り
一人足
〆
〆

炭屋安兵衛殿
同
一　龍吐水
一　人足
一　松魚十
〆

三井両替店
同
一　龍吐水
一　人足
〆

雑喉屋三郎兵衛殿
同
一　龍吐水
一　人足
一　弁当一荷
〆

近江屋権兵衛殿
同壱
一　酒五升
〆

錺屋六兵衛殿
同
一　龍吐水
一　人足
一　酒五升
〆

一同
同
三種
代拾三匁四分五り
〆

一同
同
三種
代拾弐匁五分五り
〆

一同
同
三種
代拾三匁四分五り

一同
同
三種
〆

一同
同
三種
代十八匁九分五り
〆

加嶋屋作兵衛殿
到来物
一 酒壱斗
〆
鴻池正兵衛殿
同
一 酒五升
一 人足
〆
辰巳屋弥吉殿
同
一 龍吐水
一 人足
一 酒五升
鴻池市兵衛殿
同
一 龍吐水
一 弁当壱荷
〆
平野屋新兵衛殿
同
一 龍吐水
一 人足
一 弁当壱荷

進物
一 海魚　三種
同
一 同　三種
代拾弐匁五分五り
〆
同
一 同　三種
代十九匁八分五り
〆
同
一 同　三種
代十八匁九分五り
同
一 同　三種
代拾弐匁五分五り

鴻池徳兵衛殿
同
一 人足
〆
*1〆銭五拾六貫六百文 *2
是より到来物有之ニ付礼計
平野屋都(郁)三郎殿
一 酒　五升
一 弁当一荷
〆
三井呉服店
一 龍吐水
一 人足
一 酒五升
一 肴　両種
〆
山本屋勘四郎
一 船家形　壱艘
一 三十石　壱艘
〆
一 酒壱斗送ル
〆

同
一 同　三種
代拾三匁四分五り
山本三次郎殿
一 酒　三升
一 人足
〆
鴻池伊祐殿
一 人足
〆
高池三郎兵衛殿
一 人足
〆
河内屋六兵衛
一 三十石
〆
一 酒壱斗送ル
〆
銭屋清右衛門殿

大丸
一龍吐水
一人足
廿五日
一肴　三種
〆
一酒印紙三枚宛
　米屋吉次郎殿
　市場屋伴作
一酒印紙拾枚
　磯矢与一兵衛殿
　升屋平右衛門殿
　寺嶋三八殿
　千艸屋宗十郎殿
　富屋弥兵衛殿
　木津屋九兵衛殿
酒五升宛
　播磨屋利助
　奥原屋平右衛門
　綿屋長兵衛
〆

一人足
一肴　三種
〆
泉屋理十郎殿
一酒五升
〆
一酒印紙七枚
　姫路屋忠兵衛
　近江屋次右衛門
　姫路屋弥兵衛
　和泉屋六郎右衛門殿
　堺屋善兵衛殿
　河内屋次兵衛殿
　道頓堀大七
　熊野屋平兵衛
　江戸屋平右衛門
酒三升宛
　実相寺
　賀川氏
〆

酒壱斗宛　森左源太殿
　　　　　吹仲間四軒
　　　　　〆
船弐艘　土屋仁兵衛
翌日　海魚三種　鴻池新十郎殿
同　同　鴻池長春殿
廿四日　海魚三種　刀屋半兵衛
廿三日　同　三種　久代屋徳次郎
廿五日　同　両種　末家　さと
　　　　　　　　　　　つな
翌日　海魚両種　尾才嘉兵衛
同　鯛　弐枚　富田屋久兵衛
同　鯛　壱枚　合羽屋久兵衛
同　鯛　壱枚　わた富
廿六日　小鯛拾枚　たみ内
永瀬七郎右衛門殿
到来物
一鶏卵　五拾

酒弐升宛　尾張屋吉兵衛
　　　　　狩　野　氏
　　　　　江戸屋源兵衛
　　　　　糸屋太兵衛
　　　　　富山金兵衛
　　　　　〆
　　　　　上神十兵衛殿
翌日　饅頭印紙拾枚　虎屋伊織
同　饅頭百　加賀屋新蔵
廿四日　同　百　大丸屋甚之助
同　饅頭五十　松嶋検校
同　蠟燭一袋　泉屋源四郎
同　松魚十　薩摩屋仁兵衛殿
廿四日　友白髪
花せんべい一箱かうや作右衛門
廿五日　鴨壱羽
せり弐把　上林六郎殿

進物
一海魚　三種
〆
外ニ
*1一銀壱枚 *2　年来出入ニ付　大塚屋庄兵衛
*1一同壱枚 *2　吹所随身之者ニ付
〆
但、類焼ニ付遣す
*1一南鐐壱片 *2　加賀屋新蔵
〆
但、終日店方手伝呉候ニ付遣す
*1一銀三百目 *2　末家貞七
〆
但、類焼ニ付為道具料遣す
*1一金百疋 *2　助松屋卯助
但、近火之節店方手伝呉候ニ付贈ル
*1一銀五拾八匁 *2　泉屋理助殿
但、杉五歩板拾坪、掛屋鋪類焼ニ付為見舞相贈ル
○*1の箇所に「吟味済」分銅型印、*2の箇所に「合」丸印が捺されている。

一九四　鰻谷一丁目 家屋敷名前替

一札之事

一鱣谷壱町目泉屋理十郎病身代判連蔵所持居宅家屋鋪壱ヶ所、表口六間、裏行弐拾間、但弐役、幷浜地面共、其儘此度長堀茂左衛門町住友吉次郎同家倅栄之助者我等従弟之儀ニ付、同人江譲り渡、直様引移住宅ニ而、所持為致候、尤右栄之助義、当未四才ニ付代判町内右連蔵相勤申候、然ル上右家屋敷譲り渡申候ニ付、脇ゟ違乱妨ケ申もの一切無御座、万一彼是と申者出来候ハヽ、我等何方迄も罷出、早速埒明、御町内江少シも御難儀等懸ケ申間敷候間、何卒　御番所表水帳絵図幷浜地坪数帳面共、右栄之助名前ニ御切替被下度頼上候、依而右證文如件

天保六
未十一月

泉屋理十郎
病身代判
連蔵

右之通無相違、我等本家親類之義ニ付、諸事請負ニ相立、右同様御頼申上候、然ル上者如何様之義出来候共、倶々罷出早速埒明、御町内江少しも御難儀等懸ケ申間敷候、為後日親類請負一札如件

住友吉次郎

年寄
金屋五郎右衛門殿
幷五　人　組　中

請負一札

一鱣谷壱町目泉屋理十郎病身代判連蔵所持居宅家屋鋪壱ヶ所、表口六間、裏行廿間、但弐役、幷浜地面共、此度長堀茂左衛門町住友吉次郎同家倅栄之助江譲り渡、直様町内江引移住宅ニ而、所持ニ相成候処実正也、然ル上者我等諸事請負ニ相立候処相違無之候、勿論御町法先格万端皆

為相守可申候事

一従御公儀様前々被仰出候義者不申及、御触渡毎急度為相守可申候、其外如何様之六ケ敷義出来候共、我等何方迄も罷出、急度埒明御町内江少シも御難儀懸ケ申間敷候、為後日諸事請負一札依而如件

天保六未十一月

請負人
住友吉次郎

右之通我等慥ニ承知仕候、然ル上者御町内先格万端諸事相守可申候、且又御一統御相談之儀者、多分ニ相洩申間敷候、為後日御町義承知一札如件

泉屋栄之助
当未四才ニ付
代判
泉屋連蔵

年寄
金屋五郎右衛門殿
幷五人組中

一札之事

一御町内ニ泉屋栄之助所持家屋鋪壱ケ所有之処、同人義当四歳ニ付、代判我等相勤申処実正也、然ル上者月行司ニ相当候節者御公用町用共御差図之通無滞相勤可申候、尤他国等仕候ハヽ、其段前広ニ御届ケ可申候、為後日一札依而如件

天保六未十一月

泉屋連蔵

金屋五郎右衛門殿

家屋鋪譲り出銀左ニ

一金　壱両　振舞出銀
一同　百匹　御年寄祝儀
一銀　弐両　丁代へ
一同　壱両　下役へ
一同　三匁　髪結へ
〆
外ニ
一銀　六匁　人形遣ひ猿引祝義
一同　四匁　座頭仲間へ
一同　弐匁　水帳方惣代へ
一同　壱匁　若キものへ
〆
右之通御座候、已上
鱣谷会所
泉屋栄之助様
引移住宅之節出銀
一金　壱両　振舞出銀
一同　百疋　御年寄祝儀

一銀　三匁　　丁代へ
一南鐐壱片　　下役江
一銀　壱両　　髪結へ
〆
右之通御座候、以上
　　　　　　鱣谷会所
　　いづ栄様

同家入出銀之覚
一銀　弐両　　御年寄祝義
一同　壱両　　丁代へ
一同　弐匁　　下役へ
一同　壱封　　髪結へ
〆
右之通御座候、已上
　　　　　　丁内会所
　　泉屋理十郎様

一九五 鰻谷一丁目家屋敷買得

鱣谷壱町目河内屋庄兵衛家屋鋪壱ケ所、此度藤右衛門名前ニ而当方江買請候ニ付、町内江差

藤右衛門名前にて買得

入候一札左之通

一鱣谷壱町目河内屋庄兵衛家屋鋪壱ケ所、表口六間、裏行弐拾間、但弐役、土蔵壱ケ所、并浜地面、間口六間、浜行四間半壱尺五寸在之候処、此度我等親類御町内住友吉次郎借屋泉屋藤右衛門江銀子弐拾貫五百目ニ買請、其儘町内持直判ニ而所持仕候ニ付、諸事我等請負ニ相立申処実正也

一従　御公儀前々被為　仰出候義者不申及、御触渡毎并御町義急度為相守可申候、猶又御公役町入用割方万端其度毎無異儀為差出可申候、万一相滞候ハヽ、本人ニ不抱(拘)我等方より御弁可申候、此外如何様之義出来候共、我等何方迄も罷出埒明、御町内江少しも御難儀懸ケ申間敷候、為後日諸事請負一札仍而如件

天保六未年十一月

親類請負人　覚兵衛

買主泉屋　藤右衛門

年寄
金屋五郎右衛門殿

并町人中

覚

十月廿八日
*1一銀弐拾貫五百目　*2　家代

*1一同拾壱貫目　*2　住居有姿之儘附物代

〆三拾壱貫五百目
同
*1一 壱貫八百八拾五匁八分 *2

*1一 壱貫弐拾五匁 *2 五歩一銀
*1一 三百七拾六匁八分 *2 振舞銀 金六両代
*1一 弐百五拾壱匁弐分 *2 年寄へ 金四両
*1一 百弐拾五匁六分 *2 丁代へ祝儀 金弐両
*1一 六拾弐匁八分 *2 下役へ 金壱両
*1一 三拾壱匁四分 *2 髪詰へ 金弐百疋
*1一 六匁 *2 猿引人形 仲間
*1一 四匁 *2 座頭 仲間
*1一 弐匁 *2 張紙之節 惣代
*1一 壱匁 *2 同若キ者へ
〆
右者帳切之節祝儀

十一月四日
*1一 百拾弐匁四分八厘 *2

*1一 六拾弐匁六分 *2 振舞料 金壱両
*1一 拾五匁六分五り *2 年寄へ 金百疋
*1一 拾弐匁九分 *2 丁代へ 銀三両
*1一 七匁八分三り *2 下役へ 南壱片
*1一 四匁三分 *2 髪結へ
*1一 九匁弐分 *2 四ケ所へ 銭壱貫文
〆
右者譲り請祝儀丁内へ出銀

＊1一　金七百疋＊2

右河内屋庄兵衛家屋敷譲り請、帳切相済候迄丁代後見勘蔵彼是心配ニ付、世話料として
遣ス

＊1一　四拾三匁＊2　但、河内屋庄兵衛変宅ニ付為歓贈ル、尤色々入訳有之、藤右衛門存ル

〆

一九六　手代役替

九月十七日

一就吉辰役替左ニ

泊り番免候、勤方是迄之通り、
一追々寒冷ニ相成候ハヽ、一・六・八随意
出勤之事、用向有之節者
申遣ス　　連　蔵

年来御番所始諸家様勤無滞
一相勤候ニ付、別段之訳を以其許
名代役相勤候御屋敷、倅武助
追而見習相勤候様申付ル　　勇右衛門

追々出精相勤候ニ付、此度本家
一支配副役申付、吟味方其外是迄
之通、勇右衛門追々老年ニ相成候ハヽ、申合、
隔日諸役場長（帳）面相改候事　　源　兵　衛

一出精ニ付此度吹所差配役申付、　　豊助
時節柄万端入念相勤申候事

〆

十一月八日

一今日就吉辰ニ付役替左ニ

詰日無懈怠出勤、諸用談
一行届令大慶、此度老分　　芳兵衛
本格申付ル、猶無隔意可被申
談事

先代義助出勤中実意相勤、
且其方年来末家中世話等
一厚被相心得、依而此度老分　　義助
格式申付ル、一ヶ月五・六斎日手透
之節出勤、諸用可被申談事

臨時用向等出精令大慶、
一別段之訳ケを以吟味役格　　伝兵衛
申付ル、猶精勤可致候事

〆

一九七　倹約の申渡し

口達

別子銅山涌水・炭宿火災・買請米は伊予を美作に振替

一予州御銅山方、去ル酉年涌水已来諸雑費相増、稼苦敷折柄、当年者両度風雨時気ニ而破損所夥敷出来、右普請ニ臨時下し銀相増罷在候処、又候当九月余慶宿火災ニ而吹炭諸材木等夥敷致焼失、其上買請御米者伊予と作州米と御振替御渡相成、此直段違凡六拾〆目余御損失ニ相成、旦那様ニも御心配被遊候、依之先年文化十酉年幷文政十一子年、右両度御倹約被仰出御趣、御一統御熟覧之上、猶々厳重相守、聊たり共御不益之筋無之様御役庭〳〵申合、一同御精勤可被成趣被仰出御座候間、御承知之上急度御守り可被成候、以上

天保六未年十二月

副役 源兵衛
支配役 藤右衛門
老分 芳兵衛
老分 勇右衛門
老分 連蔵

本家
吹処 御衆中

一九八 文化十年の御用金下渡しにつき代人届

十二月十一日惣年寄ゟ廻状左ニ

御用金御割下ケ、来ル十四日六ツ半時御渡被成候間、麻上下、印判持参、西 御役所へ可被出候、尤着到三郷寄会所へ相断可被申候、且本人直々出候哉、亦者病気等ニ而代人出候哉、名前書明十二日南組惣会所江可被差出候、已上

十二月十一日

御用金掛り
惣年寄

右之通廻状を以申来、尤是迄ハ別段代人之断書付差出不申候、当日相断候而済来候へ共、当年者右之通一統ニ書付差出候様申来候間、左ニ

口上

一御用金御割下ケ御渡被為成下候ニ付、来ル十四日罷出候様被仰付奉畏候、然ル処病気ニ付代人差出候間、此段御断申上候、以上

長堀茂左衛門町
住友吉次郎
代勇右衛門印

十二月十二日

惣御年寄中

但、此書付差出候得共、以来者書付相止、此方計ハ矢張名札ニ認相断候積り之事

一九九　南堀江五丁目掛屋敷家守変宅

南堀江五丁目家守平野屋金兵衛義、此度丁内白木屋新之助借家へ変宅致候ニ付、張紙左ニ

手形

一南堀江五丁目住友吉次郎所持之掛屋敷、表口三拾七間、裏行弐拾間、但三役弐分、此御地代壱ケ年ニ金四両壱分、銀三匁五分也

一同新築地懸屋鋪、表口三拾七間、裏行拾弐間五尺、但壱役六分也

右弐ケ所代印家守右吉次郎借屋大黒屋仁兵衛相勤、借や家守同町田中屋駒次郎借屋ひらのや金兵衛相勤罷在候、然ル処右借家守金兵衛義、此度同町白木屋新之助借屋へ変宅仕、是迄之通借屋家守相勤候ニ付、其段水帳御切替被成下度願上候処、則御切替被下候、為後證手形依而如件

天保六未年
十二月

他町持長堀茂左衛門町
住宅
住友吉次郎
借屋家守丁内白木や
新之助借屋
ひらのや
金兵衛
金屋
宗兵衛

三郷
惣御年寄中

乍憚口上

一南堀江五丁目住友吉次郎所持之掛屋鋪、表口三拾七間、裏行弐拾間、但三役弐分、此御地代壱ヶ年金四両壱部、銀三匁五分也

一同新築地掛ヶ屋鋪、表口三拾七間、裏行拾弐間五尺、但壱役六歩也

右弐ヶ所代印家守右吉次郎借屋大黒屋仁兵衛相勤、借屋家守同町田中屋駒次郎借屋ひらのや金兵衛相勤罷在候、然ル処右借屋家守金兵衛義此度同町白木屋新之助借屋へ変宅仕、是迄之通借屋家守相勤申候間、御番所惣会所表水帳御切替被成下度、此段奉頼上候、以上

天保六未年十二月

他町持長堀茂左衛門町ニ
住宅
住友吉次郎
借屋家守丁内白木屋
新之助借屋
平野屋
金兵衛
金屋
宗兵衛

惣御年寄中

二〇〇 津山藩より手代扶持加増

申二月廿日津山様ゟ真兵衛御呼出ニ付、出勤之処御申渡、手頭書左ニ

重岡真兵衛

近年引続調達筋申談之節度々出勤骨折ニ付、旁御手当米五俵増、都合拾五俵被下之候

申二月

二〇一 銅座借銀の利足引下げを命ぜられる

銅座御役所利下ケ一条

申二月廿一日、西御番所ゟ明廿二日四ツ時可罷出旨御差紙ヲ以御呼出しニ付、勇右衛門出勤

唐船入津少なし

銅座の不益は公儀の不益

一二月廿二日朝四ツ時、西御番所於　御前鞘之間ニ銅懸り御与力早川安左衛門様、御同心松浦喜三右衛門様御立会ニ而、銘々之者共江被仰聞候御趣意者、銅座近年銀操不宜ニ付、諸方ゟ借入銀移(夥)敷、元銀返済方相滞候儀ハ、先年ゟ唐船入津少ク、長崎表銀操差支、依之当所迚も准夫不融通ニ相成、借入銀元利次第ニ弥増、就右先頃ゟ長崎御奉行様・当所詰御勘定様ゟ西御奉行様へ御頼有之、兎角銅座之不益者御公儀之御不益故、是迄之銅座借入銀無利足ニ致、暫元銀置居ニ為致候候(衍カ)ハヽ、其内ニ者返済方之術策も出来候間、何分返済方延引之理解致呉候様御頼有之由、併夫ニ而者余り無儀道ニ而諸人難渋致候事故、利足ハ一ケ月ニ弐朱半歟三朱ト定、其内ニ者小キ口ゟ追々元利共返済致候様致度段、　西御奉行様被為仰出候ニ付、銀主共へ右之趣理解可申聞、以権威可申出儀ニも無之候得共、自然不承知之者も可有之歟、既ニ銀主共不残呼出し之上

掛屋両家より銀主を説得するよう命ぜられる

否哉可聞取之処、数多之事故混雑致候間、此旨両掛家、口入之者ゟ納篤(得)為致、早々御請可申出、猶亦元銀之処ハ決而別条無之間、是等者案心可致候

右之通掛屋両家、其外口入之者一統へ被仰聞候得共、差懸り御請も難申上、迚も一応二応ニ而者承引仕間敷奉存候間、三月節句後迄御猶予願上置、帰宅致候事

銀主は月四朱半の利下げなら承知

一二月廿二日、西御番所ゟ銅座借入口入之者幷三井・当方被召出、利足引下ケ之儀御理解被為仰付、則銀主夫々江引合仕候処、聊之利下ケニ而御聞済無御座、追々御日延奉願上、猶又掛屋ゟも精々懸合仕、漸月四朱半ニ承知仕候段、三月十日ニ奉申上候処、当月十四日一統被為召出、一同出精ニ者候へ共、此上相働、證文之表月四朱ニ仕候様御理解被為 仰付、色々御歎奉申上候得とも御聞済不被下候ニ付、猶銀主江引合、来ル十九日御返答可仕段申上置候、然ル処右口入一同申居候者、此上銀主へ引合候共、迚も得心者仕間敷、 御上へ者月四朱ニて御請不申上候者而者相済不申、誠ニ難渋至極ニ奉存候間、右四朱之外別段五厘方為口入料被下置候ハヽ、右ヲ以銀主江相賄、 御上表四朱ニ而御請申上候様仕度、無左而者銀主納得不仕、誠ニ気之毒ニ奉存候間、何卒右口入料被下置候様御憐愍之程幾重ニも奉願上候、御聞済被下置候ハヽ、難有奉存候趣、当月十九日一同罷出相歎キ候得共、被仰付候通ゟ者一切御聞済無之、四朱ゟ余ハ五厘方も難出来由、早川様御呵被成、亦者御理解ニ而、不得止其段可申聞旨申上引取、則三月廿二日ニ無拠右御請申上候事

月四朱の利下げを請ける代りに口入料の下渡しを願う

四朱の利下げ以外は聞き入れなし

月四朱にて御請

前文之次第ニ而、掛屋三井・当方も准夫ニ出銀之分利足月四朱ニ相成候事

天保七
申年三月

二〇二　長崎へ手代差下す

覚

住友甚兵衛
手代　彦一
下男　壱人

右者銅方就御用長崎浦五嶋町三山屋竜太方へ差下候間、御差紙御出可被成下候、以上

天保九戌年二月七日

住友甚兵衛
病気ニ付代
覚兵衛　印

糸割符
惣御年寄中

南組惣会所江差出ス

二〇三　伏見稲荷へ奉納の灯籠を修復

伏見稲荷宮江先年全焼籠(金燈)一対奉献有之処カタシ盗取レ候ニ付、神主ゟ頼来、寛政八辰年再興有之処、又候当酉年傘丈ケ残シ盗取レ候ニ付、又々神主ゟ頼来、下地傘相用、仕立左ニ

一代弐百目　傘ゟ下　壱対

稲荷御本宮　願主　大坂　住友甚兵衛
三所広前　執次　大西相模守

天保八年丁酉十一月再興

（裏表紙）
「住友」

解　題

「年々諸用留　十三番」は、すでに本叢書に収録した「年々諸用留　十二番」に、年次・内容とも連続する住友大坂本店の記録である。原本は綴葉装の竪帳で、法量はおよそ縦三一センチメートル、横二一・五センチメートル、厚さ一三センチメートル、表紙・裏表紙を除き五六五丁（うち墨付五四三丁）の大部なものである。重厚な冊子の背には保管のため真田紐が付けられ全体を括れるようになっているが、長年使用されたためか、元の紐は破断して途中で継ぎ足され、表紙・裏表紙の角や紐が当たる部分の文字は擦り切れている。

収録年次は、文政九年（一八二六）五月から天保九年（一八三八）二月までであるが、末尾の二つの記事（本書記事番号二〇二・二〇三、以下記事二〇二・二〇三のように記す）は、後に書き足されたもので、連続する記事としては天保七年三月までである。内容は、大坂を中心とした事業・家政に関する記録であり、京・江戸の出店からもたらされた情報も書き留められている。

本書は、これまでの「年々諸用留」とくらべると、大坂本店における記録が中心となっており、各地の事件についての記事などは少ない。こうした傾向は「年々諸用留　十四番」以降にも引き継がれており、帳面ごとの記事の書き分けに変化があったことが推測される。

本書の記事として、これまでの「年々諸用留」と同様に、大坂や京に所有する掛屋敷の売買や家守の交替、居宅やその周辺における普請届、居宅廻りで起こる捨子の扱い、武家との金融関係、災害に関するものがある。このほか、淀川の御救大浚への冥加金醵出や天保飢饉に際しての施行に関する記事に多くの紙数を費やしている。

災害関連の記事としては大坂での火災の記事が多い。文政十年二月の鰻谷（記事一〇）、同年六月の九之助町（記事一八）、同年十月の湊橋（記事二二）、文政十二年五月の北久宝寺町（記事五〇）、同年十月の周防町（記事五八）、天保三年十一月の下大和橋南詰（記事一一九）、天保四年八月の長堀平右衛門町（記事一三七）、天保五年十二月の瓦屋橋（記事一七二）、天保六年四月の板屋橋（記事一七四）があり、駆け付け人足や鎮火見舞いに対する贈答などが記されている。このほか大規模なものとして、江戸中橋店も類焼した文政十二年三月の江戸大火（記事五四）、天保五年七月の大坂堂島大火（記事一五八）、天保六年十月の大坂安堂寺町の火災（記事一九三）の記事については、類焼範囲が広かったこともあり、記事の中に木板の瓦版（焼場次第・焼場図）や、既刊地図を切り抜いて焼失範囲を加刷したものを貼り付けたりしている。

文政・天保期の親族と事業

本書に関係する住友家の略系図を掲げた。＝は婚姻関係、‖は養子であることを示し、ゴシック体は本文に登場する人物名である。

親族に関する記事は、本書では多く見られないが、住友家九代友聞の嫡男万太郎（友賢のち友視）が、天保元年十二月に銅座に出勤したり（記事八七）、天保五年正月に淀川の御救大浚冥加金上納に対する褒美下賜の場に出勤している記事（記事一六三）から、友聞の代理をつとめていることがわかる。また、鰻谷一丁目の泉屋理十郎名義の家屋敷を、天保三年生まれと推定される友聞四男栄之助（友尚）名義に変更している記事（記事一二四・一九四）がある。他に、友聞妻の斐が文政元年に入家した際の寺送り状を乾蔵に入れたままにしていたのが発見され実相寺に持参したという記事（記事一五二）により、斐が中川近江前司入道逸斎の娘であることが判明する。

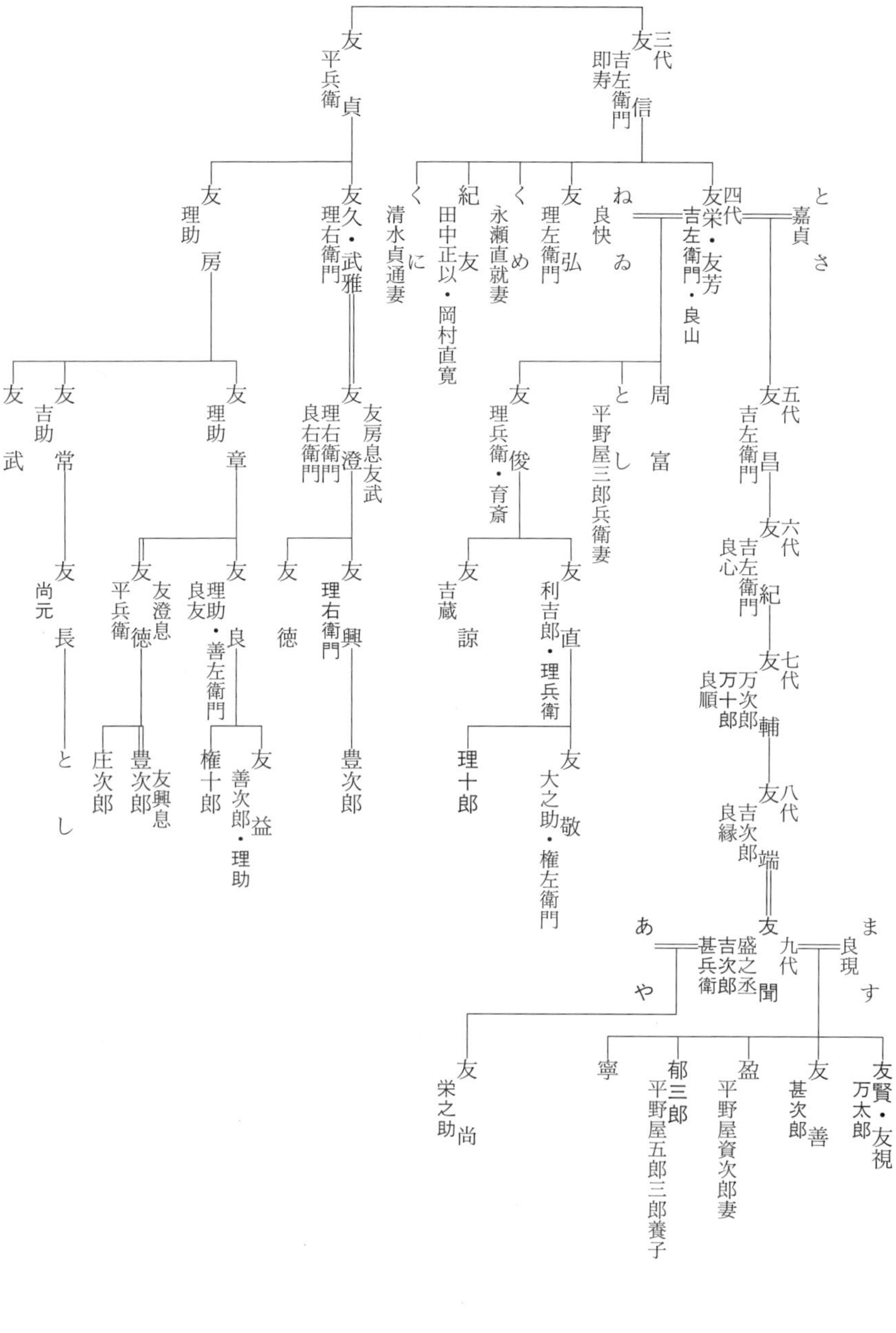
三代
友信
吉左衛門
即寿
友貞
平兵衛
と さ
嘉貞
四代
友栄・友芳
吉左衛門・良山
ね ゐ
良快
友弘
理左衛門
く め
永瀬直就妻
紀友
田中正以・岡村直寛
く に
清水貞通妻
友久・武雅
理右衛門
友房
理助
五代
友昌
吉左衛門
周富
と し
平野屋三郎兵衛妻
友俊
理兵衛・育斎
友澄
理右衛門
良右衛門
友房息友武
友章
理助
友常
吉助
友武
六代
友紀
吉左衛門
良心
友直
利吉郎・理兵衛
友諒
吉蔵
友興
理右衛門
友徳
友良
理助・善左衛門
良友
友徳
平兵衛
友澄息
友長
尚元
七代
友輔
万次郎
万十郎
良順
友敬
大之助・権左衛門
理十郎
豊次郎
友益
善次郎・理助
権十郎
豊次郎
友興息
庄次郎
と し
八代
友端
吉次郎
良縁
ま す
良現
九代
友聞
盛之丞
吉次郎
甚兵衛
あ や
友賢・友視
万太郎
友善
甚次郎
盈
平野屋資次郎妻
郁三郎
平野屋五郎三郎養子
寧
友尚
栄之助

分家として独立した豊後町店の泉屋甚次郎は十人両替に加入し、天保飢饉に際して大坂町奉行所の主導でおこなった施行や淀川の御救大浚冥加金の醵出にも名を連ねるようになっている。また、住友一統の泉屋理助に対して商用銀を豊後町店を通じて貸し付けている記事もある（記事一九）。

事業関係の記事として、鉱山では別子銅山の土佐炭山に関する記事（記事三四・五九）がある。銅座関係では、天保七年二月から三月にかけて、銅座の借銀利下げ要求に対し掛屋として対応を迫られている記事がある（記事二〇二）。また、銅山御用達の名目を許可されたことに伴うものであろうか、「銅方御用」で江戸や新居浜へ手代を遣わす際に、往来の人馬継ぎ立ての先触を出せるようになっており、これの取り扱いに関する記事がある（記事六〇・六四・一三〇・一五一・一六〇）。

大名など武家との金融関係については、「年々諸用留　十二番」の解題でも触れているが、本書でも対馬藩（記事三・四六）、松山藩（記事一五）、西尾藩（記事三二）、田安家（記事四四・一二八）、幕府呉服師の後藤縫之助（記事一二六）などの記事がある。松山藩については江戸での掛屋業務を引き受けたり、既に江戸での掛屋になっていた田安家では江戸の中橋店で貸付金を預かるようにもなり、一橋家では廻村のための御用金を江戸店で為替に取り組み大坂に送る（記事一三八）など、江戸中橋店における金融関係も見られる。また、蔵元をつとめている延岡藩の蔵屋敷が紀州藩の用達銀を拝借した際の引当について問い合わせを受けたり（記事四八）、一橋家の貸付金を老中水野忠邦に貸し渡す（記事九〇）など、武家間の金融を仲介する形になっている。この時期の武家との館入関係については、「近世後期住友江戸両替店の創業と経営」（『泉屋叢考』第弐拾壱輯、一九八七年）、海原亮「文政後期住友中橋店の「館入」関係」（『住友史料館報』第四四号、二〇一三年）、同「住友江戸両替店と諸藩大名家の取引関係」（『近世の権力と商人』山川出版社、二〇一五年）、同「文政後期の大坂本店と諸藩屋敷」（『住友史料館報』第四九号、二〇一八年）も参照願いたい。

なお、文化・文政期の経営は困難に直面していた。文化十一年にも倹約が命じられている（『年々諸用留　十一番』記事番号一四四、及び『泉屋叢考』第弐拾参輯（一九九七年）付録三二）が、本書でも、文政十一年七・八月の倹約の申し渡し（記事四三）では、文政八年の別子銅山の涌水に加え、文政十一年の両替屋銭屋弥兵衛の休店により中橋店に一万両を送らないと休店に及びかねないほどの大きな危機に直面していた。そこで、当主友聞は、「老若新古」にかかわらず有益な意見があれば申し出るように命じ、たとえその意見を採用しなくても、意見を申し出た「忠志」には感謝すると述べている。また、天保六年には、別子銅山炭宿の火災や買請米が伊予米から美作米に振り替えられたことを受けて、重役より倹約令が出されている（記事一九七）。

掛屋敷の売買

これまでの「年々諸用留」にも、住友の所有する掛屋敷の売買、家守の交替に関する記事は多く見られ、近世の借家経営については、『泉屋叢考』第拾五輯（一九七三年）、海原亮「大坂本店抱屋敷の家守と借家人」（『住友史料館報』第四二号、二〇一一年）、『住友の歴史』下巻（思文閣出版、二〇一四年）第十章「都市大坂が育んだ住友」でも概括されている。本書収録の文政・天保期には、大坂や京都の掛屋敷の売買を頻繁におこなって、不採算の掛屋敷を整理する代わりに、一箇所に掛屋敷を集中させている。売却としては、文政十三年四月に西高津町（記事六六）、同年六月に西高津新地八丁目（記事六八）と谷町二丁目（記事六九）、同年十月に京都長浜町（記事八一）、天保二年四月に京都堀池町（記事九三）、同年十二月に信保町（記事一〇二）、天保六年四月に浄国寺町（記事一八三）を手放している。売却の理由として、文政十三年の西高津町・西高津新地八丁目の場合、ともに「年々不勘定」を挙げており、京都長浜町・堀池町についても「不勘定」に加え、文政十三年に発生した京都大地震によって破損したことを記している。さらに、天保二年の信保町の記事では、この掛屋敷は最近は修繕をしておらず「大破損」に及び、家賃銀も集まらなくなり「不勘定」なので他へ売却するとある。このように借家経営上の判断をもとに掛屋敷の整理をおこなっていることがわかる。

一方、掛屋敷の買得については、文政十年五月（記事一六）、天保三年八月（記事一一三）、天保五年十一月（記事一六六）、天保六年四月（一七六）、同年十月（記事一八九）、同年十一月（記事一九五）に記事が見られる。いずれも鰻谷一丁目の家屋敷を買得しており、本店に隣接する場所に掛屋敷をまとめているようである。なお、鰻谷一丁目の掛屋敷については、先述したように、親戚の泉屋理十郎や友聞四男栄之助の名義にしているものもあった。なお、この時期の掛屋敷の売買にあたっては、手代の藤右衛門が仲介しているケースが多く見られ、買得した鰻谷一丁目の掛屋敷については、藤右衛門の名義としているものもある。

また、これまで所有していた掛屋敷を末家の名義にすることもあった。たとえば、末家勘七は鎊屋町の掛屋敷に借家し、独立して商売を営んでいたが、町内の向かいに同じ商売を営む者が家屋敷を買得して移り住んできたため、あちらは家屋敷を所持する「丁人」となる一方、こちらは借家人のままでは色々不都合が生じるということで、この掛屋敷を末家勘七の名義とするよう願い出ている。これが認められ、この鎊屋町の掛屋敷は勘七の名義となるが、これを豊後町店の家質に取る形としている（記事二六）。同様に、享和三年（一八〇三）七月に入手した掛屋敷は末家義助の名義となっていた（『年々諸用留　十一番』記事一三八）が、天保六年四月に義助から頼まれ、この掛屋敷を義助に売却している。さらに、掛屋敷をその家守に売却している場合もあり、先述の信保町の掛屋敷は家守の山崎屋万次郎に売却されている。この際に、単なる売却にすると町内への諸出銀が高くつくので、表向きは旧来家守をつとめてきた故によりこの掛屋敷を譲り渡すという形にしている（記事一〇六）。

天保飢饉の施行

天保年間は東北地方を中心に凶作が相次いだ時代であり、本書収録の天保三・四年にも飢饉が発生した。いわゆる天保飢饉の始まりである。農村では多くの餓死者を出した凶作は、江戸や大坂といった都市では米価の高騰となり住民の生存を脅かした。そこで、住友でも米価の動向には敏感になり、本書にも米相場の情報が書き留められた。これまでの「年々諸用留」にも江戸幕府の御張紙直段（御張紙直段については、末岡照啓「近世蔵米知行制の確立過程」（『近世社会と知行制』思文閣出版、一九九九年）を参照）については、浅草店にて札差を営んでいた関係もあり定期的に書き留めているが、米価の高騰した天保四・五年には、御張紙直段に加え、浅草御蔵相場も浅草店からの情報として記している。御張紙直段については、飢饉直前の天保三年の春に百俵につき三六両であったもの（記事一〇八）が、天保五年の夏には四三両（記事一五七）、同年の冬では四一両（記事一六四）となっている。また、御蔵相場を見ると、天保四年には百俵につき九〇両であった（記事一四四）ものが、天保五年五月二十五日には上米百俵につき九四両二歩となり、二十八日八八両二歩、六月朔日一〇二両、二日一〇七両二歩、七日一一五両と上がり続け、その後、六月十五日八六両、七月朔日六四両、二日七四両、四日六五両と推移した（記事一五七）。天保三・四年の飢饉が、都市では天保四・五年の米価高騰となったのである。

こうした米価の高騰により、特に都市の借家人や「其日稼之者」の生活は困窮したため、地主などによる救済として施行がおこなわれた。江戸でも、天保四年十月から十一月にかけて中橋店が借家人や出入方の難渋人に対して合力をおこない（記事一四二）、札差業を営む浅草店も米を取り扱う家業ということでもあり、やはり町内の借家人、出入方や奉公人の「請人之宿」などへ施行をおこなっている（記事一四三）。これら江戸の中橋店・浅草店による施行に対しては、町奉行所より褒詞を受けている。大坂でも同様に、天保四年十〜十一月に、本店のある長堀茂左衛門町や掛屋敷を置いた町内の借家人、出入方や吹所の職人、山本新田の百姓に対して施行をおこなった（記事一五三）。掛屋敷については、各町がそれぞれおこなった施行にも加わっている。

大坂におけるこうした町人による施行を受けて、大坂町奉行所でも御救米をすることになったが、この際に十人両替や融通方（大坂で御用金を請け負っていた商人の集団）などからの醵出銭に、富裕な町人からの銭をも加えて、これを大坂三郷中の借家人に割り渡すことにした。そこで、住友も銭千貫文を醵出することにし、天保四年十一月二十九日に銭を惣会所に運び込み、同所椽側にて各町に対して施銭が渡された（記事一五四）。この施銭は各町内の借家軒数に応じて渡されることになっており、その町別の内訳も書き留められている。さらに、翌天保五年にも追加で施銭がおこなわれることになり、住友からも銭七〇〇貫文を醵出し、前年と同様に大坂三郷の各町の借家人に割り渡された（記事一五九・一六二）。なお、この七〇〇貫文という金額については、銅山稼人の飯米も高騰している中での醵出であるという説明を加えて大坂町奉行所に届け出ている。

大坂町奉行所との関係

飢饉時の施行以外でも、大坂町奉行所は政策を進める上で富裕な町人からの醵金に頼っていた。「年々諸用留　十一番」の解題でも触れた米価の引き上げを目的とする文化十年の御用金（『年々諸用留　十一番』記事一一三・一一六）については、各町人の醵出した金額に応じ三朱の「手当金」が渡されていたようである。ただし、文政三年から十年間は手当金の下げ渡しが停止されたが（『年々諸用留　十二番』記事八一）、十年後の天保元年になり、大坂町奉行所は手当金も含め御用金を五十年で下げ渡すことを決めた（記事九一）。以降、毎年御用金の下げ渡しに関する記事が見られるようになる（記事一〇〇・一〇四・一一七・一二七・一四二・一六五・一九八）。

また、洪水対策や港湾整備としておこなわれた淀川の浚渫についても冥加金を醵出している（記事九四）。淀川上流の勢田川で浚渫がおこなわれることになったため、下流域の摂津・河内の村々や大坂三郷町中から淀川でも浚渫をおこなって欲しいという要望が出された。これを受けて天保二年二月に幕府は「諸民御救」、すなわち困窮した町村の救済ともなる公共事業として、淀川上流から神崎川・中津川を経、両川口までの浚渫をおこなうことを決めた。特に淀川の河口に位置する大坂にとっては、浅瀬となってしまった湊口の浚渫により廻船運送の停滞を解消できるということで、大坂町奉行所は大坂の富裕な町人に対して冥加金を命じた。あくまで御用金ではなく「御手伝」としての冥加金醵出を求めているが、大坂町奉行所では各町人の経営規模などに応じてある程度の金額を見積もっており、住友の場合、銅を運送する伊予通船のためにも港湾整備が必要であるとして説得がなされた。これに対し、住友では文政八年の別子銅山涌水や中橋店の経営逼迫、長崎会所の資金繰りのための銅座への調達などを理由として醵出金額の引き下げ交渉をおこなっている。この冥加金に対しては、天保五年正月に大坂町奉行より褒美が下賜された（記事一六三）。なお、この淀川御救大浚に際して、砂持に参加した町人による踊りなどでにぎわったことが知られている（『新修大阪市史　第四巻』五七七～五七九頁）が、本書には、砂持に関する記事は見られなかった。

（牧　知宏）

住友史料叢書

小葉田淳・朝尾直弘監修／住友史料館編集

⦿第５期全６冊⦿

年々諸用留　十番
寛政７年～文化４年の事業・家政の記録　本体9,500円

別子銅山公用帳　十番・十一番
文化８年～文政７年の銅山経営記録　本体9,500円

銅座方要用控　三
寛保４年～寛延２年の第二次銅座関係記録　本体9,500円

年々諸用留　十一番
文化４年～13年の事業・家政の記録　本体9,500円

札差証文　一
蔵米取幕臣団と札差（泉屋甚左衛門店ほか）の一紙文書集成
本体7,500円

年々記　一
寛政２年～文化４年の第三次銅座関係記録　本体9,500円

⦿第６期刊行予定⦿

年々諸用留　十二番
文化13年～文政10年の事業・家政の記録　本体10,500円

札差証文　二
蔵米取幕臣団と札差（泉屋甚左衛門店ほか）の一紙文書集成
本体8,000円

年々記　二
文化13年～文政８年の第三次銅座関係記録　本体9,500円

年々諸用留　十三番
文政９年～天保９年の事業・家政の記録　本体11,000円

別子銅山公用帳　十二番・十三番
文政８年～弘化２年の銅山経営記録　（第35回配本）

年々記　三
文政９年～嘉永元年の第三次銅座関係記録　（第36回配本）

思文閣出版

（表示価格は税別）

住友史料叢書

小葉田淳・朝尾直弘監修／住友史料館編集

⦿第３期全６冊⦿

年々諸用留　六番
寛保元年９月～宝暦４年７月の事業・家政の記録
本体9,500円

浅草米店万控帳(下)・(続)　ほか２点
(上)に続く江戸浅草札差店(泉屋甚左衛門店)の記録
本体9,500円

「銅会所公用帳(享保二年)」ほか銅貿易関係史料
宝永５年～享保３年の銅の生産と輸出の記録　本体9,500円

年々諸用留　七番
宝暦３年６月～明和４年12月の事業・家政の記録
本体9,500円

別子銅山公用帳　五番・六番
三番・四番に続く幕府への届・出願の記録　本体10,500円

「銅会所御公用帳(享保四年)」ほか銅貿易関係史料
享保４年～元文３年の銅の生産と輸出の記録　本体9,500円

⦿第４期全６冊⦿

年々諸用留　八番
明和５年正月～寛政３年７月の事業・家政の記録
本体9,500円

別子銅山公用帳　七番
宝暦12年～天明８年の銅山経営記録　本体9,500円

銅座方要用控　一
元文３年３月～同５年２月の第二次銅座関係記録
本体9,500円

年々諸用留　九番　ほか１点
天明末・寛政前期の事業・家政の記録　本体9,500円

別子銅山公用帳　八番・九番
天明８年～文化７年の銅山経営記録　本体9,500円

銅座方要用控　二
一に続く時期の元文銅座と御用銅・地売銅の記録
本体9,500円

思文閣出版

(表示価格は税別)

住友史料叢書

小葉田淳・朝尾直弘監修／住友史料館編集

◉第1期全6冊◉

年々帳　無番・一番
銅貿易に関する記録と事業・家政の記録　本体7,500円

年々諸用留　二番・三番
年々帳一番に続く事業・家政の記録　本体8,000円

別子銅山公用帳　一番・二番
銅山経営上の諸事について幕府へ届・出願の記録
本体8,000円

銅座公用留・銅座御用扣
元禄の銅座に関する基本史料　本体9,500円

銅異国売覚帳(抄)・鉱業諸用留・上棹銅帳
銅貿易と輸入貨物仲買などに関する記録　本体9,500円

宝の山・諸国銅山見分扣
全国の銅山の見分の結果を書留めた記録　本体8,000円

◉第2期全6冊◉

年々諸用留　四番(上)
年々諸用留三番に続く事業・家政の記録　本体9,500円

年々諸用留　四番(下)・五番
四番(上)に続く事業・家政の記録　本体9,500円

別子銅山公用帳　三番・四番
一番・二番に続く幕府への届・出願の記録　本体9,500円

宝永六年日記・辰歳江戸公用帳　ほか3点
第1次銅座廃止と銅吹屋仲間の長崎廻銅請負いの記録
本体9,500円

浅草米店万控帳(上)
江戸浅草に置かれた札差店（泉屋甚左衛門店）の記録
本体8,000円

長崎公用帳　五番・二番・(正徳四年)
三番に続く銅吹屋仲間による長崎廻銅請負いの記録
本体9,500円

思文閣出版

(表示価格は税別)

住友史料叢書　第三四回配本
年々諸用留《ねんねんしょようとめ》　十三番
令和元年十二月二〇日　発行
編　者　住友史料館
発行者　田中　大
印刷所　株式会社図書印刷同朋舎
製本所　新日本製本株式会社
発行所　株式会社　思文閣出版
〒605-0089　京都市東山区元町三五五
電話（〇七五）五三三―六八六〇
© Sumitomo Historical Archives 2019. Printed in Japan
ISBN978-4-7842-1980-3 C3321

人 名 索 引

（註） 次と二・治、嘉と加など音通文字は便宜一方にまとめた。

あ

い

う

え

お

か

き

く

け

こ

さ

し

す

せ

そ

た

ち

つ

て

と

な

に

ぬ

は

ひ

ふ

ほ

ま

み

む

も

や

ゆ

よ

り

わ

事 項 索 引